ENARM
2021

Guía de preguntas y respuestas para aprobar tu examen.

Adquiere la plaza médica de tus sueños.

Banco de preguntas para tomar el examen de residencias médicas.

Dedicatoria:

En honor a mi hermana, Mel.
Y, a todos aquellos que persiguen un sueño.

La presente guía de preguntas y respuestas se realiza para fines didácticos, toda la información es extraída de las principales fuentes bibliográficas actualizadas utilizadas en el ámbito de las distintas especialidades de la medicina, citadas al final. No recomendamos su aplicación para fines clínicos sin ser un profesional de salud y sin antes revisión de protocolos avalados por las sociedades internacionales.

Tabla de contenido

"La epífisis es una barrera anatómica que no nos permite ser más altos, pero no existe otra barrera que nos impida ser más grandes".

Dr. Stalin Martínez

Anatomía

Cuántos cartílagos posee la laringe:
9
Tres son impares (cartilago tiroides, epiglotis y cartilago cricoides), y tres pares (cartilagos ariteniodes,cuneiformes y corniculados)
El PH de las sustancias pancreáticas es de tipo:
Alcalino
Las células principales o zimógenas del estómago producen:
Pepsinógeno
Pertenecen a las células de la Glía (Tejido de Sostén):
Astrocitos
Microglia
Ependimocitos
Cuáles células producen las vainas de mielina en SNC:
Oligodendrocitos
Cuáles células producen las vainas de mielina en SNP:
Células de Schwan
Los tipos de fibras implicadas en dolor visceral difuso son de tipo:
Amielínicas.
El plexo cervical está constituido por.
Primeros 4 ramos cervicales.
C1 A C4.
El nervio frénico nace de los nervios cervicales:
C3, C4 Y C5. Plexo Cervical Profundo. (Discurre el M. Escaleno Anterior), es lateropericárdico.
El plexo braquial se forma desde:
C5-T1
Ramas terminales anteriores que nacen de plexo braquial:
Nervio Músculo Cutáneo, Mediano, Cubital
Ramas terminales posterior que nacen de plexo braquial:
Nervio Radial y Circunflejo
Nervio que discurre por el canal bicipital interno:
Nervio Mediano.
Inerva: Músculos de grupo anterior de antebrazo, Pronador Redondo, pronador cuadrado, Palmar Mayor, Menor, Flexor Superficial de los dedos, exceptuando los haces profundos y cubital anterior que lo hace el (Cubital)
Inervación sensitiva del nervio mediano:
Solo palma, hasta 4 dedo medial, y dorso (Solo segunda y tercera falange del territorio).
El nervio musculocutáneo perfora el musculo coracobraquial
Inervación sensitiva: Mitad Externa de todo antebrazo y borde radial de antebrazo.
Cuál nervio es responsable de la inervación de los músulos intrínsecos de la mano:
Cubital (mayoría)
Músculos de eminencia hipotenar, interóseos, lumbricales internos son inervados por el nervio:
Cubital
Inervación sensitiva del cubital:
Mano, parte que no inerva el mediano.
Cómo se denominan los macrófagos en sangre?
Monocitos

El volumen telediastólico es igual a:
Precarga.

La acetilcolina actúa sobre los receptores de tipo:
Colinérgico M2.

El aparato de nutrición está constituido por:
Sistema digestivo, sistema respiratorio, sistema circulatorio, sistema urinario.

El aparato digestivo, en conjunto tiene una longitud de:
9 a 10 metros.

El aparato digestivo está compuesto por:
Tubo digestivo y glándulas.

Son los únicos tipos de venas que no poseen válvulas:
Pulmonares, Sistema Porta y Cerebro.

Son los encargados de absorber sustancias en la mucosa intestinal (vellosidades intestinales):
Vasos quilíferos.

Representa el órgano esencial de la fonación:
Laringe.

Órganos que componen las vías respiratorias:
Cavidad Nasal, Faringe, Laringe, tráquea y bronquios.

La porción vertical del hueso frontal también es denominada:
Escamosa.

La porción horizontal del hueso frontal también es denominada:
Órbitonasal.

La Glabela también es denominada:
Eminencia Frontal Media.

Cuáles elementos discurren por el agujero supraorbitario:
Vasos supraorbitarios.

Dónde se inserta el músculo oblicuo superior:
Fosita troclear.

Dónde se ubica el hueso etmoides:
Porción anterior y media de la base del cráneo.

Cuál otro nombre reciben los cornetes nasales:
Conchas.

Cuántas apófisis posee el hueso esfenoides:
3. Ala mayor, Ala menor y Apófisis Pterigoides.

A cuál hueso pertenece la apófisis pterigoides:
Hueso esfenoides.

Cuál otro nombre recibe la silla turca:
Fosa hipofisaria.

El surco carotídeo tiene forma de:
Forma de S.

Elementos que discurren por el agujero óptico:
Nervio óptico y arteria oftálmica.

Cuál estructura anatómica discurre por el agujero redondo:
Nervio maxilar.

Cuál estructura anatómica discurre por el agujero oval:
Nervio mandibular.

Cuál estructura anatómica discurre por el agujero espinoso o agujero redondo menor:
Arteria meningea media.

Dónde se encuentra el agujero venoso de Vesalio:
Porción petrosa de hueso temporal.
A nivel embriológico el hueso temporal se divide en 3 porciones:
Porción Escamosa, porción Petrosa, hueso timpánico.
Músculos que se insertan en porción mastoidea de hueso temporal:
Esternocleidomastoideo, longísimo de la cabeza, esplenio de la cabeza y vientre del occipitofrontal.
La porción mastoidea del hueso temporal está constituida en su mayor parte por:
Por la porción petrosa.
Dónde se aloja el ganglio trigeminal o de Gasser:
Porción anterosuperior del hueso temporal en su porción petrosa.
Cuáles estructuras discurren por el conducto auditivo interno:
Nervios vestibulococlear, facial e intermedio.
Dónde se encuentra el conducto auditivo interno:
Porción posterosuperior de hueso temporal en su porción petrosa.
Estructuras anatómicas importantes que pertenen al hueso temporal en su porción inferior:
Apófisis estiloides, agujero estiloideo, agujeros carotídeo y yugular.
Cuál estructura nerviosa discurre por el agujero estilomastoideo:
Nervio facial.
Cuál es la composición del Ramillete de Riolano:
2 ligamentos y 3 músculos.
Ligamentos: Estilomandibular y estilohiodeo.
Músculos: Estilofaríngeo, estilohioideo y estilogloso.
La base de la porción petrosa del hueso temporal en su parte exocraneal está representada en toda su superficie:
Por el conducto auditivo externo
Elementos anatómicos que discurren por el Agujero Magno:
Médula oblonga, arterias vertebrales, nervios accesorios.
Representa la porción posterior del occipital a nivel exocraneal:
Superficie basilar del occipital.
El Clivus, está en contacto con las siguientes estructuras anatómicas:
Médula oblonga, **Meténcefalo**: puente de Varolio, **Mieléncefalo**: bulbo raquídeo.
Los cóndilos occipitales guardan su articulación con:
Atlas. (Primer vértebra cervical)
La confluencia de los senos se encuentra en:
Protuberancia occipital interna.
La facia del músculo temporal se inserta en.
Línea temporal superior.
El músculo temporal se inserta en:
Línea temporal inferior.
Punto de sutura craneal que corresponde a la unión de la sagital y coronal:
Bregmática.
Punto de sutura craneal que corresponde a la unión de la sagital y lambdoidea:
Lambda.
La unión de huesos: frontal, parietal y ala mayor del esfenoides conforman:
La sutura anterior. Pterion
La unión de huesos: occipital, parietales y temporal conforman:
La sutura posterior. Asterion.
Los huesos suturales también son denominados:

Huesos Wormianos.

Los huesos suturales más comunes se observan en la sutura:
Lambdoidea.

Así se le denomina a la porción rectilinea de sutura sagital en hueso parietal:
Obelión.

Cuál es el contenido de la fosa temporal:
Porción petrosa del temporal.

Los músculos de la cabeza se dividen en dos grupos, los cuales son:
Masticadores y faciales.

Son los músculos responsables de la masticación:
Temporal, Masetero, Pterigoideos mediales y laterales.

Es otro nombre que recibe el músculo piramidal de la Nariz:
Prócer.

Qué otro nombre recibe el músculo depresor del tabique nasal?
Mirtiforme.

Es el músculo responsable del silbido:
Buccinador.

Músculo responsable de cerrar la boca:
Orbicular de la boca.

El músculo más superficial de los planos del cuello es:
Platisma.

Arteria responsable de la irrigación de la cara y tegumentos del cráneo:
Arteria Carótida Externa.

Es el vaso más profundo que se encuentra en glándula parótida:
Arteria Carótida Externa.

Son las ramas terminales de arteria carótida externa:
Arterias temporal superficial y maxilar.

Son las ramas colaterales de la arteria carótida externa:
Arterias tiroidea superior, lingual, facial, occipital, auricular posterior, ramas de Faringea Ascendente.

Es la rama más importante de arteria carótida interna:
Arteria oftálmica.

Son las ramas terminales de arteria carótida interna:
Arterias cerebral anterior y media,comunicante posterior y coroidea anterior.

Es el recorrido de la arteria carótida interna a través del seno cavernoso:
Sifón carotídeo.

El glomo carotídeo posee en su interior ramas de nervios:
Glosofaríngeo y Vago.

Las arterias cerebrales posteriores, son ramas terminales del siguiente vaso:
Arteria basilar.

La confluencia de los senos está dada por la siguiente unión:
Senos, sagital superior, marginal y recto.

De los pares craneales, los siguientes son puramente sensoriales:
Óptico, olfatorio, vestibulococlear.

De los pares craneales, los siguientes son puramente motores:
Nervio Motor Ocular Común, Troclear, Abducens, Accesorio o Espinal e Hipogloso.

De los pares craneales, los siguientes son mixtos:
Trigémino, facial, vago y glosofaríngeo.

El siguiente nervio representa un divertículo del cerebro anterior (Telencéfalo):

Nervio óptico.

Capa meníngea que constituye el neurilema de los filetes olfatorios:
Piamadre.

El nervio óptico en su trayecto por el conducto óptico está recubierto de la siguiente capa meníngea:
Duramadre.

Nervio encargado de inervar el músculo esfínter de la pupila y circulares del músculo ciliar:
Nervio Motor Ocular Común.

Nervio responsable de la inervación de la masticación:
Trigémino.

Nervio responsable de la inervación de cara, cavidad nasal, boca, y órbita:
Trigémino.

Es el responsable de la inervación del reflejo corneal:
Nervio oftálmico. RAMA DEL TRIGÉMINO.

Nervio responsable de la inervación de sensibilidad de región frontal, párpado superior, y senos paranasales:
Nervio oftálmico.

Nervio responsable de la inervación de los músculos de la mímica y músculo estapedio:
Nervio facial.

Nervio responsable de la inervación de la sensibilidad de mucosa laringea y porción retroauricular:
Nervio vago.

El seno carotídeo está inervado por una rama del Vago que se denomina:
Nervio de Hering, controla TA.

Nervio responsable del lenguaje articulado y vocales:
Hipogloso.

La base del corazón está constituida por:
Los atrios.

Quiénes componen el sistema de vida de relación:
Aparato locomotor, inervación, sensorial u órganos de los sentidos.

Forma el armazón del cuerpo, sirve de órgano de sostén de las partes blandas y forma verdaderas palancas sobre las que actúan los músculos:
Esqueleto.

Cuáles elementos componen el aparato locomotor:
Esqueleto, articulaciones y músculos.

Estructuras que componen la cavidad torácica:
Columna vertebral (vértebras), costillas y esternón.

Elementos óseos que constituyen la pelvis:
Dos coxales y un sacro.

Elementos óseos que constituyen la cintura escapular:
Clavícula y escápula.

Qué cantidad de huesos posee el cuerpo humano:
200, sin contar huesecillos del oido, sesamoideos y suturas craneales.

Son aquellos huesos en lo s que sus 3 dimensiones, longitud, anchura y espesor, son casi iguales:
Huesos cortos.

Único hueso largo que no tiene epífisis en su estructura:
Clavícula

La capa esponjosa media de los huesos del cráneo se denomina:
Diploe.

Es una membrana fibrosa y blanquecina que recubre los huesos:

Periostio. (Desempeña un papel esencial en el desarrollo y vascularización de los huesos).

Los huesos se desarrollan en el tejido de tipo:

Conjuntivo.

Se definen como el conjunto de elementos por los cuales los huesos se unen entre sí:

Articulaciones.

Ciencia que estudia las articulaciones:

Artrología o Sindesmología.

Son los diferentes tipos de articulaciones:

Inmóviles o Fibrosas. *Sinartrosis.*

Semimóviles o Cartilaginosas. (Sincondrosis) *Anfiartrosis.*

Móviles o Sinoviales. *Diartrosis*

Corresponde a los diferentes tipos de suturas en relación a su superficie articular:

Dentada, escamosa y plana.

Es una ejemplificación de una Esquindilesis:

Hueso Vómer y Apófisis Pterigoides.

La sutura escamosa también es denominada:

Sutura en Bisel.

Líquido que facilita el deslizamiento entre superficies articulares:

Líquido Sinovial.

Las articulaciones esferoides o enartrosis, trocoide, en tróclea, condílea, sellar o en silla de montar, artrodia, pertenecen al tipo de articulaciones de tipo:

Móviles o Sinoviales.

Las 5 porciones del hueso temporal en la vida adulta son:

Porción petrosa, escamosa, timpánica, mastoidea, apófisis estiloides.

El único hueso móvil de la cara es:

Mandíbula.

Número de huesos de la cara:

14

Cuáles son los 14 huesos de la cara:

Dos nasales, dos lagrimales, dos palatinos, dos cigomáticos o malares, dos cornetes inferiores, dos maxilares, vómer y mandibular.

Son las partes que componen el esternón?

Manubrio, cuerpo y apéndice Xifoides.

El tubérculo de Lisfranc para la inserción del Músculo Escaleno Anterior se encuentra en:

La primera costilla.

La primera costilla tiene características anatómicas que no le permite palparse fácilmente las cuales son:

Es más corta y más ancha.

El paquete vásculo nervioso costal se encuentra específicamente en:

Borde inferior de la costilla superior. VAN. (Vena – Arteria y Nervio)

Grupo de vértebras que posee mayor heterogeneidad anatómica:

Cervicales.

El ángulo de Louis se localiza a nivel de:

Segunda Costilla.

Las ramas terminales de la Arteria Mamaria Interna son:

Arterias epigástricas superiores y arterias para el Músculo Frénico.

La división de la arteria mamaria interna ocurre a nivel:

Sexto espacio intercostal.

El tronco contiene 3 compartimientos los cuales son:
Tórax o pecho, abdomen o vientre, y pelvis.

El mediastino superior va desde:
Abertura superior del tórax hasta un plano transversal por el ángulo del esternón.

El mediastino inferior va desde:
El plano transversal del ángulo del esternón hasta el diafragma.

El mediastino inferior se divide en:
Mediastinos anterior, medio y posterior.

La región del epigastrio también es denominada:
Región celíaca.

Cuál otro nombres reciben los hipocondrios derecho e izquierdo:
Región subfrénica.

Cuáles vísceras se encuentran localizadas en la región celíaca (epigastrio):
Páncreas y Curvatura Menor del Estómago.

Cuáles vísceras se encuentran localizadas en hipocondrio izquierdo:
Fundus Gástrico, Curvatura Mayor del estómago, bazo.

El flanco derecho posee las siguientes vísceras:
Colon Ascendente.

El flanco izquierdo posee las siguientes vísceras:
Flexura Cólica Izquierda, colon descendente.

Cuáles vísceras posee la región del mesogastrio (umbilical):
Estómago, colon trasverso e intestino delgado.

Cuáles vísceras posee la región de fosa ilíaca derecha:
Ciego.

Cuáles vísceras posee la región de fosa ilíaca izquierdo:
Colon Sigmoideo.

Cuáles vísceras posee la región de hipogastrio:
Intestino delgado.

El esqueleto del miembro superior está compuesto por 4 segmentos los cuales son:
Cintura escapular, brazo, antebrazo y mano.

La cintura escapular está formada por:
Clavícula, escápula y parte proximal del húmero.

La articulación del codo es de tipo:
Enartrosis. (Permite flexión y extensión del antebrazo)

Disposición de los huesos del antebrazo:
Radio – lateral.
Cúbito o Ulna – medial.

Los huesos del carpo son los siguientes:
Fila proximal:
Escafoides, Semilunar, Piramidal y Pisiforme.

Fila distal de carpos:
Trapecio, Trapezoide, Grande y Ganchoso.

Los huesos de la Pelvis tienen una articulación de tipo:
Enartrosis.

La pelvis está formada por los siguientes huesos:
Ilíaco, sacro y coccix.

El hueso ilíaco está formado por:
Ilion, Isquion y Pubis

La pelvis está dividida en Pelvis Mayor o Falsa y Pelvis Menor o Verdadera a través de:
Línea Iliopectínea.

Es el contenido de la pelvis mayor o falsa:
Vísceras intestinales, útero grávido en embarazo.

Es el hueso sesamoideo más grande del cuerpo:
Rótula o Patela.

Qué son los huesos sesamoideos:
Son aquellos que están unidos a otros huesos a través de tendones.

Es la principal articulación de la rodilla:
Articulación Fémur y Tibia.

Es el hueso que soporta el peso en miembros inferiores, se encuentra lateral en la pierna:
Fíbula o Peroné.

El tobillo es más estable cuando está en posición:
Dorsal.

Son los huesos del tarso:
Astrágalo, Calcáneo, Cuñas (medial, intermedia y lateral), Cuboides, Escafoides.

El contenido de la pelvis mayor es:
Vísceras abdominales.

El contenido de la pelvis menor es el siguiente:
Vejiga, órganos genitales (vesículas seminales, útero, ovario), recto.

El esqueleto del tronco está compuesto de:
Columna Vertebral, esqueleto del tórax y Pelvis.

El conducto vertebral también es denominado:
Conducto raquídeo.

Es el número de vértebras que posee la columna vertebral:
33 – 35.

Las dos eminencias horizontales y transversas que poseen las vértebras se denominan:
Apófisis transversa.

Son 4 salientes verticales, por las cuales cada vértebra se une a la vecina:
Apófisis articulares.

Estructuras de las vértebras que unen los pedículos hasta apófisis espinosa:
Láminas, *posteriormente limitan el agujero vertebral.*

El tipo de articulación de los dientes con el hueso maxilar se denomina:
Gonfosis.

La articulación de la unión tibioperonea se denomina:
Sindesmosis.

Las articulaciones más abundantes del organismo son:
Articulaciones sinoviales.

Las articulaciones sinoviales están compuestas de:
Cartílago, membrana y liquido sinovial.

Son estructuras anatómicas que tienen la capacidad de contraerse:
Músculos.

Los músculos rojos, también son denominados:
Estriados o voluntarios.

Los músculos blancos, también son denominados:
Lisos o involuntarios.

Son los tipos de músculos estriados que se localizan con mayor frecuencia en extremidades y originan movimientos amplios y rápidos:

Músculos largos.

Son los tipos de músculos estriados que se localizan con mayor frecuencia en la columna vertebral:
Músculos cortos.

La porción anterolateral del cuello está dividida por el músculo:
Esternocleidomastoideo.

Los límites del triángulo posterior del cuello son los siguientes:
Tercio medio de clavícula, borde posterior del músculo Esternocleidomastoideo, borde superior del trapecio.

Constituye el piso del triángulo posterior del cuello:
Esplenio del cuello, elevador de la escápula, escalenos anterior, medio y posterior.

Estructuras anatómicas que discurren por el ojal de los escalenos:
Ramas anteriores del plexo braquial y arteria subclavia.

Son aquellos músculos de la pared anterolateral del abdomen que tienen la misma inserción a través del tendón conjunto:
Músculos oblicuo interno y transverso del abdomen.

La vaina de los rectos, que recubre el músculo recto anterior está formado por la aponeurosis de los siguientes músculos:
Oblicuo externo, interno y transverso del abdomen (Músculos planos)

El arco de Douglas también es denominado:
Línea arcuata.

Por debajo del arco de Douglas o línea arcuata, la hoja posterior de la vaina de los rectos solo está compuesta por:
Fascia transversalis y peritoneo.

La localización del arco de Douglas o línea arcuata se encuentra en:
Línea imaginaria entre la cresta ilíaca y el ombligo.

Región que comunica la cavidad abdominal con la genital y miembro inferior:
Región inguinal.

El ligamento inguinal también es denominado:
Ligamento de Poupart, Falopio o Arco Crural.

El ligamento inguinal divide la región inguinal en dos que se denominan:
Región inguinoabdominal o conducto inguinal.
Región inguinocrural o conducto crural.

Es el contenido de la región inguinoabdominal o conducto inguinal:
En el varón: cordón espermático.
En la mujer: ligamento redondo del útero.
En ambos sexos: Nervio ilioinguinal o abdominogenital menor.

Las delimitaciones del CONDUCTO CRURAL son las siguientes:
Superior y medial: ligamento inguinal.
Inferior: Reborde óseo pélvico.

El conducto crural está dividido en dos lagunas por la siguiente estructura:
Arco o cintilla iliopectínea. Lo divide en laguna muscular y laguna vascular.

La laguna muscular del conducto crural posee las siguientes estructuras en su contenido:
Músculo Psoas, Nervios Femoral y Femorocutáneo.

La laguna vascular del conducto crural posee las siguientes estructuras en su contenido:
Arteria Iliaca Externa, Vena Iliaca Externa y Ganglio Linfático de Cloquet o Rosenmüller.

Las hernias crurales tienen paso por a través de la siguiente laguna del conducto crural:
Laguna vascular, entre ligamento de Gimbernat y Vena Femoral, por ser un espacio estrecho tienen mayor riesgo a estrangularse.

Son los músculos que conforman la pared posterior del abdomen:
Plano anterior: Cuadrado de los Lomos y Psoas.
Medio: Transverso del abdomen.
Posterior: Espinales, serrato menor posteroinferior, dorsal ancho y aponeurosis lumbar.
El trígono lumbar inferior también es denominado:
Triángulo de Petit.
El trígono lumbar superior también es denominado:
Cuadrilátero de Grynfelt.
Los límites del triángulo de Petit son los siguientes:
Medial: Dorsal ancho.
Lateral: oblicuo externo.
Inferior: cresta ilíaca.
Piso: oblicuo interno.
Los límites del cuadrilátero de Grynfelt son los siguientes:
Oblicuo interno.
Iliocostal.
12va costilla.
Serrato posteroinferior.
Piso: transverso del abdomen.
Es la articulación con mayor rango de movimiento del organismo:
Hombro.
Son los músculos que componen el manguito de los rotadores:
Supra e infraespinoso, subescapular, redondo menor. (Unen a la escápula con el húmero)
Conforma el principal elemento de estabilidad de articulación del hombro:
Manguito de los rotadores.
Todos los músculos del manguito de los rotadores, son rotadores excepto el músculo:
Supraespinoso, es separador del brazo.
Es el músculo responsable de la abducción del hombro
Deltoides. Hasta 90°, a partir de allí lo continúa el M. Supraespinoso.
De los músculos del manguito de los rotadores, dos son los únicos rotadores externos:
Infraespinoso y redondo menor.
De los músculos del manguito de los rotadores, es el único rotador interno:
Subescapular.
Constituye la principal causa de hombro doloroso en el adulto:
Patología del manguito de los rotadores.
Espacio por el que pasan los músculos que pertenecen al manguito de los rotadores:
Espacio subacromial.
Los músculos flexores del brazo o del codo son:
Braquial y bíceps braquial (anteriores)
El músculo extensor del brazo o codo es:
Tríceps braquial (posterior)
La cabeza larga del músculo bíceps braquial se inserta en:
Cavidad glenoidea.
La cabeza corta del músculo bíceps braquial se inserta en:
Apófisis coracoides.
Los músculos del antebrazo de localización anterior suelen ser:
Flexores. Se insertan en epitróclea.
Los músculos del antebrazo de localización posterior suelen ser:

Extensores. Se insertan en el epicóndilo.

La principal función de los músculos del brazo es:
Mover el antebrazo en la articulación del codo.

Estos músculos permiten que el dedo pulgar se mueva libremente respecto de los otros dedos:
Eminencia Tenar.

La delimitación de la tabaquera anatómica es:
Lateral: Abductor largo y extensor corto del pulgar
Medial: Extensor largo del pulgar.
Fondo: Hueso escafoides.

Es el principal músculo flexor del muslo:
Psoas Ilíaco. (Nos permite levantar el tronco desde la posición decúbito supino)

Cuáles músculos forman el cuadríceps femoral:
Recto anterior, y vastos (medial, intermedio y lateral).

Músculo considerado principal extensor de la rodilla:
Cuadríceps Femoral.

Es el músculo más superficial del compartimiento anterior del muslo y más largo del organismo:
Sartorio.

Cuáles músculos forman la pata de Ganso:
RSS - Recto Interno o Grácil, Sartorio y Semitendinoso.

El conducto de Hunter o de los aductores comunica:
Cara anterior del muslo con hueco poplíteo.

Son las delimitaciones del canal de Hunter:
Vasto interno, aproximador mayor y largo.
VIAM.

Es la rama cutánea de mayor tamaño del nervio femoral:
Nervio safeno.

Por el canal de Hunter discurren los siguientes elementos anatómicos:
Nervio Safeno, Arteria y Vena Femoral.

El conducto de Hunter también es denominado:
Triángulo de los Toreros.

La limitación del triángulo de Scarpa es la siguiente:
Externo: Músculo Sartorio.
Interno: M. Aductor mediano.
Superior: Ligamento Inguinal.
Suelo: Músculo Pectíneo y Psoas Ilíaco.
SALIPP.

El paquete vasculo nervioso en el triángulo de Scarpa se sitúa en posición:
Medial a lateral. (NAV)

Son considerados una prolongación especializada al exterior del Sistema Nervioso Central:
Los Ojos.

Son las fibras ópticas que realizan su decusación a nivel del Quiasma Óptico:
Fibras nasales.

Las radiaciones ópticas transmiten información desde:
Cuerpo geniculado externo hasta corteza visual. (Área 17).

Las radiaciones ópticas superiores viajan por el lóbulo:
Parietal.

Las radiaciones ópticas inferiores viajan por el lóbulo:
Temporal.

Es el hueso más pequeño del cuerpo humano:
Estribo.

Hueso del oido que está en contacto con la ventana Oval:
Estribo.

Son los principales pares craneales encargados del gusto:
VII, IX, X.

El diámetro pupilar es de:
3 a 4,5 mm. En la oscuridad puede llegar hasta **9 mm.**

El encéfalo anterior está formado por:
Telencéfalo y Diencéfalo.

Las circunvoluciones cerebrales están separadas por:
Cisuras o surcos.

La unión de ambos hemisferios cerebrales se realiza a través de:
Cuerpo calloso.

Es la cisusa que separa el lóbulo frontal del parietal:
Cisura de Rolando.

Es la cisura que separa el lóbulo temporal de los lóbulos frontal y parietal:
Cisura de Silvio.

El Diencéfalo da lugar a dos estructuras importantes, las cuales son:
Tálamo e hipotálamo.

El encéfalo medio está formado por:
Mesencéfalo.

El encéfalo inferior está formado por:
Cerebelo, protuberancia, bulbo raquídeo.

Parte del encéfalo inferior que contiene núcleos de pares craneales y lleva a cabo algunas funciones de regulación y control del organismo:
Protuberancia o Puente de Varolio

Parte terminal del encéfalo que acaba dando lugar a la médula espinal y lleva a cabo algunas funciones de regulación y control del organismo:
Bulbo raquídeo.

Si realizamos un corte transversal de la médula espinal, observamos en la porción central una estructura denominada:
Epéndimo (rodeada de sustancia gris)

La médula espinal desciende por el canal vertebral hasta la altura de:
Segunda vértebra lumbar.

Las capas meníngeas son derivadas del tipo de tejido:
Conectivo.

Constituyen las leptomeninges:
Piamadre y aracnoides.

Constituye la paquimeninge:
Duramadre.

Constituyen las vías descendentes de la médula espinal:
Fascículo Geniculado.
Vía piramidal o corticoespinal.

Las órdenes motoras por él vehiculizadas dirigen la motilidad de la cabeza llegando a los núcleos de los pares craneales:
Fascículo geniculado.

Las órdenes motoras por él vehiculizadas dirigen la motilidad voluntaria de las extremidades superiores e inferiores:
Fascículo corticoespinal o piramidal. (**Corticoespinal lateral 90%**).
Las vías ascendentesg o sensitivas de la médula espinal son las siguientes:
Fascículos espinotalámicos (lateral y anterior)
Fascículos espinobulbares de Goll y Burdach.
Fascículos espinocerebelosos.
Son los fascículos que transmiten la sensibilidad térmica y dolorosa contralateral:
Fascículo espinotalámico lateral.
Conduce la sensibilidad protopática contralateral (tacto grosero):
Fascículo espinotalámico anterior.
Fascículos que conducen la sensibilidad táctil epicrítica y propioceptiva consciente, homolaterales, sus fibras se decusan a nivel bulbar:
Goll y Burdach (Espinobulbares)
Conducen la sensibilidad propioceptiva inconsciente:
Fascículo espinocerebeloso.
La duramadre craneal consta de dos capas, a diferencia de la espinal que solo consta de 1
Es una membrana frágil y fina que se adapta a la morfología cerebral, penetra en surcos y suturas:
Piamadre.
En el cráneo la duramadre está unida a:
Periostio interno.
El espacio epidural en la médula espinal está contenido de:
Plexo vascular y tejido adiposo.
Constituye el periostio de la cavidad craneal:
Duramadre. (Capa perióstica): contiene las arterias meníngeas.
Los ventrículos cerebrales son un ensanchamiento de:
Conducto Ependimario.
Los ventriculos laterales se encuentran en:
Hemisferios cerebrales.
El tercer ventrículo se encuentra en el:
Diencéfalo.
El cuarto ventrículo se encuentra en:
Protuberancia y bulbo.
Es la producción de líquido céfalo raquideo en 24 horas:
500 – 1000 ml.
Dónde se produce el líquido céfalo raquídeo:
Plexos coroides de ventrículos cerebrales a partir de la sangre.
Agujero que permite que líquido céfaloraquideo vaya de ventrículos laterales a 3er ventrículo:
Agujero de Monroe.
Agujero que permite que líquido céfaloraquideo vaya de tercer a 4to ventrículo:
Acueducto de silvio.
El LCR pasa al espacio subaracnoideo a través de los agujeros:
Luschka y Magendie.
El LCR retorna a la sangre a través de:
Vellosidades aracnoideas, (prolongaciones de la aracnoides que atraviesan la duramadre)
El sistema nervioso periférico está formado por:
Nervios craneales y nervios espinales.

Los pares craneales son capaces de transmitir señales de carácter:
Sensitivo, motor y vegetativo.

El nervio glosofaríngeo en su porción motora inerva el músculo:
Estilofaríngeo.

Nervio responsable de transportar la información sensitiva de faringe y amígdalas:
Glosofaríngeo.

Nervio motor que inerva el músculo trapecio y parte del esternocleidomastoideo:
Nervio espinal.

Los nervios espinales salen de la columna vertebral a través de:
Agujeros de conjunción.

El ganglio sensitivo dorsal de nervios espinales se encuentra en:
Espacio subaracnoideo del canal medular.

El tronco simpático se encuentra:
A la derecha y a la izquierda de la línea media.

Representan las glándulas salivares mayores:
Parótidas, submandibular o submaxilar y sublinguales

El conducto de Stenon para lograr su llegada al vestíbulo de la boca atraviesa los siguientes músculos:
Masetero y Buccinador

Localización de las glándulas submandibulares o submaxilares:
Por debajo del canto inferior de la mandíbula.

Donde vierte su contenido el conducto de Warthon:
Frenillo lingual.

Dónde se encuentran localizadas las glándulas sublinguales:
Suelo de la boca.

Tipo de secreción de glándulas salivares menores:
Mixta (+ Mucosa).

Tipo de secreción de glándula parótida:
Serosa. (30%).

Tipo de secreción de glándula submaxilar:
Mixta (55-65%).

Tipo de secreción de glándula sublingual:
Secreción mucosa (5%)

La faringe representa una vía común para:
Aire y alimento.

Qué otro nombre recibe la rinofaringe:
Cavum.

El límite inferior de la faringe es hasta:
C6

La vascularización de la Faringe depende del siguiente vaso:
Arteria Faringea Ascendente, rama de Arteria Carótida Externa.

Dónde desemboca la trompa de Eustaquio:
Nasofaringe.

Cuánto mide el esófago:
25 cms.

El esfínter esofágico superior está formado por:
Músculos constrictores de la faringe.

Es el principal componente de los músculos constrictores de la faringe:
Fibras del músculo cricofaríngeo.

El hiato esofágico atraviesa el diafragma a nivel de:
T10.

Se considera la porción más dilatada del tubo digestivo:
Estómago.

Zona del estómago que se encuentra por encima del cardias:
Fundus.

Parte más ancha del estómago:
Cuerpo gástrico.

Cuáles son los puntos fijos del estómago:
Cardias y esfínter pilórico.

Cuál es el segmento más alto y distendible del estómago:
Fundus.

Dónde se encuentran las células Parietales u Oxínticas:
Cuerpo del estómago, y también en Cardias y Fundus aunque en menor cantidad.

El estómago se une con el Colon Transverso a través de la siguiente estructura:
Epiplón Gastrocólico.

La curvatura menor se encuentra unida al hígado a través de la siguiente estructura:
Ligamento gastrohepático o epiplón menor.

Es el segmento del tubo digestivo con mayor vascularización:
Estómago.

Son las 4 ramas arteriales que otorgan su irrigación al estómago:

Gástrica derecha : nace de arteria Hepática.

Gástrica izquierda: nace del tronco Celíaco.　　　**Irrigan curvatura menor**

Gastroepiploica derecha: nace de la arteria Gastroduodenal

Gastroepiploica izquierda: nace de la arteria Esplénica.　　**Irrigan curvatura mayor**

Es el neurotransmisor más importante en inervación extrínseca parasimpática del estómago:
Acetilcolina.

El núcleo del nervio vago se encuentra a nivel de:
4to ventrículo.

El nervio vago anterior que da ramas hacia el hígado y discurre por la curvatura menor a través del ligamento gastrohepático se denomina:
Nervio anterior de Latarjet.

Constituye el sistema nervioso intrínseco del estómago:
Plexo de Meisner y Auerbach.

Todas las células epiteliales del estómago tienen capacidad de producir bicarbonato a excepción de:
Células endocrinas.

Las células parietales y principales son abundantes en la siguiente localización del estómago:
Fundus.

Las células parietales del estómago secretan:
Ácido Clorhídrico.
Factor Intrínseco
Bicarbonato **que va al espacio intracelular.**

Las células principales del estómago también son llamadas:
Cimógenas. Secretan pepsina. Pepsinógeno I y II.

En el antro pilórico se encuentran las células de tipo:
G. Productoras de Gastrina y células D.

Constituye la vía final común para secreción ácida gástrica:
Bomba NA K atp asa

Son los huesos que conforman la mayor parte de la convexidad craneal:
Parietales.

Las costillas falsas también son denominadas:
Esternales.

Dónde se inserta el músculo serrato anterior?
Segunda costilla.

Cuáles son los únicos músculos rotadores internos de la pelvis:
Glúteo medio y glúteo menor.

Estructura que comunica los ventrículos laterales con el tercer ventrículo:
Agujero de Monroe.

Estructura que comunica el tercer con el cuarto ventrículo:
Acueducto de Silvio

El duodeno tiene una longitud de:
25 cms.

Órgano que su luz, es la más ancha del intestino delgado:
Duodeno.

El ligamento hepatoduodenal es parte de:
Omento menor.

El ligamento de Treitz también se denomina:
Músculo suspensor del duodeno.

La papila mayor y menor del duodeno se encuentra:
Porción descendente del duodeno.

La mayor parte del aporte sanguíneo del estómago proviene de :
Tronco Celiaco.

La arteria gástrica izquierda también es denominada:
Coronaria estomáquica.

La arteria gástrica derecha es rama:
Arteria hepática o gastroduodenal.

La porción proximal del estómago se encuentra irrigada por:
Arterias frénicas inferiores y arterias gástricas cortas.

La porción proximal del duodeno se encuentra irrigada por:
Ramas del tronco celíaco.

La porción distal del duodeno se encuentra irrigada por:
Arteria Mesentérica Superior.

La inervación extrínseca del estómago tiene un origen parasimpático a través de:
Nervio Vago.

La inervación intrínseca del estómago tiene un origen simpático a través de:
Plexo Celiaco.

El intestino delgado se extiende desde:
Píloro hasta el Ciego.

Cuál es la longitud del intestino delgado:
6 a 7 metros de largo

Cuál es la longitud del colon:
1.5 metros (150 centímetros)

El colon transverso se relaciona posteriormente con:
Porción descendente del duodeno, cabeza de páncreas, intestino delgado y riñón izquierdo.

Relaciones del recto en el sexo masculino en la región anterior:
Vejiga, próstata, vesículas seminales, conducto deferente.

Relaciones del recto en el sexo femenino en la región anterior:
Porción inferior de la vagina.

El tercio superior del recto está irrigado por:
Arteria mesentérica superior.

Los dos tercios inferiores del recto están irrigados por:
Arteria Ilíaca Interna o Hipogástrica.

Las arterias hemorroidales son ramas de:
Arteria pudenda interna.

La arteria pudenda interna es rama de:
Arteria iliaca interna o hipogástrica.

Constituye la anastomosis de mayor calibre del tracto digestivo:
Arcada arterial de Riolano, constituida por la anastomosis de arterias del tronco celíaco, mesentérica superior e inferior, pancreaticoduodenales superior e inferior, cólica derecha e izquierda, hemorroidal superior y arteria ilíaca interna.

El peritoneo parietal en la cavidad abdominal cubre las porciones:
Anterior, lateral y posterior. Cara inferior de diafragma y pelvis

El hígado se relaciona con las vértebras torácicas:
10 y 11.

Contenido del hilio hepático:
Arteria hepática propia, vena porta hepática, plexo nervioso, vasos linfáticos, conducto hepático.

Son los ligamentos suspensorios del hígado:
Ligamento redondo, ligamento falciforme, ligamento coronario, ligamentos triangulares derecho e izquierdo.

La arteria pancreaticoduodenal superior nace de la arteria:
Gastroduodenal.

Son las dos ramas que otorga la arteria hepática común:
Arterias gastroduodenal y hepática propia

Son las divisiones anatómicas del páncreas:
Cabeza, proceso unciforme, cuello, cuerpo y cola.

La única porción del páncreas que NO es retroperitoneal:
La cola.

La vena porta hepática se forma anatómicamente en la siguiente localización:
Posterior al cuello del páncreas.

A la unión del conducto pancreático de Wirsung y conducto colédoco se le denomina:
Ampolla de Vater. (porción descendente del duodeno), segunda porción.

El conducto pancreático accesorio drena en:
Papila menor del duodeno.

La irrigación del pancréas en su cola está dado por:
Arteria esplénica.

La irrigación de la cabeza del páncreas está dada por:
Ramas de la arteria gastroduodenal (tronco celíaco) y por la primera rama de la arteria mesentérica superior.

El drenaje venoso del sistema gastrointestinal y anejos se lleva a cabo de:
Sistema venoso porta.

El tronco venoso espleno mesalaico está formado por:
Vena mesentérica inferior y esplénica.

Estructura anatómica que divide el tracto respiratorio en superior e inferior:
Cartílago cricoides.

Las estructuras que comprenden el tracto superior son las siguientes:
Fosas nasales, faringe y laringe.

El septo nasal está formado:
Lámina perpendicular del etmoides, vómer y cartílago septal.

Cuáles senos drenan en el meato superior:
Celdillas Etmoidales Posteriores.

Cuáles senos drenan en el meato medio?
Bulla etmoidal, seno frontal, maxilar, proceso unciforme, hiato semilunar.

Cuál estructura drena en el meato inferior:
Conducto lacrimonasal.

Dónde drena el seno esfenoidal:
Receso esfenoetmoidal, localizado en la porción superior y posterior de la cavidad nasal.

El tracto respiratorio inferior va desde:
Tráquea hasta los sacos alveolares.

La carina o división de la tráquea se encuentra a nivel de:
T4-T5.

Los bronquiolos lobulillares se originan a partir de:
Primer bronquiolo.

La zona de conducción de la vía respiratoria representa las siguientes generaciones:
16 primeras.

Cuál otro nombre recibe la zona de conducción
Espacio muerto anatómico.

Cuál es la cantidad de ML que posee el espacio muerto anatómico:
150 ML.

Cuáles estructuras pulmonares representan la zona de transición:
Los bronquiolos respiratorios, generaciones 17, 18 y 19.

La zona respiratoria propiamente dicha está formada por:
Conductos y sacos alveolares, generaciones 20 a 23.

Es la unidad anatómica situada a nivel distal del bronquiolo terminal:
Acino.

Estructura formada por todos los conductos alveolares distales a un bronquiolo respiratorio:
Bronquiolo primario

Mínima porción del parénquima pulmonar rodeada de tabiques del tejido conjuntivo e independiemente de lóbulos vecinos:
Lobulillo secundario.

Caras del pulmón:
Diafragmática, Costal y Mediastínica.

El pulmón derecho tiene:
2 cisuras, horizontal y oblicua.
3 lóbulos: superior, medio e inferior.

El pulmón izquierdo tiene:
1 cisura, oblicua.
2 lóbulos, superior e inferior.

El vértice o ápice del pulmón se relaciona con las siguientes estructuras anatómicas:
Primera costilla, arteria subclavia, ganglios simpáticos parenquimatosos.

Por el hilio pulmonar discurren las siguientes estructuras:
Bronquios principales, vasos pulmonares, vasos bronquiales, vasos linfáticos y fibras nerviosas.

El pulmón recibe sangre oxigenada de la siguiente arteria:

Arterias bronquiales.

Las arterias bronquiales son ramas de:
Arteria aorta e intercostales.

La sangre oxigenada de los capilares se recoge a través de:
Vénulas pulmonares.

Las venas pulmonares desembocan en:
Aurícula izquierda.

Es una causa fisiológica de cortocircuito arteriovenoso:
Venas bronquiales y arterias pulmonares.

Única rama endocraneal de la arteria carótida externa:
Arteria meningea media.

Ramas de arteria subclavia:
Arteria vertebral, tronco tirocervical (arteria tiroidea), tronco costocervical. Arteria mamaria interna y arterial dorsal de la escápula.

La arteria humeral o braquial se divide en radial y cubital:
En el canal bicipital medial.

La arteria aorta descendente en su porción torácica emite las siguientes ramas:
Arterias bronquiales, esofágicas, pericárdicas, mediastínicas y diafragmáticas.

La arteria aorta descendente en su porción abdominal emite las siguientes ramas:
Tronco celíaco, arterias mesentérica superior e inferior, arterias renales y suprarenales medias.

La arteria aorta abdominal se divide en ilíacas primitivas a la altura de:
L4

La arteria tibial anterior es rama de:
Arteria femoral superficial.

Son las ramas de la arteria femoral superficial:
Arterias tibial anterior, posterior y peronea.

La arteria pedia proviene de:
Continuación de arteria tibial anterior.

El sistema venoso superficial de la extremidad superior está formado por:
Vena mediana, vena basílica y cefálica. (Drenan en vena subclavia)

La vena ácigos se origina en:
Hemitórax derecho.

La vena hemiácigos se origina en:
Hemitórax izquierdo.

La vena ácigos drena en:
Vena cava superior.

La vena hemiácigos drena en:
Vena ácigos.

El sistema venoso superficial de la extremidad inferior está constituido por:
Vena safena mayor o interna, vena safena menor o externa.

Qué son los vasos perforantes en las extremidades inferiores:
Son aquellos que conectan el sistema venoso superficial y el profundo.

Dónde drena el conducto torácico:
Unión de vena yugular interna y subclavia izquierdas

El conducto torácico drena toda la linfa del cuerpo excepto:
Mitad superior derecha: hemitórax derecho, miembro superior derecho, cabeza y cuello.
Eso lo drena el conducto linfático derecho hacia la vena yugular interna y subclavia derecha.

Dónde se localiza la cisterna de Quilo o Pecquet:
Posterior a la aorta, 2da vértebra lumbar.

La base del corazón está formada por:
Aurícula Izquierda. (Parte de la derecha y parte proximal de los grandes vasos)

Constituye la mayor parte de la cara anterior del corazón:
Ventrículo derecho.

Las tres valvas de la válvula tricuspide son:
Septal, anterosuperior e inferior

El aparato valvular está compuesto por:
Válvulas y cuerdas tendinosas de músculos papilares.

Arteria cardíaca que irriga la porción anterior del tabique interventricular y cara anterior y lateral del ventículo izquierdo:
Arteria Coronaria Izquierda.

Son las ramas que emite la arteria coronaria izquierda:
Arterias descendente anterior : septales y diagonales.
y circunfleja : auriculares y marginales obtusas.

Rama arterial que recorre el surco interventricular anterior, rodeando la punta del corazón:
Arteria descendente anterior.

Arteria que irriga la porción inferior del ventrículo izquierdo, ventrículo derecho y pared posterior del tabique interventricular:
Arteria coronaria derecha.

Es la arteria que da lugar al concepto de dominancia en el corazón:
Arteria descendente o interventricular posterior.

El nódulo sinusal está irrigado por:
Coronaria derecha 55%.
Circunfleja 45%.

El nódulo aurículoventricular está irrigado por:
Coronaria Derecha 90%.
Circunfleja 10%.

El haz de His está irrigado por:
Arteria Descendente Anterior.

Los riñones se encuentran respecto a la columna vertebral desde:
T12 a L3.

Los uréteres penetran a la vejiga urinaria a través de:
Músculo detrusor de la vejiga.

Es el elemento situado más anterior de las vísceras pélvicas:
Vejiga Urinaria.

El reflejo de la micción está regulado por:
Plexo sacro.

El estínter vesical externo está regulado por:
Nervio pudendo.

El ligamento umbilical medio es un resto embrionario de:
Uraco. Contribuye a la formación de la vejiga.

En relación con el extremo inferior de la uretra, existen dos pequeñas glándulas mucosas parauretrales denominadas:
Glándulas de Skene.

Porciones de la uretra masculino:
Prostática, membranosa y esponjosa.

El drenaje linfático de los testículos drenan en:
Nódulos linfáticos aórticos laterales o lumbares en el abdomen
Conducto que conecta el escroto con la cavidad abdominal:
Cordón espermático.
La primera porción del conducto deferente se denomina:
Epidídimo.
Los ovarios se localizan en :
Cavidad abdominal, pelvis menor.
La principal función del útero es:
Albergar el feto durante la gestación.
La longitud de la vagina es de:
8 a 12 cms.
Son glándulas sudoríparas apocrinas:
Mamas.
Las válvulas semilunares son:
Aórtica y pulmonar.
Dónde se encuentra el surco basilar:
Anterior al puente cerebral.
El estrecho medio de la pelvis se localiza en:
Pelvis menor. También se denomina excavación pelviana.
Músculos que se encarga de la flexión de la rodilla:
Gastronecmius.
Son las membranas que recubren las vísceras:
Serosas.
Término acuñado a la ausencia de pezón:
Atelia,
Término acuñado a la ausencia de mamas:
Amastia.

Anatomía patológica

Es la unidad elemental de la vida:
La célula.

Al proceso mediante el cual las células mantienen su medio ambiente inalterado se denomina:
Homeostasis.

El proceso mediante el cual las células adaptan su estructura y su función para sobrevivir se denomina:
Adaptaciones celulares.

Es el tipo de adaptación celular, cuando al aumentar de tamaño mejora su capacidad funcional:
Hipertrofia.

La hipertrofia frecuentemente es un tipo de adaptación celular que se da en:
Tejidos sin capacidad de división, como músculo estriado.

Todas las adaptaciones celulares, e incluso la atrofia son procesos:
Activos.

Causas de atrofia:
Reducción de demanda funcional, malnutrición, envejecimiento, hipoxia.

Es el proceso caracterizado por un incremento controlado del número de células:
Hiperplasia.

Tipos de células con mayor capacidad de hiperplasia:
Enterocitos, hepatocitos y fibroblastos.

La capacidad de reparación celular tras una agresión es propia de:
Epitelios y tejido conectivo.

En el proceso de curación de herida la regeneración del epitelio inicia en el siguiente día:
Segundo día.

Es un proceso defensivo reparador que aparece solamente en tejidos vascularizados:
Inflamación.

Son los signos de Celso para la inflamación:
Calor, dolor, rubor, tumor.

Son las primeras células que llegan al foco inflamatorio:
Poliformonucleares.

Son las células que pertenecen a los leucocitos polimorfonucleares:
Neutrófilos, eosinófilos y basófilos.

Son los fagocitos por excelencia:
Los macrófagos.

Los macrófagos en el sistema nervioso central se denominan:
Microglia

Los macrófagos en el hígado se denominan:
Células de Kuppfer.

Son los fagocitos que pueden aparecer en inflamaciones agudas y crónicas, destruyen eficazmente virus y bacterias intracelulares y a menudo tienen nombre propio en diferentes tejidos:
Macrófagos.

Polimorfonucleares que predominan en reacciones por hipersensibilidad tipo I y en infecciones por protozoos:
Eosinófilos.

Células inmunitarias que participan en fases tardías de la inflamación, frecuentes en infecciones virales, granulomatosas y autoinmunes:
Linfocitos.

La célula epiteloide surge de:
Macrófago muy resistente.

Son moléculas con un solo electrón en su orbital externo, que al contacto con tejidos inician un proceso de reacciones autolíticas:
Radicales libres

Son los principales tipos de radicales libres existentes más frecuentes:
Óxigeno y Carbono.

El consumo de las siguientes vitaminas antioxidantes previene la formación de radicales libres:
Vitaminas, A y E, C.

Son las vitaminas liposolubles:
A,D,E,K.

Enfermedad en la que el cobre es incapaz de unirse a la proteína ceruloplasmina:
Enfermedad de Wilson

Son parásitos intracelulares obligados:
Virus.

Son virus con la capacidad de transformación neoplásica:
Virus del Hepatitis B y Virus del Papiloma Humano.

Es el signo más precoz e inminente de muerte celular:
Aparición de grandes densidades de mitocondrias.

A la condensación del núcleo celular en la muerte celular se denomina:
Picnosis.

A la disolución del núcleo celular en la muerte celular se denomina:
Cariolisis.

A la fragmentación del núcleo celular en la muerte celular se denomina:
Cariorrexis.

La lisis del retículo endoplásmico refleja la incapacidad para la:
Síntesis proteíca.

El factor más importante en la patogenia de la lesión celular irreversible es:
Pérdida de integridad de membrana celular.

Representan los signos morfológicos más fiables para patología de muerte celular:
Aparición de figuras de mielina y rotura de membrana celular.

Consiste en una proliferación celular desordenada:
Displasia.

Todas las metaplasias, aunque son patológicas, son lesiones reversibles.

Signos de premalignidad en célula:
Hipercromatismo nuclear, aumento índice núcleo / citoplasma.

Los procesos de adaptación celular preneoplásicos son los siguientes:
Hiperplasia, metaplasia y displasia.

Tipo de necrosis que se da en órganos sólidos, riñón, corazón, bazo:
Coagulativa. *Predomina la desnaturalización proteica sobre la digestión enzimática.*

Tipo de necrosis que se da a nivel cerebral y en cualquier otro tipo de infección purulenta:
Licuefactiva. *Predomina la digestión enzimática.*

Es un subtipo de necrosis coagulativa:
Necrosis caseosa. Característica de Tuberculosis.

Tipo de necrosis que se da en procesos de páncreas:
Necrosis grasa. También se ve en traumatismos mamarios, **se ve como calcificaciones.**

El tipo de necrosis fibrinoide lo podemos observar en las siguientes patologías:
Lupus Eritematoso Sistémico, Panarteritis Nodosa), Hipertensión Maligna, preeclampsia.

Bioquímica

Es el principal componente de la fibra en la dieta:
Almidón.

Los elementos primarios bioquímicos del organismo son los siguientes:
Carbono, Hidrógeno, Óxigeno y Nitrógeno.

Los elementos primarios bioquímicos del organismo son indispensables para la formación de:
Glúcidos, lípidos, proteínas y ácidos nucleicos.

Los elementos bioquímicos secundarios del organismo con los siguientes:
S, P, Na, K, Ca, Cl, Mg, Fe.

Representan los micro u oligoelementos del organismo:
I, Mn, Zinc, Cu, Co, F, Se

Las biomoléculas o principios inmediatos se clasifican en:
Orgánicos e inorgánicos.

Las biomoléculas están formadas por:
Uniones de bioelementos

Son las principales biomoléculas orgánicas:
Proteínas, lípidos, glúcidos, ácidos nucleicos y metabolitos.

La biomolécula inorgánica más abundante es:
El agua.

Mencione las biomoléculas inorgánicas:
Agua, sales minerales inorgánicas (NO, CO_2 y O_2).

Es el conjunto de reacciones químicas encadenadas, ordenadas y sucesivas, destinadas a la creación y mantenimiento de la vida:
Metabolismo.

La energía desprendida del catabolismo lo hace en la siguiente forma:
ATP.

El término exergónico signica:
Producción de energía, se da en el catabolismo.

Las reacciones endergónicas son aquellas que:
Consumen energía, se dan en Anabolismo

En función del modo en que los organismos adquieren el carbono se clasifican en:
Autótrofos (utiliza energía luminosa) y heterótrofos.

En el ciclo del oxígeno los organismos se clasifican en aerobios y anaerobios de acuerdo a los requerimientos de oxígeno, los aerobios se subdivide en:
Estrictos: En ausencia de Oxigeno no sobreviven.
Facultativos: Pueden sobrevivir en presencia o ausencia de O_2

La vía final del ciclo del nitrógeno es:
Aminoácidos.

El nitrógeno atmosférico es captado y fijado por bacterias fijadoras y se convierte en:
Amoníaco.

En el ciclo del nitrógeno, sobre el amoníaco actúan las bacterias nitrificantes de la tierra y lo convierten en:
Nitratos.

En el ciclo del nitrógeno, los nitratos son absorbidos por plantas y se convierten en:
Aminoácidos.

Tipos de reacciones que liberan energía:
Reacciones de Oxidación, ceden electrones (hidrógenos), exergónicas.

Tipos de reacciones que consumen energía:
Reacciones de reducción, captan electrones, endergónicas.

Es la moneda energética de la economía humana:
ATP.

Moneda energética que se forma en VÍAS CATABÓLICAS Y SE CONSUME EN VÍAS ANABÓLICAS:
ATP.

Su función es el almacenamiento temporal de grupo fosfato de alta energía en el músculo:
Fosfocreatina.

La creatina es un degradado producto de:
Fosfocreatina muscular

La estructura bioquímica del ATP es la siguiente:
Adenina + Ribosa.

A la fase aeróbica del catabolismo se denomina:
Respiración celular.

Cuáles otros nombres recibe el ciclo de Krebs?
Ciclo del ácido cítrico o ciclo de los ácidos tricarboxílicos.

Es una ruta metabólica de la respiración celular en las células aeróbicas:
Ciclo de Krebs

El ciclo de Krebs, es un proceso que se produce en:
En las mitocondrias en el caso de células Eucariotas.
En el citosol en el caso de células procariotas.

Representa la molécula más oxidante de la cadena respiratoria:
Oxígeno.

Las moléculas que inician la cadena respiratoria son:
NADH y FADH.

Representan las moléculas menos oxidantes de la cadena respiratoria:
NADH Y FADH.

La mayoría de producción de ATP del organismo es sintetizado en el siguiente proceso:
Fosforilación oxidativa.

Son inhibidores de la fosforilación oxidativa:
Cianuro. Oligomicina. 2,4 dinitrofenol,

Son la principal fuente de energía utilizada por la célula:
Los glúcidos o carbohidratos.

Los carbohidratos están bioquímicamente formados por:
C, H y O.

Los glúcidos más sencillos son los siguientes:
Glucosa, fructosa y galactosa.

De acuerdo al grupo funcional los monosacáridos se dividen en:
Aldosas: poseen un grupo funcional de tipo Aldehido (COH) en uno de sus extremos.
Cetosas: poseen un grupo funcional de tipo Cetona o Cetónico en uno de sus extremos (C=O).

Los disacáridos están unidos por enlaces de tipos:
Covalentes o Glucosídico.

Los principales disacáridos son:
Sacarosa: Glucosa + Fructosa
Lactosa: Glucosa + Galactosa
Maltosa: Glucosa + Glucosa

Tipo de disacárido que lo podemos encontrar en los vegetales, formando parte del almidón:
Maltosa

El tipo de enzima deficiente en la Intolerancia a la Lactosa se denomina:
Lactasa.

El cuadro clínico en infantes caracterizado por vómitos, diarrea, esplenomegalia, ictericia, cataratas y retraso mental, asociado a la ingesta de productos como yogurt y leche estamos frente a:
Galactosemia.

Los polisacáridos más abundantes son los de tipo:
Homopolisacáridos.

Es la principal reserva glucídica humana:
Glucógeno

El glucógeno se almacena en las siguientes localizaciones:
Hígado y músculo.

Es la principal reserva de los vegetales:
Almidón

En la glicólisis o ciclo de Embder Meyer Hoff, una molécula de glucosa se convierte en:
2 moléculas de ácido pirúvico.

Lugar de la célula en el que se produce la glicólisis:
Citoplasma : Citosol

En la vía aérea de la glucólisis las 2 moléculas de piruvato se convierten en:
2 moléculas de Acetil Coa.

El ciclo de Krebs ocurre específicamente en:
Matriz Mitocondrial

Representa la vía final común del metabolismo:
Ciclo de Krebs.

En la fosforilación oxidativa, una molécula de glucosa genera cuántos ATP:
38

La fosforilación oxidativa, ocurre específicamente en:
Crestas mitocondriales.

El principal componente lipidico de la membrana celular es:
Fosfolípido

Suponen la principal reserva energética del organismo:
Lípidos (Triglicéridos)

Los lípidos pueden ser disueltos en las siguientes sustancias:
Disolventes orgánicos. (Éter y Cloroformo)

Los componentes bioquímicos de los lípidos son los siguientes:
C, H, O, N, P, S.

Las membranas celulares están constituidas en su estructura por:
Fosfolípidos, colesterol y glucolípidos.

Forman parte del principal sistema de transporte de sustancias apolares:
Lipoproteínas.

Qué número de carbonos poseen los ácidos grasos en su estructura:
14 a 22.

La zona hidrófila de los ácidos grasos está compuesta por:
- COOH. Se denomina: Cabeza polar.

La zona hidrófoba de los ácidos grasos también es denominada:
Cola apolar.

Los ácidos grasos esenciales linoleico y linolénico son de tipo:
Insaturado.

Los lípidos con ácidos grasos de tipo simple son los siguientes:

Triglicéridos y las ceras.

Los lípidos con ácidos grasos de tipo compuesto son los siguientes:
Glucolípidos y fosfolípidos.

Los lípidos sin ácidos grasos son los siguientes:
Vitaminas liposolubles (A, E, K).
Hormonas liposolubles (PROSTAGLANDINAS)
Esteroides: hormonas sexuales, hormonas de corteza adrenal, *sales biliares, vitamina D.*

Las vitaminas liposolubles requieren de la siguiente sustancia para ser absorbidas a nivel intestinal:
Sales biliares.

Son las lipoproteínas de menor densidad:
Quilomicrones.

Los hepatocitos pueden producir triglicéridos a partir de la siguiente sustancia:
Acetil CoA.

Durante la digestión, los lípidos son emulsionados por las sales biliares y transformados en:
Micelas.

Los triglicéridos se almacenan en las siguientes células:
Adipocitos.

El proceso de la Beta Oxidación de los ácidos grasos ocurre específicamente en:
Las mitocondrias.

Las vías de la lipólisis son las siguientes:
Glicerol y Ácidos Grasos (Betaoxidación).

El producto final de las vías de la lipólisis es el siguiente:
Acetil CoA.

La síntesis de los cuerpos cetónicos se produce en el siguiente órgano:
Hígado. *Por el acúmulo de Acetil CoA.*

La cetogénesis se produce gracias a:
Hipercatabolismo lipídico por ausencia de hidratos de carbono

Principales causas de cetoacidosis metabólica:
Hipoglicemia por inanición.
Hiperglicemia en diabéticos tipo 1

La síntesis de ácidos grasos tienen lugar específicamente en:
Citoplasma celular a partir de Acetil CoA, procedente de Betaoxidación y glicólisis.

Los elementos biogénicos de las proteínas son los siguientes:
C, H, O, N, P, S.

Son los componentes esenciales de las proteínas:
Aminoácidos.

Un péptido es:
La unión de dos o más aminoácidos.

Los aminoácidos para poder construir proteínas se unen mediante:
Enlaces covalentes de tipo Peptídico.

Los oligopéptidos poseen en su estructura la siguiente cantidad de aminoácidos:
Menos de 30.

Los polipéptidos poseen en su estructura la siguiente cantidad de aminoácidos:
30 a 100.

Las proteínas poseen en su estructura la siguiente cantidad de aminoácidos:
Más de 100.

Las heteroproteínas pueden poseer dentro de su estructura los siguientes grupos prostéticos:
Glúcidos, lípidos, metales.

La proteína estructural más importante del cuerpo humano es:
Colágeno.
Representa la base del tejido conjuntivo:
Colágeno.
Causas de desnaturalización proteíca:
Aumento de tempertura y variaciones del PH.
Los cofactores enzimáticos son los siguientes:
Inorgánicos: Fe, Mn, Zn.
Orgánicos: NAD+, FAD+. Proceden de vitaminas.
Los efectores que aumentan la actividad de las enzimas se denominan:
Sitios alostéricos.
Los efectores que disminuyen la actividad de las enzimas se denominan:
Inhibidores alostéricos.
Los aminoácidos no sintetizables por el organismo se denominan:
Esenciales, son 10
La degradación del grupo amino de las proteínas se realiza a través del ciclo de:
Ciclo de la Urea.
El catabolismo de las bases nitrogenadas pirimídicas las transforma en:
Urea.
El catabolismo de las bases nitrogenadas púricas las transforma en:
Ácido Úrico
Las bases púricas son:
Adenina y Guanina.
La molécula del nucleótido sin el grupo fosfato se denomina:
Nucleosido.
Es la forma más estable que puede adoptar un ADN:
Forma B.
En qué consiste el proceso de transcripción del ADN:
Paso de información de ADN a ARN mensajero
El proceso de transcripción del ADN ocurre en;
El núcleo.
En qué consiste el proceso de Traducción:
El ARN sale del núcleo y da lugar a una proteína.
Entre las funciones de las proteínas, las más importantes son:
Estructural y catalítica.
Las histonas son ricas en los aminoácidos:
Lisina y Arginina
La síntesis de ADN ocurre en la siguiente fase del ciclo celular:
Fase S.
Es el síndrome caracterizado por un déficit de las bases púricas:
Síndrome de Lesh Nihan.
Las fases del ciclo celular están reguladas por:
Las ciclinas.
La fase más corta del ciclo celular es:
Fase M.
Es el proceso por el que el citoplasma se divide en dos:
Citocinesis.
Son los tipos de células permanentes:

Neuronales, esqueléticas, musculares cardíacas, góbulos rojos.

Son los tipos de células estables:

Hepatocitos y linfocitos.

Son los tipos de células lábiles:

Piel, epitelios, pelo, células germinales, médula ósea.

Estructuras que producen neurotransmisores en las neuronas:

Cuerpos de Nissel.

Sitio de la células donde se producen las proteínas:

Retículo endoplásmico rugoso.

Sitio de las células que producen esteroides y desintoxican venenos:

Retículo endoplásmico liso.

La bomba de Sodio Potasio Atpasa está localizada específicamente en:

Membrana plasmática. Salen 3 moléculas de sodio (fosforilada), entran 2 moléculas de potasio (defosforilada).

En la formación de colágeno intervienen dos aminoácidos los cuales son;

Prolina y lisina.

Tipo más frecuente de colágeno y lo encontramos en los huesos:

Tipo 1. 90%

El colágeno tipo 2 lo podemos encontrar en:

Cartílago Hialino.

Los eritrocitos obtienen energía a través de:

Glicólisis ya que no poseen mitocondrias.

El óxido nítrico se produce en:

Endotelio

Proteína encargada de almacenar y fijar hierro:

Ferritina

En la anemia falciforme existe una mutación de cambio de los siguientes aminoácidos:

Ácido glutámico por valina

La deficiencia de Vitamina D en el niño se denomina:

Raquitismo,

La deficiencia de Vitamina D en el adulto se denomina:

Osteomalacia.

Proteínas necesarias para la coagulación:

C y S.

Única bacteria asociada a cáncer:

H. Pylori.

Los precursores de la gluconeogénesis son los siguientes:

Ácido láctico, aminoácidos y glicerol.

Hormona que estimula la glicólisis:

Insulina

Hormona que estimula la gluconeogénesis:

Glucagon

Hormona implicada en la síntesis de glucógeno:

Glucógeno sintasa.

Hormona implicada en la degradación del glucógeno:

Glucógeno sintetasa.

En el ayuno prolongado la fuente de energía glucídica proviene de:

Gluconeogénesis y también por lipólisis (cuerpos cetónicos) estos en última instancia.

Ácido graso poliinsaturado esencial que se debe ingerir a través de la dieta y está principalmente en pescados azules, lina y almendra, marisco:

Omega 3.

Cardiología

Cuál otro nombre recibe el nódulo Sinoauricular?
Keith Flack.

Dónde se localiza el nódulo de Keith Flack?
Desembocadura de Vena Cava Superior, techo de aurícula derecha. (surco terminal)

Cuál otro nombre recibe el nódulo auriculoventricular?
Aschoff Tawara.

Dónde se localiza el nódulo auriculoventricular:
En el vértice superior del triángulo de Koch (Seno coronario, valva tricuspidea, tendón de todaro)

La red de purkinje posee una distribución:
Subendocárdica.

La activación o el funcionamiento de los nódulos AV y Haz de His se catalogan como:
Marcapasos Subsidiarios, y se activan para evitar asistolias.

Despolarización: Sodio entra a célula, hace que sea mas positiva.

Repolarización: Cuando potasio sale de célula una vez canales de sodio se cierran, potencial de membrana baja a -70 mv.

Qué es el período refractario absoluto:
Canales de células no pueden abrirse porque están en reposo y no pueden excitarse a través de ningún estímulo.

En qué consiste la bomba sodio potasio atpasa:
Introduce 3 moléculas de sodio, saca 2 moléculas de potasio.

El potencial umbral para que se genere un potencial de acción equivale a:
-60 mv.

En qué consiste la Ley del Todo o Nada, en relación a la excitabilidad cardíaca:
Si no se alcanza el potencial umbral, no se inicia el potencial de acción.

Fases de excitabilidad de célula cardíaca:

Fase 0: Entrada rápida de Sodio (NA), a través de difusión facilitada. (***Despolarización rápida***)

Fase 1: Salida breve - lenta de potasio

Fase 2: Meseta o Tableau. Entrada lenta de calcio y permite la salida de poco Sodio que se introdujo en la fase 0, permite que célula aún se encuentre ligeramente positiva.

Fase 3: **Repolarización**. Sale potasio. Interior de célula se hace más negativa, **- 90 mv.**

Fase 4: Existe equilibrio en ambas membranas, y está preparada para nueva repolarización.

La corriente If se denomina como:
Entrada lenta de cationes. Fase 4 en células cardíacas.

Fase de excitabilidad celular responsable de la frecuencia cardíaca:
Fase 4.

Las células de los nodos cardíacos son dependientes de:
Calcio, a diferencia de las de trabajo, que son de Sodio.

Es la unidad funcional contráctil:
Sarcómeras.

Los filamentos finos de tejido miocárdico poseen en su estructura:
Dos filamentos de actina, tropomiosina y troponina C (la tropomiosina no deja actuar a la actina y miosina en reposo).

Los filamentos gruesos están formados por:
Filamentos de miosina.

Bandas A (Oscuras): Observables en microscopio.
Filamentos finos y gruesos. En el centro hay línea M.

Bandas I (claras):
Filamentos finos. En el centro hay línea Z. (representa la zona de unión de ligamentos finos de una sarcómera y otra)
La banda I es la única que se acorta en contracción
Es la sustancia ideal para que tropomiosina pueda permitir acción de miosina y actina:
Troponina C.
El volumen telediastólico equivale a:
110-120 ml. Depende de la precarga.
Volumen de eyección, sistólico o volumen latido:
Volumen que eyecta el corazón en cada latido, equivale a 70 ml.
Volumen telesistólico:
Diferencia entre VTD – VS; 40 ml.
El volumen sistólico de eyección dependerá de:
Precarga, postcarga, contractibilidad miocárdica.
En sístole las válvulas auriculoventriculares (primer tono)
Se cierran
En sístole las válvulas sigmoideas (segundo tono)
Se cierran.
El período de contracción isovolumétrica en sístole va desde:
Que se cierran válvulas AV hasta que se abren las sigmoideas (semilunares)
LA VÁLVULA AÓRTICA SE ABRE DESPUÉS Y SE CIERRA ANTES QUE LA PULMONAR. PROCESO EYECTIVO DE V.I ES MÁS BREVE QUE EL DERECHO.
Período de relajación diastólica isovolumétrica:
Se cierran válvulas semilunares y se abren auriculoventriculares.
Cuando hay taquicardias disminuye más el tiempo de:
Diástole.
Niveles de presión yugular normal:
 1 a 5 mm/hg.
La presión del lado izquierdo del corazón equivale a:
4 a 12 mm/hg. Se mide con catéter de Swan Ganz.
Tomando en cuenta valores de PAM, hablamos de hipotensión en un adulto cuando:
Está por debajo de 60 mm/Hg
La contracción ventricular derecha en la palpación se detecta en niños y personas delgadas en cuál zona:
Región subxifoidea.
La dilatación de arterias como aorta ascendente se puede palpar en:
1er y 2do espacio intercostal, linea paraesternal derecha.
La dilatación de arterias como pulmonar se puede palpar en:
1er y 2do espacio intercostal, linea paraesternal izquierda.
El derrame pleural derecho de origen cardíaco normalmente se debe a:
Insuficiencia Cardíaca.
Las cardiopatías congénitas tienden a provocar cianosis normalmente en:
Zonas acras. (Extremidades)
El impulso apical o latido de la punta se debe explorar en el paciente en posición:
Decúbito lateral izquierdo.
El impulso apical o latido de punta es más intenso en la siguiente condición:
Hiperdinamia.
El impulso apical o latido de punta es menos intenso en:

Enfermedades con disfunción sistólica.

Signo de Ewart:
Matidez debajo del ángulo de la Escápula Izquierda.

En el signo de ewart por derrame pericárdico el tipo de sonido escuchado es:
Existe egofonía y un soplo tubárico.

Cuando al escuchar al paciente denotamos voz temblorosa, timbre nasal y aguda:
Egofonía.

Lugar anatómico en el que se pueden escuchar los ruidos broncovesiculares:
1er y segundo espacio intercostal paraesternal. Entre las escápulas. Es mas obvio en lado derecho.

Así se le denomina al sonido escuchado al final de la inspiración y la espiración:
Roce pleural.

Son los patrones de sonidos normalmente escuchados en consolidaciones parenquimatosas como Atelectasia, especialmente por encima del derrame pleural:
Pectoriloquia y broncofonía.

Aumento de resonancia de la voz en auscultación:
Broncofonía.

A la auscultación del paciente su voz se escucha perfectamente articulada:
Pectoriloquia

Signo de Hamman (ruidos durante frecuencia cardíaca y respiración lo logramos escuchar en):
Enfisema Mediastínico

Primer ruido cardíaco se debe a: Cierre de VÁLVULAS AURICULOVENTRICULARES (Mitral, Tricuspidea)

Segundo ruido cardiaco: Cierra válvulas semilunares, aórtica y pulmonar.

Tercer ruido: Llenado ventricular rápido.

Cuarto ruido (SIEMPRE ES PATOLÓGICO): Contracción de aurícula sobre ventrículo.

Soplo de Click Murmur pertenece a un soplo de tipo:
Soplo Sistólico

Características del pulso dicroto:
Posee un pico en sístole y otro en protodiástole (primera fase de diástole).

El pulso dicroto lo podemos palpar en las siguientes patologías:
Fiebre, insuficiencia cardíaca, taponamiento cardíaco.

En cuáles patologías podemos palpar pulso bisferiens:
Insuficiencia aórtica y Miocardiopatía Obstructiva.

Características del Pulso bisferiens
Posee ambos picos en sístole.

Signo de Kusmaul:
Aumento de regurgitación venosa yugular a la inspiración.
Se ve en Insuficiencia Diastólica. **Pericarditis.** Taponamiento.

Cara lateral alta del corazón en EKG la exploran:
DI AVL.

Cara lateral baja del corazón en EKG la exploran:
V5, V6.

Cara inferior del corazón en EKG la exploran:
DII, DIII, AVF.

Cara anterior:
V3, V4.

Septo:
V1, V2.

Cara posterior:

V7, V8, V9.

Ventrículo derecho:

V3R, V4R.

Onda P, que representa la despolarización auricular posee una duración de:

80-120 ms.

Y tiene una amplitud menor a 0.25 mv

El complejo QRS es predominantemente negativo en:

V1.

El complejo QRS es predominantemente positivo en:

V6. Es isodifásico en V3 y V4.

La onda P es isodifásica en la siguiente derivación:

V1.

Qué es el PUNTO J:

Onda donde termina QRS y empieza segmento ST.

La onda P en estados patológicos puede verse más pronunciada en DII, Y V1 (puede desaparecer o inscrustarse en complejo QRS en caso de):

Taquicardia Ventricular Intranodal.

Bloqueo de rama completo:

Cuando QRS mide más de 120 ms.

Bloqueo de rama derecha es más frecuente que izquierda en población sin patología adyacente.

Hablamos de onda Q patológica (Miocardiopatía Hipertrófica y Sx de Wolf Parkinson White) cuando:

Amplitud supera 2 mv, y es mayor de 40 ms.

Alternancia en la amplitud de los QRS puede hablar de:

Derrame pericárdico.

Hipertrofia de Ventrículo Derecho en EKG se visualiza:

(SIQTIII) Onda S en DI, Q Y T negativo en DIII.

Segmento ST en pericarditis se encuentra:

Elevado en forma cóncava

Segmento ST en IAM y aneurisma (persiste más) se encuentra:

Elevado y convexo.

Patrón EKG en síndrome de Brugada:

Ascenso de segmento de ST en V1 y V3, y bloqueo incompleto de rama derecha.

Descenso de ST suele indicar:

Lesión subendocárdica (IAM), angina estable, hipertrofia, impregnación digitálica, o bloqueo de rama.

La onda T elevada indicada:

Isquemia subendocárdica.

La onda T disminuida indica:

Isquemia transmural. Isquemia subepicárdica.

La ecografía transesofágica está en contacto íntimo con la cara posterior de la aurícula izquierda.

Cuál otro nombre recibe la prueba de esfuerzo?

Ergometría.

Fiebre reumática es secundaria a infección por:

Estreptococo Betahemolítico del grupo A. Pyogenes. Afecta jóvenes entre 5 y 15 años

Criterios mayores de Jones para diagnóstico Fiebre Reumática:

CANCER

Carditis, **A**rtritis, **N**ódulos subctáneos, **C**orea de Sydenhan, **E**ritema Marginado

Criterios menores de Jones para diagnóstico Fiebre Reumática:

Fiebre, artralgias, VSG y PCR elevados, PR prolongado, Carditis previa, FR previa.

Sintomatología más frecuente de Fiebre Reumática:
Artritis. (Criterio menor). Para considerarse criterio, debe afectar a más de 2 articulaciones
Manifestación clínica más grave de Fiebre Reumática:
Carditis. (Afecta más a niños)
Cuál es la válvula más frecuentemente afectada:
Válvula Mitral
Lesión anatomopatológica más específica de afectación miocárdica en Fiebre Reumática:
Nódulos de Aschoff.
Cómo se denomina al soplo característico de Carditis en Fiebre Reumática:
Soplo de Carey Coombs. (Mitral más frecuente)
Estructura nerviosa frecuentemente afectada en Corea de Sydenhan
Sistema Nervioso Extrapiramidal
Secuela más importante de Fiebre Reumática:
Estenosis Mitral.
Tratamiento de Fiebre Reumática:
Penicilina Benzatína 1.2 millones dosis única, con o no CURAM.
Penicilina Oral por 10 dias. 500 mg (Fenoximetilpenicilina)
Profilaxis:
Penicilina, Eritromicina, Sulfadiacina.
Cuáles son los 3 tipos de Insuficiencia Mitral y cuál es la más frecuente:
Insuficiencia Mitral Orgánica degenerativa: **Más frecuente.**
Insuficiencia Mitral Isquémica
Insuficiencia Mitral Funcional
Cuál es la causa más común de Insuficiencia Mitral Orgánica:
Prolapso de la Válvula Mitral.
La contracción de los músculos estriados cardíacos es mayor que la contracción de musculatura esquelética.
Principales causas de insuficiencia mitral:
Prolapso de la Válvula Mitral. Endocarditis Infecciosa, isquemia miocárdica, rotura de cuerdas tendinosas.
En la insuficiencia mitral aguda la sintomatología predominante es:
Congestión pulmonar (edema agudo de pulmón), disnea, ortopnea
En la insuficiencia mitral crónica la sintomatología predominante es:
Síntomas de bajo gasto. Debilidad muscular, agotamiento, pérdida de peso, y caquexia cardíaca.
Características de soplo en insuficiencia mitral:
Sistólico, se focaliza en foco mitral irradiándose a axila. Es intenso y suele ser **holosistólico** decrescente.
Fases del latido cardíaco, cuál es más larga:
Fase diastólica, se acorta en casos de arritmias.
Corresponde al tratamiento médico de Insuficiencia Mitral:
IECA, BETABLOQUEANTES, ESPIRONOLACTONA.
Técnica quirúrgica de elección en pacientes con Insuficiencia Mitral:
Cirugía reparadora de válvula
El prolapso valvular puede provocar una insuficiencia valvular.
El colágeno implicado en el prolapso valvular puede ser:
Colágeno tipo III.
Es la anomalía cardiovascular más frecuentemente encontrada en Síndrome de Marfan:
Prolapso de Válvula Mitral.
Síntoma más frecuente de prolapso de válvula mitral:

Dolor torácico atípico, pinchazos.

La auscultación de un paciente con prolapso de Válvula Mitral puede manifestar:

Click o chasquido meso o telesistólico

Soplo sistólico en Ápex (Síndrome del Click Murmur), aparece después de chasquido.

En cuáles patologías se escuchan mejor los soplos cuando está disminuida la precarga?

Prolapso de válvula mitral y miocardiopatía hipertrófica obstructiva.

Si aumenta la precarga, ocurre lo contrario.

Medio diagnóstico que confirma el prolapso de válvula mitral:

Ecocardiografía.

En pacientes con manifestaciones clínicas como dolor atípico en prolapso de válvula mitral, cuál es el tratamiento?

Betabloqueantes.

Causa más frecuente de insuficiencia aórtica:

Fiebre Reumática.

Sintomatología más importante de Insuficiencia Aórtica:

Disnea.

Cuál es la característica del pulso en Insuficiencia Aórtica:

Magnus, Celer et Altus, bisferiens.

Cuál es la característica del pulso en Estenosis Aórtica:

Parvus et tardus.

El soplo característico de Insuficiencia Aórtica se denomina:

Soplo de Austin Flint.

Área que irriga la coronaria izquierda en corazón:

Septo interventricular, cara anterior y lateral del ventrículo izquierdo.

Cuáles son las ramas de la arteria coronaria izquierda:

Descendente Anterior y Circunfleja.

Cuáles ramas emite la arteria descendente anterior:

Ramas septales (septo) y diagonales (pared ventricular anterior y lateral)

Cuál es la arteria que rodea la punta del corazón:

Arteria descendente anterior.

Cuáles ramas emite la arteria circunfleja:

Auriculares (aurícula izquierda) y marginales obtusas (irrigan la pared lateral y posterior de ventrículo izquierdo)

Cuáles regiones en el corazón irriga la arteria coronaria derecha:

Tabique a nivel posterior, cara inferior de ventrículo izquierdo, una parte posterior del mismo, ventrículo derecho.

Mientras más desarrollada se encuentre la arteria coronaria derecha, más masa izquierda irriga.

Cuáles ramas emite la arteria coronaria derecha:

Marginales agudas (discurren por la pared del ventrículo)

Descente o interventricular posterior: codominancia derecha, en 75% se emite a través de la CD, en un 25% de la izquierda. Tiene un papel importante en la irrigación de conducción cardíaca.

El haz de His está irrigado por la arteria:

Descendente anterior.

Nodo sinusal está irrigado:

55% ACD.

45%: Circunfleja.

Nódulo aurículoventricular está irrigado:

90% ACD.

10% circunfleja.

Como se manifiesta el denominado síndrome X:
Alteraciones de la microcirculación coronaria.

Causa principal de Cardiopatía Isquémica:
Ateroesclerosis de arterias coronarias.

En la ateroesclerosis las placas vulnerables poseen dentro de su estructura:
Alto contenido lipidico e inflamatorio

En la ateroesclerosis las placas estables poseen dentro de su estructura:
Alto contenido fibroso.

Clásicamente hablamos de infarto transmural cuando oclusión de vaso por placa de ateroma es:
Total, y en ecg hay elevación persistente de segmento ST.

Lugar más frecuente de instalación de placas de ateroma por aterosclerosis:
Aorta abdominal, seguido de coronarias y carótidas.

Principal factor de riesgo no modificable para enfermedades cardiovasculares:
Edad.

Se considera el principal predictor de cardiopatía isquémica:
Colesterol sérico.

El objetivo en pacientes de alto grado de desarrollo de cardiopatía isquémica en cuanto a valores de LDl, sería:
Disminuirlo por debajo de 100 mg (70 mg)

Principal factor de riesgo modificable de Cardiopatía Isquémica:
Tabaquismo.

La ingesta de sodio (sal), debe ser inferior a:
5 gramos por dia.

Cuáles son los componentes del síndrome metabólico:
Hipertensión arterial, perímetro abdominal elevado (produce insulinoresistencia), hipertrigliceridemia, glicemia basal aumentada, hdl disminuido.

Cuál fase del ciclo cardíaco es más sensible a Isquemia:
Diástole, por eso hay alteraciones en relajación cuando se habla de isquemia en primer lugar.

Diferencia entre miocardio hibernado y miocardio aturdido:
Hibernado: estenosis de arteria coronaria no permite suficiente llegada de oxigeno a tejido irrigado, miocardio deja de contraer esa parte para consumir menos oxigeno.
Aturdido: Oclusión aguda y miocardio de esa área deja de funcionar temporalmente.
Ambos tejidos son viables. Pueden recanalizarse.

El paciente con un cuadro de Pericarditis Aguda se alivia con el siguiente fármaco:
Antiinflamatorios.

El ekg de pericarditis aguda es:
Ascenso cóncavo y difuso de segmento ST.

El soplo característico de Estenosis AÓRTICA:
Soplo sistólico que se irradia a carótida.

En la angina variante de Prinzmetal, la característica del ekg es la siguiente.
El segmento ST se encuentra elevado.

Contraindicaciones de prueba de esfuerzo:
Marcapasos, SWPW, bloqueo completo de rama izquierda.

Vaso ocluido que presenta peor pronóstico a nivel cardíaco:
Descendente anterior proximal.

Antianginosos de elección en pacientes con antecendentes de Infarto Agudo al Miocardio
Betabloqueantes.

Tratamiento de elección en pacientes con Angina Prinzmetal:
Calcioantagonistas.

Fármaco que NO tiene propiedades inotropas negativas y se suministra en pacientes con angina que no toleran betabloqueantes:
Ivabradina.

Antihipertensivo que se suministra a pacientes con Angina, Diabetes e Infarto Agudo al miocardio previo:
IECA.

Tipo de angina que no se relaciona con los esfuerzos físicos mínimos:
Angina Inestable. Es más frecuente sin elevación del ST (pacientes con mayor probabilidad de reinfartos). Pero mortalidad hospitalaria es mayor en las de ASCENSO.

Si en Sindrome Coronario Agudo sin Elevación de ST, se elevan las enzimas cardíacas, estamos frente a un IAM subendocárdico, NO Q.

Tipo de Angina asociada a Fenómeno de Raynaud y exposiciones al frío:
Angina de Prinzmetal. **Prueba de vasoespasmo con Acetilcolina.**

Los betabloqueantes pueden emperoar espasmo.

Los de elección son calcioantagonistas.

Es la causa más frecuente de Infarto Agudo al Miocardio:
Trombosis Coronaria Epicárdica.

Las ondas T en ekg cuando se trata de Iam sugieren:
Picudas o aumentadas: isquemia subendocárdica.
Invertida o disminuida: isquemia transmural o subepicárdica.

El segmento ST sugiere:
Lesión.

ST descendido: Lesión subendocárdica.
ST elevado: Lesión subepicárdica o transmural.

La presencia de una onda Q patológica sugiere:
Necrosis miocárdica transmural.

El bloqueo de rama izquierda suele indicar conjuntamente con un IAM:
Gran extensión del mismo con afectación en sistema de conducción.

La elevación del segmento ST permite localizar la afección de la isquemia.

Derivaciones e irrigación:
DI – AVL
V 5 y V6: Coronaria Izquierda, Circunfleja.
V1 Y V 2
V3 Y V4: Coronaria izquierda. Descendente Anterior.
II, III Y AVF: Con Elevación ST: Circunfleja
II, III Y AVF: Sin Elevación ST: Coronaria Derecha

CPK es una enzima que se encuentra en:
Músculo, cerebro, glándulas salivales, intestino.

Marcador de elección específico de IAM y por tanto se utiliza además para infartos evolucionados:
Troponina Cardioespecífica.

Mortalidad de IAM ocurre en:
Primeras dos horas.

La reperfusión de vasos en IAM puede hacerse:
Antes de 12 horas.

Efectos adversos más frecuentes de trombolíticos:
Hemorragias. Más temido: **hemorragia intracraneal.**

Fármacos que se administran en IAM con fracaso sistólico menor de 40%:
Antagonistas de Aldosterona. **Eplerrenona.**
Los diuréticos están contraindicados en pacientes con Infarto Derecho
Arritmia con alto valor de recurrencia y mortalidad en px con IAM:
Taquicardia Ventricular Monoforma Sostenida. **Fase tardía.**
Primera causa de mortalidad hospitalaria por IAM:
Shock Cardiogénico. Seguida de Rotura cardíaca.
Clasificación Killip Kimball

Clase	Características	Mortalidad
I	Infarto no complicado	5%
II	Insuficiencia cardíaca moderada; estertores en bases pulmonares, S3 presente, taquicardia.	10%
III	Insuficiencia cardíaca con edema agudo de pulmón.	40%
IV	Shock cardiogénico	90%

Triada de infarto del ventrículo derecho:
Hipotensión, presión venosa yugular elevada, **RUIDOS PULMONARES NORMALES.**
Según la OMS es considerada la primera causa de muerte en el mundo:
Hipertensión arterial.
La hipertensión sistólica aislada en pacientes ancianos se debe a:
Disminución de la elasticidad de los grandes vasos, por esa razón la presión arterial sistólica es constante.
El cuadro clínico de la denominada HIPERTENSIÓN ARTERIAL ACELERADA consiste en:
Existe exudado retiniano, pero no hay datos de edema de papila **(en hta Maligna si).**
Qué es el signo de Osler en HTA:
Palpación de pulso radial al inflar el manguito al tomar la TA.
Síndrome Carcinoide:
Sintomatología clínica que se da cuando existe un tumor carcinoide.
Rubor facial, diarrea, insuficiencia cardíaca, se debe serotonina y calicreína.
Causa secundaria más frecuente de HTA:
Renal.
La fisiopatología de HTA en ancianos en relación a sus componentes es:
Gasto cardíaco **disminuido**, resistencia vascular periférica **aumentada.**
Cambios vasculares en HTA:
Aumenta grosor de vasos, disminuye la distensibilidad y luz.
La HTA guarda más relación con EVC que con cardiopatías.
Los fármacos AINE suelen administrarse o prescribirse con cuidado en pacientes en tratamiento con HTA ya que los mismos:
Aumentan la retención de sodio y por ende aumentan la TA.
Fármacos de primera línea de HTA:
Tiazídicos
Betabloqueantes
Calcio Antagonistas
IECA
ARA II.
Grupo de fármacos que produce con más frecuencia el fenómeno de primera dosis:

Alfabloqueantes, *disminuyen presión arterial a la primera toma.*

Antihipertensivos de elección en Sx Metabólico:
IECA, ARA II, CALCIOANTAGONISTAS.

Fármacos utilizados por vía intravenosa en emergencia hipertensiva:
Labetalol, furosemida, nitroglicerina, nitroprusiato.

Tratamiento de elección de emergencias hipertensivas en embarazadas y edema agudo de pulmón:
Nitroglicerina es de elección.

Tratamiento de Feocromocitoma:
Fentolamina y Fenoxibenzamina. (Alfa bloqueantes)

Virus que se asocia mayormente a pericarditis al igual que miocarditis:
Coxaquie B.

Síndrome de Dressler:
Pericarditis que aparece luego de IAM.

El roce pleural de pericarditis se escucha mejor en la siguiente fase respiratoria:
Espiración.

Elevación de segmento ST lo podemos ver en las siguientes patologías:
IAM. Aneurismas ventriculares. Pericarditis Aguda. Síndrome Brugada.

La fiebre siempre acompaña o precede pericarditis a diferencia de IAM que se da posteriormente.

Hablamos de derrame pericárdico cuando en cavidad existe:
Mas de 50 ml.

El signo característico radiográfico de Pericarditis en tórax es:
Silueta cardíaca aumentada parecido a cantimplora o tienda de campaña.

Medio diagnóstico de elección de pericarditis:
Ecografía.

Causa más frecuente de taponamiento cardíaco:
Neoplasias y pericarditis idiopática. Puede producirse por pericarditis, cualquier tipo.

Signo de Kusmaul, aumento de presión venosa central durante la inspiración. Es característico de pericarditis constrictiva.

Qué podemos encontrar en el EKG en taponamiento cardíaco:
Alternancia eléctrica, disminución amplitud QRS.

Marcador biológico más importante de insuficiencia cardíaca:
Clase funcional.

Causa más frecuente de Insuficiencia Cardíaca:
Cardiopatía isquémica

Hablamos de Insuficiencia Cardíaca con FEVI reducida cuando gasto cardíaco es menor de
40%

Hablamos de Insuficiencia Cardíaca con FEVI conservada cuando gasto cardíaco es mayor de:
50%.

La causa más frecuente de Insuficiencia cardíaca con FEVI reducida:
Cardiopatía isquémica, dilatación ventrícular.

La causa más frecuente de Insuficiencia cardíaca con FEVI conservada:
Relajación miocárdica y cursa con hipertrofia ventricular

Qué tipo de Insuficiencia Cardíaca es más frecuente en relación a gasto cardíaco:
FEVI disminuida (Cursa con Cardiomegalia).

Qué tipo de Insuficiencia Cardíaca es más frecuente en ancianos:
CON FEVI conservada.

Fármacos contraindicados con Insuficiencia Cardíaca Sistólica:
Calcioantagonistas, antiarrítmicos, **excepto amiodarona**, *diuréticos no mejoran pronóstico.*

De acuerdo al gasto, cuál tipo de Insuficiencia Cardíaca es más frecuente:
Gasto disminuido.

Los valores del gradiente transpulmonar es de:
5,7 mm/hg.

Cuando el ventrículo izquierdo no funciona bien, se elevan las presiones de llenado izquierda y presión capilar pulmonar.

Los signos y síntomas retrógrados en la Insuficiencia cardíaca se dan por:
Sobrecarga de volumen.

Es el síntoma predominante en la insuficiencia cardíaca izquierda:
Disnea.

Que es la ortopnea:
Disnea en decúbito (Cuando paciente está acostado)

La Disnea Paroxistica nocturna mejora:
Cuando paciente se sienta o se pone de pie.

Disnea Paroxistica conjuntamente con sibilantes se denomina:
Asma cardial.

Los síntomas anterógrados de insuficiencia cardíaca se deben a:
Disminución de perfusión periférica. (Debilidad muscular y fatiga)

En la exploración física de Insuficiencia Cardíaca, cómo son los valores de las presiones?
Sistólica disminuida, diastólica aumentada (aumento de resistencias periféricas).

La mitad de los fallecimientos en Insuficiencia Cardíaca se da por:
Muerte súbita asociada a arritmias ventriculares.

Dónde se produce el Péptido Natriurético Cerebral:
Paredes Ventriculares.

Representa el inhibidor mas selectivo de la aldosterona?
Eplerrenona.

Causas de trasplante cardíaco:
Miocardiopatía dilatada, valvulopatías graves, cardiopatías congénitas (en niños), arritmias ventriculares malignas incrontrolables.

Sexo que en caso de donación de órganos posee más posibilidades de rechazo agudo:
Femenino.

Causa más frecuente de muerte tras trasplante cardíaco:
Infecciones.

Causa más frecuente de muerte en primer mes de trasplante cardíaco:
Fallo agudo del injerto.

Causa más frecuente de muerte a largo plazo en trasplante cardíaco:
La enfermedad vascular del injerto o muerte súbita. Junto con tumores.

Representa la complicación más peligrosa luego de trasplante cardíaco inmediato:
Insuficiencia Cardíaca Derecha por Hipertensión Pulmonar.

A los 12 meses de trasplante se recomienda utilizar como profilaxis a infecciones Trimetroprín Sulfametoxasol.

Representa la primera causa de muerte luego de primer año de trasplante cardíaco:
Enfermedad vascular del injerto (aterosclerosis coronaria del injerto)

Cánceres más frecuentes como consecuencia de trasplante cardíaco:
Basocelular y espinocelular (piel), linfomas.

En la vida fetal: la sangre se oxigena en:
Placenta.

Conducto arterioso comunica arteria pulmonar con arteria aorta

Una vez las arterias umbilicales se obliteran al momento del nacimiento se denominan:
Ligamentos umbilicales medios y arterias vesicales superiores.

Una vez obliterada la vena umbilical y conducto venoso se convierten en:
Ligamento redondo del hígado y ligamento venoso, respectivamente.

Características vasos umbilicales:
Vena: (lleva sangre oxigenada desde placenta a feto)
Arterias: Sangre menos oxigenada desde feto a placenta.

Representa la cardiopatía congénita más frecuente luego de Válvula Aórtica Bicúspide:
Comunicación Interventricular.

Cardiopatía congénita cianótica más frecuente antes de primer año:
Transposición de grandes arterias.

Cardiopatía congénita cianótica más frecuente luego de primer año:
Tetralogía de Fallot.

El pronóstico y repercusión de cardiopatías congénitas se encuentra relacionado con:
Afectación árbol vascular pulmonar y cavidades derechas.

La eritroféresis consiste en:
Extracción de glóbulos rojos y sustituirlos por solución salina, se realiza en pacientes con hiperviscosidad.

El conducto arterioso debe cerrarse:
Primeras 10-15 horas del nacimiento.

Factores de riesgo de conducto arterioso persistente:
Hipoxemia, prematuridad, infecciones por Rubeóla en madre.

El soplo característico de conducto arterioso persistente se denomina y es de características:
Pulso rápido y saltón, Soplo continuo o maquina de Gibson (Foco pulmonar se ausculta), y se irradia a región infraclavicular izquierda.

En qué consiste la cianosis diferencial?
Solo se da en parte inferior del cuerpo, debido a Hipertensión Pulmonar

Tratamiento conducto arterioso persistente:
Indometacina, ibuprofeno, sino cirugía (vía percutánea), éxito en 90% casos.

La comunicación interauricular predomina en cuál sexo:
Sexo femenino.

Cuáles son los 3 tipos de comunicación interauricular y cuál es el más frecuente:
Ostium primun
Ostium secundum **(más frecuente)**
Tipo Venoso.

En el conducto arterioso persistente existe una sobrecarga de cavidades:
Izquierdas.

En la comunicación interauricular existe una sobrecarga:
Derecha.

Se diagnostica por un soplo, normalmente cursa asintomático en niños. Se espera hasta 3 - 6 años para realizar cirugía. Se contraindica si existe Sindrome de Eissenmenger.

En qué consiste el síndrome de Eissenmenger:
Hipertensión pulmonar secundaria a lesiones cardíacas.
Cortocircuito de derecha a izquierda.

Representa el tipo de comunicación interventricular más frecuente:
Perimembranosa.

El tratamiento de la CIV puede darse con:
IECA mientras se espera cirugía.

Tetralogía de Fallot:
CAHE
CIV
Acabalgamiento de la Aorta.
Hipertrofia VD
Estenosis Pulmonar
+ CIA: Pentalogía de Fallot.
El cortocircuito dado en la Tetralogía de Fallot es :
De Derecha a Izquierda.
Signos radiológicos Tetralogía de Fallot:
Signo de la bota y el hachazo.
La intervención quirúrgica en pacientes con Tetralogía de Fallot se recomienda a cuál edad:
3 y 6 meses.
En la transposición de grandes vasos, cuál es la disposición de los vasos:
Aorta ventrículo derecho y arteria pulmonar del izquierdo.
Septostomía auricular
En transposición de grandes vasos como medida terapeútica se realiza:
Se trata de mantener ductus arterioso permeable utilizando prostaglandinas E1. O se realiza una atriseptostomía de Rashkind.
Procedimiento quirúrgico de elección en transposición de los grandes vasos:
 Switch Arterial de Jatene.
Agente microbiano relacionado con Miocarditis:
Coxsackie B.
Causa más frecuente de muerte por Difteria:
Miocarditis Diftérica.
Tipos importantes de miocardiopatía:
Hipertrófica (se produce disfunción diastólica) primera manifestación que puede darse es Muerte Súbita, **Dilatada** (disfunción del ventrículo izquierdo), dentro de sus causas, ALCOHOL, y **restrictiva.**
Hablamos de miocardiopatía hipertrófica en ausencia de las siguientes patologías:
Hipertensión arterial, valvulopatías, o cardiopatías congénitas.
Causa más frecuente de muerte súbita en jóvenes atletas de competición:
Miocardiopatía hipertrófica.
Síntomas más frecuente en miocardiopatía hipertrófica:
Disnea.
Principal causa de muerte súbita por arritmias ventriculares:
Miocardiopatía hipertrófica.
Tipo de miocardiopatía que cuadro clínico se asemeja a pericarditis y pacientes cirróticos:
Miocardiopatía restrictiva. (Insuficiencia Diastólica). Fracción de eyección conservada.
En taponamiento cardíaco existe compromiso de toda diástole.
Qué es el signo de Kusmaul y en cuáles patologías podemos observarlo:
Aumento de presión venosa yugular con la inspiración.
Lo vemos en Pericarditis y Cardiomiopatía Constrictiva, **infarto de ventrículo derecho.**
Segunda causa de muerte en jóvenes tras miocardiopatía hipertrófica:
Anomalías coronarias.
El saco pericárdico contiene de:
15-25 ml.
Parte del corazón que no tiene epicardio:
Aurícula izquierda.

Última cámara que colapsa en taponamiento cardíaco:
Aurícula izquierda

Válvulas cardíacas que poseen consistencia membranosa:
Mitral y tricuspídea.

Válvulas cardíacas que poseen consistencia semifibrosas:
Semilunares. (aórtica y pulmonar)

Inotropismo: Contractictilidad:

Cronotropismo: Automatismo (Frecuencia)

Batmotropismo: Excitabilidad.

Dromotropismo: Conducción.

Fase del ciclo cardíaco que consume más energía:
Diástole.

Fase 3 es onda T, por eso los trastornos se ven allí en alteraciones del potasio.

Tiempo de duración de latido cardíaco:
0.8 – 1 segundo (0.3 sístole, resto diástole)

El gasto cardíaco del corazón representa el siguiente porcentaje en relación a la volemia total:
30%.

El gasto cardíaco del cerebro representa un:
14% (15-25%)

El gasto cardíaco del riñón representa un:
20%.

La región del precordio está limitado por:
Linea paraesternal derecha y línea axilar izquierda

Un paciente con edema de miembros inferiores unilateral, debemos pensar en:
Trombosis arterial.

Los soplos basales son los que afectan a las válvulas:
Aórticas y pulmonares.

Los soplos apicales son los que afectan a las válvulas:
Mitral y tricuspidea.

El soplo de estenosis mitral se encuentra en toda diástole.

La efusión pleural es más frecuente del lado:
Derecho.

Único betabloqueante cardioselectivo que se elima por vía renal puro:
Atenolol

Son los fármacos betabloqueantes cardioselectivos:
Atenonol, bisoprolol, metoprolol

Posibles efectos secundarios de betabloqueantes:
Broncoespasmo, vasoconstricción, depresión, pesadillas.

Las complicaciones más frecuentes de toxicidad por digoxina son :
Las digestivas: náuseas, diarrea y vómitos

Contribuyen a la intoxicación por digoxina:
Hipopotasemia, y otras hipo. **Hipercalcemia,**

La manifestación más precoz de EKG en intoxicación por digitálicos es:
Extrasístole ventricular, es asintomático

La adrenalina estimula a los siguientes receptores:
Alfa 1, Alfa 2, Beta 1, Beta 2.

La dopamina estimula a los receptores
DBA

Dosis baja: dopaminérgica

Dosis intermedia: B1 estimulante.

Dosis alta: Alfa estimulante.

La noradrenalina estimula al receptor:
Alfa 1.

El mecanismo de acción de Ivabradina es:
Bloquear la corriente IF, fase 4 de excitabilidad cardíaca.

Los antiarrítmicos de clase I son aquellos que:
Interfieren con la entrada en canales de Sodio.

IA: Procainamida, quinidina.

IB: Fenitoína. Difenilhidantoína. Lidocaína.

IC: Flecainamida. Propafenona.

Los antiarrítmicos de clase II son aquellos que:
Interfieren con estimulación Simpática – **Betabloqueantes.**

Los antiarrítmicos de clase III son aquellos que:
Interfieren con salida de potasio. **Amiodarona**

Los antiarrítmicos de clase IV son aquellos que:
Interfieren con la entrada en canales de Calcio. **Verapamil y Diltiacen.**

En el bloqueo de primer grado, características del electrocardiograma:
Todas las P conducen, pero intervalo PR es más largo que lo habitual.

En el bloqueo de segundo grado, características del electrocardiograma:
Algunas onda P se conducen y otras no.

Cuál otro nombre recibe el bloqueo de segundo grado tipo I:
Wenkebach Mobitz I

Cuál otro nombre recibe el bloqueo de segundo grado tipo II:
Mobitz II

En el bloqueo de tercer grado, características del electrocardiograma:
Ninguna onda P se conduce.

En los siguientes tipos de bloqueos existe consideración de marcapasos como tratamiento en todos los casos:
Bloqueo de segundo grado tipo II y tercer grado.

Las causas de insuficiencia cardíaca con Fracción de Eyección deprimida son:
Isquemia miocárdica, valvulopatías graves, cardiopatías congénitas, **miocardiopatía dilatada.**

Es el germen más frecuente asociado a Endocarditis Infecciosa:
Stafilococos Aureus.

Germen implicado en la endocarditis de tipo protésica:
Stafilococos Eperdimidis.

Tipo de endocarditis que se asocia a ancianos y se asocia además a neoplasia colorectal es causada por el siguiente agente:
Streptococo Bovis.

Agente causal de endocarditis subaguda:
Streptococo Viridans.

Endocarditis que se presenta tras manipulación gastrointestinal o genitourinaria es causada normalmente por:
Enterococos.

Las cardiopatías que con mayor frecuencia predisponen a endocarditis infecciosa son aquellas que:
Presentan insuficiencia valvular y comunicación interventricular.

Son los tipos de endocarditis que presentan embolia sépticas con mayor frecuencia:

Endocarditis aguda, presentan una duración de 6 semanas.

Es aquel tipo de endocarditis que se asocia a afectación de valvulopatías previamente:

Endocarditis subaguda, presentan una duración de más de 6 semanas.

Un paciente que presente fiebre junto a un soplo, estigmas cutáneos o embolias, debemos pensar en:

Endocarditis infecciosa.

El tipo de endocarditis que con mayor frecuencia se asocia a émbolos, es el que afecta a la siguiente válvula:

Mitral. (van mayormente a Sistema Nervioso Central)

Son lesiones eritematosas en palmas y plantas que se presentan en pacientes con endocarditis infecciosa:

Lesiones de Janeway

Las lesiones hemorrágicas visibles en el fondo de ojo en pacientes con endocarditis infecciosa, se denominan:

Manchas de Roth.

Las hemorragias en los pulpejos de los dedos en endocarditis infecciosa se denominan:

Nódulos de Osler.

La localización más frecuente de endocarditis infecciosa es:

Válvula mitral seguida de aórtica.

En pacientes usuarios de drogas por vía parenteral en endocarditis infecciosa, la válvula más afectada es:

Válvula tricúspide. (Produce embolismos pulmonares sépticos, pioneumotorax e infiltrados cavitarios)

Tipo de prueba de imagen que tiene mayor sensibilidad para diagnóstico de endocarditis infecciosa:

Ecografía transesofágica.

Los criterios utilizados para el diagnóstico de endocarditis infecciosa se denominan:

Criterios de Duke.

Los criterios mayores de Duke engloban:

Hemocultivo positivo en más de dos ocasiones o persistente. Identificación de Coxiela Burnetti.
Ecografía con vegetaciones o abscesos.

Los criterios menores de Duke para diagnóstico de endocarditis infecciosa engloban:

Manchas de Roth, Nodulos de Osler, Manchas de Janeway, fiebre.

Realizan el diagnóstico de endocarditis infecciosa los siguientes criterios:

Dos criterios mayores.

Un criterio mayor y 3 menores.

Cinco criterios menores.

El tiempo de tratamiento para endocarditis infecciosa posee la siguiente duración:

4 a 6 semanas.

Se define como la incapacidad que posee el corazón para mantener un gasto cardíaco adecuado:

Insuficiencia cardíaca.

Marcador pronóstico más importante de insuficiencia cardiaca:

Clase funcional, seguido de fracción de eyección

Cuál es la causa más frecuente de insuficiencia cardíaca:

Cardiopatía isquémica.

Causas más frecuentes de insuficiencia cardíaca con fracción de eyección disminuida:

Cardiopatía isquémica, miocardiopatía dilatada (por deficiencia en relajación)

El tipo de insuficiencia cardíaca en relación a la fracción de eyección en la que es más frecuente la hipertrofia ventricular es:

Fracción de eyección conservada.

El tipo de insuficiencia cardíaca en relación a la fracción de eyección en la que es más frecuente la la cardiomegalia es:

Fracción de eyección deprimida.

El único tipo de antiarrítmico utilizado en insuficiencia cardíaca con fracción de eyección deprimida:

Amiodarona. Los calcioantagonistas si se pueden utilizar en fracción de eyección conservada.

Las causas más frecuentes de insufiencia cardíaca con fracción de eyección conservada son:

Hipertensión arterial, miocardiopatía hipertrófica, miocardiopatía restrictiva, enfermedad pericárdica.

Los síntomas retrógados de ICC izquierda son los siguientes:

Datos de congestión pulmonar: disnea, ortopnea, disnea paroxística nocturna, edema agudo de pulmón.

Los síntomas retrógados de ICC derecha son los siguientes:

Congestión sistémica, edema de miembros inferiores, ascitis, hepatomegalia.

Los síntomas anterógrados de ICC derecha son los siguientes:

Hipotensión arterial. Hipoperfusión pulmonar.

Los síntomas anterógrados de ICC izquierda son los siguientes:

Signos de bajo gasto, astenia, oliguria, debilidad, confusión, insomnio.

Síntoma más predominante de insuficiencia cardíaca izquierda:

Disnea.

La enteropatía pierde proteínas puede verse en la siguiente patología cardíaca:

Insuficiencia cardíaca derecha (signo retrógrado)

El 50% de las muertes en insuficiencia cardíaca se debe a:

Muerte súbita por arritmias.

Clasificación de la NYHA para estadios funcionales de Insuficiencia Cardíaca:

Clase I: No existe disnea en actividades físicas habituales.

Clase II: Disnea a grandes esfuerzos, ejemplo: correr.

Clase III: Disnea a moderados esfuerzos, caminando. Hay limitación de actividad física.

Clase IV: Disnea en reposo.

En la radiografía de tórax de un paciente con insuficiencia cardíaca suele predominar un infiltrado de tipo:

Alveolar difuso perihiliar, en alas de mariposa.

Tipo de antihipertensivo que remodela el miocardio post Infarto agudo:

IECA.

Pilares del tratamiento de insuficiencia cardíaca:

IECA, Betabloqueantes y espironolactona.

Se considera el inhibidor más selectivo de la aldosterona:

Eplerenona.

Inhibidor selectivo de la corriente IF:

Ivabradina

Es un síndrome caracterizado por la disminución de la perfusión por debajo de sus demandas metabólicas:

Shock

La acidosis metabólica que se da en pacientes con shock se debe a:

Acúmulo de ácido láctico

Las 3 características clínicas que deben presentarse para diagnosticar shock son:

Hipotensión arterial.

Hipoperfusión tisular.

Disfunción orgánica

Tipo de shock más frecuente:

Hipovolémico

La causa más frecuente de shock cardiogénico intrínseco es:
Infarto agudo al miocardio extenso.
El shock cardiogénico extrínseco también es denominado:
Obstructivo / compresivo. (Embolias, hernias, neumotórax)
Principal subtipo de shock distributivo:
Shock séptico.
Agente causal asociado a shock séptico:
Meningococo.
Otros tipos de shock distributivo son:
Neurogénico, anafiláctico y tóxico
Tipos de shock en los que la resistencia vascular periférica se encuentran aumentadas:
Hipovolémico y Cardiogénico.
Tipos de shock en los que la presión venosa central están aumentadas:
Cardiogénico, obstructivo y Séptico.
Único tipo de shock en el que la saturación de oxigeno puede estar aumentada:
Séptico
Síntoma que consiste en la pérdida transitoria de la consciencia asociada a la pérdida del tono postural y caída del paciente, con recuperación espontánea y completa:
Síncope.
Tipo de síncope más frecuente:
Vasovagal.
Cuáles son las 3 capas de las arterias:
Íntima, media y adventicia.
Cuál es la capa más desarrollada y más importante de las arterias:
Media.
Es la capa arterial responsable de la distensibilidad y resistencia de la aorta:
Media.
Se definen como una dilatación anormal en un vaso:
Aneurisma.
A cuáles capas afectan los aneurismas:
Medía e íntima.
Causa más frecuente de aneurismas:
Aterosclerosis.
Los aneurismas se localizan con mayor frecuencia en:
Aorta abdominal, región infrarenal.
Los aneurismas de aorta abdominal se suelen palpar en cuál región del estómago:
Epigastrio.
La triada de rotura de aneurisma es la siguiente:
Dolor, masa pulsátil e hipotensión.
Es el principal factor de riesgo para rotura de aneurisma es:
Diámetro del vaso.
El porcentaje de la mortalidad de los pacientes con aneurismas abdominales de más de 6 cms sin tratamiento es:
50% al año.
Método diagnóstico utilizado para aneurismas:
Ecografía abdominal, en casos de pelvis y cefálica, utilizar angioTC o angiorresonancia magnética.
Grupo antihipertensivo que puede disminuir el crecimiento de los aneurismas importantes:
Betabloqueantes.

El tratamiento quirúrgico en pacientes con aneurismas asintomáticos lo hacemos cuando:
Cuando diámetro es superior a 5,5 cms, o si la velocidad de crecmiento es mayor a 0,5 cms por año.

Los aneurismas de la aorta torácica afectan con más frecuencia:
Aorta ascendente (60%), aorta descendente (40%)

La etiología más habitual en aneurismas de aorta ascendente es:
Degeneración quística de la media

El diagnóstico de aneurisma de aorta torácica se realiza con:
Angiotac y angioresonancia.

Los aneurismas del cayado aórtico se consideran quirúrgicos cuando diámetro es mayor a:
5,5 cms.

Los aneurismas de aorta descendente se consideran quirúrgicos cuando diámetro es mayor a:
6 cms.

Define un grupo de situaciones en las que la capa media de la pared aórtica sufre un debilitamiento que conlleva riesgo de rotura y otros problemas:
Síndrome aórtico agudo.

El síndrome aórtico agudo está constituido por las siguientes patologías:
Disección aórtica (80%), hematoma intramural aórtico (15%) y úlcera aterosclerótica penetrante (5%).

Tipos de clasificaciones utilizadas para disección aórtica:
Stanford, la de peor pronóstico es A. Y Bakey.

La principal causa de síndrome aórtico agudo:
Hipertensión arterial

El tipo de disección aórtica más frecuente es:
Disección aórtica ascendente o tipo A.

El tipo de disección aórtica de peor pronóstico:
Disección aórtica ascendente o tipo A.

Fármacos utilizados en síndrome aórtico agudo:
Labetalol, verapamil y diltiacen. (Dihidropiridinicos)

En qué consiste la coartación de la aorta:
Estrechamiento de la luz aórtica.

La forma adulta de la coartación de aorta es:
Forma postductal, más frecuente.

La forma infantil de la coartación de aorta es:
Preductal.

La coartación de la aorta puede estar acompañada de otras patologías como:
Válvula aórtica bicúspide y aneurismas del polígono de Willis.

Cuadro clínico caracterizado por disminución y retraso del pulso femoral comparado al radial y al humeral, con hipertensión en extremidades superiores y pulsos débiles en miembros inferiores, podemos sospechar de:
Coartación de la aorta.

Las muescas presentes en el borde inferior de las costillas debidas a erosión de vasos sanguíneos, son denominadas y son debidas a:
Muescas de Rosler, coartación de la aorta.

El signo del 3 en la aorta, lo podemos presenciar en una radiografía de la siguiente patología:
Coartación de aorta.

La cirugía reparadora en casos de coartación de aorta debe realizarse antes de:
5 años.

El aneurisma arterial periférico más frecuente:
Poplíteo. Es bilateral en un 50% y se asocia a otro aneurisma como el abdominal.

Agujero que en vida intrauterina comunica la aurícula derecha de la izquierda:
Agujero oval.

Para que el recién nacido pueda iniciar respiración pulmonar cuál conducto debe cerrarse:
Conducto arterioso.

El canal aurículoventricular completo está asociado a la siguiente patología:
Síndrome de Down.

El máximo determinante de la presión arterial en condiciones normales:
Tono muscular de las arteriolas.

Mecanismos fisiológicos encargados del control rápido de la presión arterial:
Quimiorreceptores y barorreceptores.

Mecanismo fisiológico encargado del control lento de la presión arterial:
Sistema Renina Angiotensina Aldosterona

Tratamiento que se prefiere en insuficiencia mitral:
Reparación de válvula

La elevación rápida del pulso en martillo de agua, se conoce como:
Signo de Corrigan o danza carotídea.

Al balanceo sincrónico de la cabeza con los latidos se conoce como:
Signo de Musset.

Pulsación de úvula con latidos, se conoce como:
Signo de Muller.

Pulsación del hígado con latidos, se conoce como:
Signo de Rosenbach

Pulsación del bazo con latidos, se conoce como:
Signo de Gerardht

Pulsación del lecho capilar de los dedos por transiluminación:
Signo de Quincke

Soplo sistólico y diastólico al comprimir la arteria femoral:
Signo Durosiez.

Ruido en pistoletazo a la auscultación de arteria femoral:
Signo de Traube.

En el tratamiento quirúgico de insuficiencia aórtica se opta por:
Sustitución valvular.

Causa más frecuente de estenosis mitral:
Fiebre reumática.

La triada sintomatológica de insuficiencia aórtica es:
Angina, síncope y disnea.

Tipo de ecografía de elección en diagnóstico de endocarditis infecciosa:
Transesofágica.

Los criterios mayores de Framihhan para diagnóstico de insuficiencia cardíaca son los siguientes:
Disnea Paroxística Nocturna
Ingurgitación yugular.
Estertores
Cardiomegalia
Edema agudo de pulmón
Tercer ruido
Reflujo hepatoyugular
Pérdida de peso 4,5 kilos de peso con tratamiento.

Los criterios menores de Framihhan para diagnóstico de insuficiencia cardíaca son los siguientes:

Edemas de miembros inferiores
Tos
Taquicardia
Hepatomegalia.
Derrame pleural

Sustancia que posee utilidad diagnóstica y pronóstica en insuficiencia cardíaca:
Péptido Natriurético Cerebral.

Betabloqueantes que han mostrado eficacia en tratamiento de insuficiencia cardíaca:
Bisoprolol, metoprolol, carvedilol.

El desfibrilador automático implantable y terapia de resincronización en pacientes con insuficiencia cardíaca están indicados cuando fracción de eyección se encuentra:
Menor de 35%.

El tiempo en desarrollarse completamente la necrosis en IAM es de:
12 horas.

Principal causa de muerte extrahospitalaria en IAM:
Fibrilación ventricular primaria.

Principal causa de muerte intrahospitalaria de IAM:
Shock Cardiogénico

El mecanismo más frecuente de taquicardias es:
Reentradas.

La arritmia clínica más significativa es:
Fibrilación auricular.

Los fármacos que han demostrado disminuir la mortalidad en hipertensión arterial son:
Betabloqueantes y diuréticos

Articulación más frecuentemente afectada en fiebre reumática:
Rodilla.

Principal causa de insuficiencia cardíaca de alto gasto:
Tirotoxicosis.

La dosis utilizada de heparina en bolo es de:
5,000 U/l. **1,000 luego de perfusión.**

Patología que se refiere a la dilatación e hipertrofia del ventrículo derecho producto de alteraciones en la vasculatura pulmonar:
Cor Pulmonare.

Patologías responsables de la cardiopatía pulmonar o cor pulmonare:
Insuficiencia Cardíaca Izquierda. EPOC y Bronquitis Crónica

Cuál otro nombre recibe el Cor Pulmonare:
Insuficiencia Cardíaca Derecha.

Síntoma más común de Cor Pulmonare:
Disnea.

El efecto dado por el cambio de metabolismo aerobio a anaerobio por deficiencia de oxígeno se denomina:
Efecto Pasteur.

Enfermedad conocida como cianosis roja:
Policitemia Vera.

Como se denomina al proceso de oxigenación de la sangre en los pulmones?
Hematosis.

Cuál es la presión de la aorta:
80 mm/hg.

Cómo se le denomina al tipo de embolia pulmonar procedente del ventrículo izquierdo:
Embolia paradójica.

Proceso encargado de equilibrar la membrana celular cardíaca en fase 4:
Bomba Na, K, Atpasa.

El período refractario relativo tiene lugar en la siguiente fase de excitabilidad:
Fase 3.

La aurícula se contrae en la siguiente fase de la diástole:
Telediástole.

A cuál fase del ciclo corresponden el tercer y cuarto ruido:
Diástole.

Si aumenta la postcarga, disminuye gasto cardíaco y volumen latido.

Nervio encargado de suministrar las fibras simpáticas del corazón:
Nervio cardíaco.

Cuáles neurotransmisores secreta el nervio cardíaco:
Adrenalina – Noradrenalina.

Cuáles son las 3 ramas terminales del nervio cardíaco (proviene de ganglios simpáticos cervicales):
Una que va al nodo sinusal, otra al aurículoventricular y otra al ventrículo.

Nervio encargado de suministrar fibras parasimpáticas al corazón:
Nervio vago.

Cuál neurotransmisor secreta el nervio vago:
Acetilcolina.

Cuáles ramas otorga el nervio vago para el corazón, sistema de conducción:
Nodo sinusal y nodo aurículoventricular.

Dónde se encuentran los barorreceptores (detectan cambios bruscos de la tensión arterial):
Cayado aórtico y bifurcación carotídea.

Tipo de dieta recomendada por la Asociación Americana de Cardiología que disminuye el riesgo cardiovascular:
Tipo DASH.

Corresponden a las ondas positivas de los pulsos venosos:
A y V.

Corresponden a las ondas valles de los pulsos venosos:
X y Y.

Tipo de onda que se ve en extrasístole ventricular y coincide con aurícula:
A.

Tipo de onda que se ve en pericarditis constrictiva:
Y.

Podemos observar una onda A gigante en la siguiente patología:
Estenosis tricuspídea.

La Onda V la podemos observar en la siguiente patología:
Insuficiencia tricuspídea.

El pulso tipo bisferiens es más común que lo podamos observar en la siguiente patología:
Insuficiencia aórtica.
Puede verse en doble lesión también.

En cuáles patologías podemos observar el pulso apical:
Miocardiopatía hipertrófica y aneurisma ventricular.

El tercer y cuarto ruido en cuál fase de la diástole se escuchan:
Telediástole.

El ritmo de galope tiene los siguientes ruidos:
Los 4 ruidos
Un cuadro clínico caracterizado por dolor de pecho y ensanchamiento mediastínico corresponde a:
Disección aórtica
El soplo de estenosis aórtica es de tipo:
Mesosistólico.
El soplo de insuficiencia mitral es un soplo de tipo:
Sistólico, se escucha en toda síssole.
Un paciente con un soplo holosistólico que se escucha en línea paraesternal izquierda, al examen del ekg no se observa ninguna patología, podríamos estar frente a:
Comunicación interventricular.
El click lo podemos escuchar en la siguiente patología, en cuál fase del ciclo se escucha:
Prolapso valvular, sístole.
El chasquido de estenosis, en cuál fase del ciclo se escucha:
Sístole.
Un paciente que posee un desdoblamiento amplio del segundo ruido, podríamos estar frente a la siguiente patología:
Comunicación interauricular.
Ante el hallazo de una R prima en el ekg podemos estar frente a la siguiente patología:
Bloqueo de rama derecha.
Ante el hallazo de una R mellada en el ekg podemos estar frente a la siguiente patología:
Bloqueo de rama izquierda.
PR corto, Onda Delta, enlentecimiento QRS e inversión de onda T, nos habla de:
Síndrome de Wolf Parkinson White.
El complejo QRS mide:
Menos de 0.10 seg.
Una R alta en V1 y V2 en el ekg nos sugiere:
Hipertrofia ventrículo derecho.
Ante un bloqueo de rama derecha incompleto podemos sospechar de la siguiente patología:
Comunicación interauricular.
El bloqueo de rama izquierda, se trata como aumento de segmento ST.
Una forma de calcular la frecuencia cardíaca mediante el ekg es:
Diviviendo 1,500 entre el espacio entre R/R.
A cuál fase de excitabilidad cardíaca corresponde el segmento ST:
Fase 2.
La fase 2 del ciclo cardíaco es dependiente del siguiente ion:
Calcio
Un infarto de cara inferior puede presentar sintomatología vasovagal, siempre descartar infarto de arteria coronaria derecha
La fase 3 corresponde a:
Repolarización ventricular.
Cuál ión es dependiente en la fase 3 del ciclo cardíaco:
Potasio.
Los trastornos del potasio en el ekg lo podemos evidenciar por alteración de la siguiente onda:
T.
Tratamiento de sindrome coronario agudo con elevación del segmento ST antes de los 90 minutos:
Reperfusión percutánea
Tratamiento de sindrome coronario agudo con elevación del segmento ST luego de los 90 minutos:

Fibrinólisis con Tenecteplasa o Estreptoquinasa.

Signo por excelencia de insuficiencia cardíaca izquierda:

Crepitantes debido a Edema Agudo de Pulmón.

Signo característico de insuficiencia cardíaca derecha:

Ingurgitación Venosa Yugular.

Flujo turbulento que produce ruido que puede ser aumento del flujo sanguineo:

Soplo

Los sonidos graves del corazón se escuchan mejor con:

Campana de estetoscopio.

Los sonidos agudos del corazón se escuchan mejor con:

Diafragma del estetoscopio.

El R3 tiene origen en cuál fase de la diástole:

Protodiástole. 0,14 a 0.16 segundos, luego de R2.

Patologías que puede producir R3.

Puede producirse por insuficiencia mitral, cardíaca y pericarditis constrictiva. Dilatación del ventrículo.

El R4 tiene origen en cuál fase de la diástole:

Telediástole.

Patologías que pueden producir R4.

Hipertensión arterial. Estenosis aórtica. Miocardiopatía hipertrófica.

Cirugía

1. **Es la escala que mejor valora la morbimortalidad operatoria:**
ASA.

2. **Vías centrales del organismo:**
Femoral, yugular externa e interna y subclavia.

3. **En el sexo masculino, el agua corresponde al siguiente porcentaje del peso del mismo:**
60%.

4. **En el sexo femenino, el agua corresponde al siguiente porcentaje del peso del mismo:**
55%.

5. **Corresponden otras vías por las que se puede introducir un catéter para medir presión venosa central a parte de las habituales:**
Vena Basílica y Vena Axilar

6. **Las pérdidas fisiológicas insensibles corresponden alrededor de la siguiente cantidad:**
800 Ml en 24 horas.

7. **La clasificación de Asa como riesgo anestésico quirúrgico, es la siguiente:**

Clase I: Paciente saludable.
Clase II: Paciente con enfermedad sistémica leve, controlada y no incapacitante.
Clase III: Paciente con enfermedad grave, pero no incapacitante.
Clase IV: Paciente con enfermedad grave e incapacitante.
Clase V: Enfermo terminal con expectativa de vida no mayor a 24 horas.
Clase VI: Paciente con muerte cerebral, donador de órganos.

8. **La profilaxis antibiótica en paciente que va a ser sometido a cirugía se debe emplear en cuál momento:**
Durante la inducción anestésica, antes de incisionar piel.

9. **De acuerdo al grado de contaminación, el tipo de cirugía que no tiene contacto con tubo respiratorio, digestivo o genitourinario y que tampoco es traumático es de tipo:**
Herida limpia.

10. **De acuerdo al grado de contaminación, el tipo de cirugía que tiene contacto con tubo digestivo, respiratorio y genitourinario, sin secreciones y de manera controlada se considera:**
Limpia contaminada.

11. **De acuerdo al grado de contaminación, el tipo de cirugía que tiene contacto con tubo digestivo, cirugía biliar con bilis infectada, cirugía genitourinaria con orina infectada es de tipo:**
Contaminada.

12. **El tipo de cirugía en el que existe salida de heces o pus en cavidad es considerada:**
Sucia.

13. **Corresponden a los signos de Celso:**
Dolor, calor, tumor y rubor.

14. **Tipo de infección de partes blandas caracterizada por centro necrótico, colección líquida y área vascularizada en la periferia:**
Enfisema Subcutáneo.

15. **Agente causal de Gangrena Gaseosa:**
Clostridium Perfrigens. Se asocia a Enfisema.

16. Es el agente causal de Fascitis Necrotizante:
Estreptoco Pyogenes.
17. Tratamiento antibiótico de elección para Fascitis Necrotizante:
Clindamicina, Penicilina y Lavado Quirúrgico Precoz.
18. Corresponde al tratamiento antibiótico empírico en pacientes con infecciones de la cavidad abdominal:
Cefalosporinas de tercera generación, carbapenémicos, ampicilina + sulbactam.
Las heridas sucias de más de 6 horas y las de mordedura de perro no han de ser suturadas, a excepción de la cara por su rica vascularización.
19. Es la principal causa de infección nosocomial:
Infección de vías urinarias
20. Segunda causa de infección nosocomial:
Infección de la herida quirúrgica.

21. La infección de la herida que afecta el periné y parte del tracto gastrointestinal o biliar es causada por los siguientes tipos de agentes:
Gram negativos y anaerobios.
22. La infección de la herida quirúrgica por stafilococo aureus se da aproximadamente en el siguiente día postoperatorio:
5to día.
23. Las infecciones quirúrgicas más precoces corresponden a las siguientes:
Gangrena Gaseosa y Fascitis Necrotizante.
24. Los agentes causantes de infecciones postoperatorias luego de más de 7 días son:
Gram Negativos y Anaerobios.
25. Principal causa de muerte inmediata (primeros segundos o minutos) como complicación de politraumatismos:
Obstrucción de vía aérea o hemorragia masiva.

26. Principal causa de muerte precoz (minutos u horas) como complicación de politraumatismos:
Hipovolemia, lesión cerebral, insuficiencia respiratoria.

27. Principal causa de muerte tardía (días o semanas) como complicación de politraumatismos:
Sepsis, fallo multiorgánico, distrés respiratorio, daño cerebral.

28. Corresponden a las indicaciones de intubación orotraqueal en paciente politraumatizado:
Glasglow menor de 8.
Heridad en cuello o cara que amenacen vía aérea.
Sospecha de quemadura inhalatoria.
Shock grave.
Pacientes agitados.
29. En la examinación del paciente politraumatizado para observar vía aérea permeable, cuál es el primer parámetro a valorar:
Respuesta verbal.
30. La exploración neurológica en pacientes politraumatizados valora los siguientes parámetros:
Escala de Coma de Glasgow y Diámetro Pupilar.
31. Es una contraindicación de sonda nasogástrica en paciente politraumatizado:
Sospecha de fractura en la base del cráneo.

32. La Fase III de acuerdo al ATLS para soporte en paciente politraumatizado establece que se debe valorar lo siguiente:

AMPLIA

A: Alergias.

M: Medicación.

P: Patologías previas.

LI: Líquidos. Alimentos.

A: Ambiente.

33. Prueba de imagen diagnóstica de referencia en pacientes politraumatizados en las unidades especializadas:

TAC.

34. Corresponden a las lesiones en politraumatizados que requieren tratamiento urgente:

Lesiones vasculares.

Lesiones vertebrales con clínica neurológica incompleta y progresiva.

Luxaciones.

Fracturas abiertas.

Síndromes Compartimentales.

35. Las respuestas metabólicas en pacientes politraumatizados consisten en:

Hiperglicemia, retención de sal y agua, lipólisis, acidosis metabólica

36. Ante la sospecha de un neumotórax a tensión, el tratamiento de urgencia es el siguiente:

Descomprensión con aguja gruesa en 2do espacio intercostal linea media clavicular.

37. Es el tipo más frecuente de hematoma craneal en paciente politraumatizado:

Hematoma Epidural.

38. El hematoma epidural, en la mayoría de las ocasiones se debe a la rotura del siguiente vaso:

Arteria meningea media, tras fractura de hueso temporal o parietal.

39. En el siguiente tipo de hematoma craneal en paciente politraumatizado, la clínica corresponde a la presentación clásica de pérdida de consciencia, seguida de intervalo lúcido y luego deterioro neurológico:

Hematoma Epidural.

40. El Hematoma Subdural suele ser consecuencia de una hemorragia en los tipos de vasos:

Venoso, también se puede dar por laceración del parénquima cerebral.

41. Tipo de hemorragia craneal que en ancianos suele cronificarse por pasar por clínica desapercibida:

Hematoma subdural.

42. Corresponden a lesiones necroticohemorrágicas consecuencia de trauma craneoencefálico, y suelen localizarse en el lóbulo frontal, suelen necesitar tratamiento epiléptico:

Hemorragia intraparenquimatosa.

43. El tubo de drenaje endotorácico en pacientes con trauma torácico es preferible del siguiente grosor:

34-36 french.

44. Tipo de trauma más frecuente que suele aparecer en pacientes politraumatizados:

Trauma torácico.

45. Tipo de neumotórax que se caracteriza dentro de su clínica por presentar el denominado "Bamboleo mediastínico".

Neumotórax abierto.

46. Anión más importante a nivel intracelular:

Fósforo

47. Anión más importante a nivel extracelular:
Cloro

48. Catión principal del líquido intracelular:
Potasio

49. Catión principal del líquido extracelular:
Sodio

50. Por cada grado de temperatura aumentada cuánto se pierde en mililitros?
7ml por kilogramo de peso, o 200 ML en 24 horas.

51. Qué son las pérdidas de tercer espacio?
Pérdidas líquidas que se dan en el transcurso de cirugías, principalmente en intervenciones de cavidades.

52. Por qué son necesarios los líquidos de mantenimiento?
Para mantener pérdidas fisiológicas, insensibles, urinarias, pérdidas insensibles del agua.

53. Vía más utilizada para profilaxis quirúrgica?
Vía parenteral

54. Infección quirúrgica de partes blandas más frecuente?
Absceso Subcutáneo.

55. Infecciones de piel o partes blandas, cuáles agentes lo producen frecuentemente?
Stafilococo y Estreptococo

56. El signo más angustiante y espectacular es:
Asfixia.

57. Está indicada la profilaxis antibiótica en los siguientes tipos de cirugía:
Limpia – contaminada y contaminada.

Las heridas quirúrgicas disminuyen proceso de cicatrización pero aumentan el de fibrosis.

58. Probabilidades de infección en cirugía de Colon?
20%

59. Clínica de infección quirúrgica?
Dolor, es más prominente que **eritema y fiebre.**

60. Cuál es la triada mortal en pacientes politraumatizados?
Hipotermia, coagulopatía y acidosis.

61. Medio diagnóstico para valorar hemorragias internas de manera rápida en pacientes politraumatizados?
Ecofast.

62. Sustancia responsable como causa de Insuficiencia Renal en traumas es la siguiente?
Acúmulo de mioglobina.

63. Son las células que componen el tejido muscular:
Creatin fosfoquinasa (CPK) y mioglobina.

64. La posible causa anatomopatológica de Rabdomiólisis se debe a:
Necrosis muscular.

65. Signos característicos de trauma en la base del cráneo?
Signo de Battle (retroauricular), Signo de Mapache, equimosis región periorbitaria bilateral.

66. Característica de hematoma epidural en Tomografía?
Lente biconvexa, desplaza línea media.

67. Característica de hematoma subdural en Tomografía?
Media luna, desplaza línea media.

68. Nivel primario de evaluación a paciente politraumatizado según ATLS, luego de ABCDE?
Pruebas complementarias.

69. Patologías que compromenten la ventilación del paciente politraumatizado:
Neumotórax abierto, a tensión, volet costal con contusión pulmonar.

70. Otro nombre que recibe el volet costal?
Tórax inestable

71. El tipo de presión en neumotórax a tensión es:
Positiva, por esta razón el mediastino se desplaza de manera contralateral.

72. Cómo se realiza el diagnóstico de neumotórax a tensión:
Clínica.

73. Clinica de paciente con neumotórax a tensión:
Ausencia del murmullo vesicular.
Desviación traqueal.
Fracturas costales
Crepitancias en tejido celular subcutáneo
Ingurgitación venosa yugular **BILATERAL**
Timpanismo y ausencia de aire en hemitórax comprometido.

74. Se debe a una doble fractura en tres o más niveles adyacentes en el tórax, con porción flotante que a la respiración tiene movimiento de manera inversa o paradójica:
Volet Costal o Tórax Inestable.

75. Se considera el determinante de insuficiencia respiratoria en pacientes con volet costal:
Contusión pulmonar.

76. Son las causas de insuficiencia respiratoria en pacientes con volet costal:
Contusión pulmonar, hemotórax y neumotórax.

77. El tratamiento del volet costal consiste en los siguientes pasos:
Primer: Analgesia para permitir Fisiología Respiratoria.
Segundo: Control de función respiratoria con ventilación con presión positiva.
Tercero: Líquidos.
Cuarto: Fijación quirúrgica.

78. La medida inicial en pacientes con neumotórax a tensión es:
Colocar catéter grueso en segundo espacio intercostal para que aire salga y así convertirlo en neumotórax normotensivo.

79. Corresponde al tratamiento definitivo de neumotórax a tensión:
Tubo de pecho.

80. Medida terapéutica más eficaz en paciente con neumotórax abierto:
Intubación orotraqueal y ventilación con presión positiva.

81. Complicaciones clínicas de volet costal.
Contusión pulmonar, neumotórax y hemotórax.

82. Tratamiento definitivo de neumotórax:
Colocar tubo de pecho

83. Dónde debe localizarse el tubo de pecho en hemotórax:
5to espacio intercostal, línea media axilar.

84. Se define hemotórax másivo cuando:
Salida de más de 1,500 de sangre

85. Un hemotórax persistente normalmente se debe a la rotura de:
Arterias intercostal o mamaria interna. Ya que cuando existe una lesión parenquimatosa cede al cabo de pocos minutos debido a su presión baja.

86. Se define hemotórax continuo cuando:
Existe salida de más de 200 ml por 2 o 3 horas.

87. Elementos que componen Triada de Beck:
Hipotensión, ingurgitación yugular, ruidos cardíacos apagados.

88. Tipo de toracotomía de elección en paciente con taponamiento cardíaco:
Toracotomía anterolateral izquierda

89. Causa más frecuente de taponamiento cardíaco:
Trauma penetrante.

90. Se considera la lesión más frecuente en traumatismos torácicos:
Fractura costal.

91. Costillas más frecuentemente fracturadas.
4ta a 9na costilla.

92. Tipo de manejo terapéutico en pacientes con fractura costal:
Ambulatorio

93. En una fractura de la primera o segunda costilla, debemos descartar lesiones en los siguientes órganos:
Vasos subclavios y plexo braquial.

94. En una fractura desde la 9na hasta las 12va costilla debemos descartar lesiones en los siguientes órganos:
Hígado, riñón y bazo.

95. Medio diagnóstico utilizado en fractura de esternón:
Radiografía lateral de tórax

96. Causas más frecuentes de neumotórax simple:
Fractura costal (**lesión en pleura visceral**), Iatrogenia y herida penetrante.

97. Principal causa de muerte en traumatismo torácico?
Contusión pulmonar.

98. Los infiltrados alveolares de contusión pulmonar suelen aparecer:
A las 24 horas

99. Medio diagnóstico más específico para mirar contusiones a nivel pulmonar:
Tomografía Axial Computarizazda

100. Principal complicación de contusión pulmonar:
Sobreinfección con desarrollo de neumonía

101. Localización más frecuente de lesión diafragmática:
Hemidiafragma izquierdo

102. Clínica de hernias abdominales en cavidad torácica:
Disnea y cianosis.

103. Primera medida terapéutica en pacientes con lesiones diafragmáticas:
Colocar sonda nasogástrica para evitar broncoaspiración

104. Característica de líquido en quilo:
Bacteriostático y no irritante.

105. Las mayores complicaciones en pacientes con quilotórax son las siguientes:
Malnutrición y linfopenia.

106. Columna más frecuentemente afectada en traumas medulares:

Cervical seguido del lumbar.

107. **La cola de caballo inicia a cuál nivel:**
A partir de L1.

108. **Nervio implicado en parálisis diafragmática:**
C4.

109. **Dermatoma correspondiente al hombro:**
C4.

110. **Dermatoma correspondiente al dedo pulgar:**
C6.

111. **Dermatoma correspondiente al tercer dedo de la mano, dedo del corazón:**
C7.

112. **Dermatoma correspondiente al dedo meñique:**
C8.

113. **Dermatoma correspondiente al pezón;**
D5.

114. **Dermatoma correspondiente al ombligo:**
D10.

115. **Dermatoma correspondiente a la ingle:**
L1.

116. **Dermatoma correspondiente a la rodilla:**
L3.

117. **Dermatoma correspondiente al maleolo interno:**
L4.

118. **Dermatoma correspondiente al dorso y primer dedo del pie:**
L5.

119. **Dermatoma correspondiente al maleolo externo:**
S1.

120. **Dermatoma correspondiente al área perianal:**
S4-S5.

121. **Músculo responsable de la flexión del codo:**
Bíceps Braquial. **C5 - C6.**

122. **Músculo responsable de la extensión del codo:**
Tríceps Braquial. **C7**

123. **Músculos responsables de apretar la mano:**
Músculos intrinsecos de la mano y flexor profundo de los dedos. **C8.**

124. **Músculo responsable de la flexión de la cadera:**
Músculo Ileopsoas. **L2 – L3.**

125. **Músculo responsable de la extensión de la rodilla:**
Cuadrípces. **L3-L4.**

126. **Músculo responsable de la dorsiflexión del pie:**
Músculo Tibial anterior. **L5.**

127. **Músculo responsable de la flexión plantar del pie:**
Gastronecmius. **S1**

128. **Elemento que cuya lesión distingue o no trauma abdominal cerrado o abierto?**
Peritoneo.

129. **En signos de shock en paciente politraumatizado, pensar en?**
Trauma abdominal cerrado y sangrado activo.

130. **Causa más frecuente de hemoperitoneo:**

Rotura esplénica.

131. **Órgano que con más frecuencia se lesiona en traumatismo abdominal cerrado:**
Bazo.

132. **De acuerdo al mecanismo de producción, cómo se dividen las quemaduras:**
Térmicas, químicas y eléctricas.

133. **Tipo de quemadura más frecuente de acuerdo a su mecanismo de producción?**
Térmica, 90%.

134. **Corresponden a los subtipos de quemaduras térmicas:**
Quemadura por contacto (sustancias, frio o congelación), quemadura por llamas, y quemadura por radiaciones.

135. **Son los tipos de quemaduras más profundas de acuerdo a su mecanismo de producción:**
Quemaduras químicas por sustancias alcalinas o bases

136. **El tipo de quemadura por contacto ocurre con mayor frecuencia en la siguiente población:**
Mujeres y niños.

137. **El tipo de quemadura por llama afecta con mayor frecuencia a la siguiente población:**
Hombres.

138. **Quemaduras tipo flash eléctrico pueden producir la siguiente alteración ocular:**
Queratitis.

139. **Tipo de corriente eléctrica que conlleva a mayor riesgo de fibrilación ventricular**
Corriente alterna o doméstica.

140. **Tipo de quemaduras más frecuentes:**
Por llama o escaldadura.

141. **Población más susceptible a quemadura por llama o escaldadura:**
Niños.

142. **El riesgo del paciente quemado se realiza a través del índice abreviado de gravedad de la quemadura (ABSI), el cual valora los siguientes parámetros:**
Sexo del paciente, profundidad de las quemaduras y lesión pulmonar o no.

143. **Tipo de quemadura que se asocia a exposición solar, se manifiesta en forma de eritema y casi siempre son dolorosas, solo afecta a EPIDERMIS, cura en menos de una semana:**
Primer grado superficial.

144. **La dermis se divide en:**
Dermis papilar
Dermis reticular.

145. **Capa de la dermis a la que afecta la quemadura de segundo grado superficial:**
Dermis papilar.

146. **Capa de la dermis a la que afecta la quemadura de segundo grado profundo:**
Dermis reticular.

147. **Tipo de quemadura asociada a flictena, dolorosas, y que cura en menos de dos semanas:**
Segundo grado superficial.

148. **Tipo de quemadura asociada a regiones rojo blanquecinas hipoestésicas, indoloras por afectación de terminaciones nerviosas, suelen curar en 3 o 4 semanas:**
Segundo grado profundo.

149. Tipo de quemadura que suele afectar a toda la piel, es anestésica e inelástica sin tendencia a reepitelizar:

Tercer grado

150. Tipo de quemadura que afecta vasos, nervios, hueso:

Cuarto grado.

151. Primera medida a tomar en paciente quemado:

Mantener la vía aérea permeable y administración de oxígeno en caso que lo requiera.

152. Periodo postquemadura inmediata:

Primeras 48 horas.

153. Tratamiento de quemaduras:

Fluidoterapia, reposición hidroelectrolítica, primeras 24 horas ringer lactato (cristaloide), 24 horas luego plasma (coloide).

154. Pilar fundamental de tratamiento en quemaduras:

Desbridamiento.

155. Cuándo hacer profilaxis con antibióticos en quemaduras:

Inhalación en quemadura, alto voltaje y antes de desbridamiento.

156. Corresponden a los tejidos blandos del cuerpo:

Piel, tejido subcutáneo, músculos, tendones, nervios.

157. Tipo de herida que tiende a mayor infección:

Herida abierta.

158. Los antimicrobianos tópicos utilizados en quemaduras son los siguientes:

Sulfadiacina Argéntica y Clorhexidina en crema

159. Corresponden a lesiones que generan pérdida de la continuidad en tejidos blandos:

Heridas.

160. Corresponden a raspones, causados por fricción o rozamiento de la piel, la capa EPIDERMIS es la única afectada:

Abrasiones.

161. Son lesiones producidas por objetos de bordes dentados, generan desgarros del tejido y los bordes de la herida suelen ser irregulares:

Laceraciones.

162. Lesión que desgarra, separa y destruye el tejido, suele presentar una hemorragia abundante:

Avulsiones.

163. Es aquél tipo de cierre de herida limpia en la que se produce una aproximación inmediata con sutura:

Cierre por primera intención.

164. Corresponde el tipo de cierre de herida en la que existe una cicatrización espontánea ya que no se sutura la herida por estar muy contaminada:

Cierre por segunda intención.

165. El cierre por segunda intención lo hace a través de las siguientes células:

Miofibroblastos.

166. Causas de indicación cierre segunda intención:

Heridas muy contaminadas.

Tratamiento haya demorado más de 6-8 horas.

Bordes irregulares.

Mordedura humana y de animal.

167. **Ocurre cuando una herida se cierra después de un período de cicatrización secundaria:**
Cierre por tercera intención.

168. **Tipo de escisión realizada en cierre por tercera intención:**
Escisión o Friedrich

169. **Corresponde a las fases de cicatrización de herida:**
Inflamatoria. Epitelización. Celular o Neoformación Vascular. Proliferativa y Síntesis de Colágeno. Remodelado.

170. **Corresponde a la fase inicial del proceso de cicatrización de heridas:**
Fase inflamatoria.

171. **La duración de la siguiente fase de cicatrización de herida se relaciona con el grado de contaminación y daño tisular:**
Fase inflamatoria.

172. **Corresponden a las células de mayor importancia en la fase inflamatoria de cicatrización:**
Macrófagos. (Debido a que liberan citocinas).

173. **La respuesta inflamatoria en la primera fase de la cicatrización es gracias a las siguientes sustancias:**
Cininas, Histamina, Prostaglandinas.

174. **Fase del proceso de cicatrización que corresponde a la regeneración de la barrera de protección:**
Fase de epitelización, comienza a las 24 horas.

175. **Fase de cicatrización de heridas en la que las células basales de la epidermis migran hacia la herida:**
Fase de Epitelización

176. **Los siguientes factores estimulan a la neovascularización en cicatrización de heridas:**
Factores liberados por plaquetas y macrófagos.

177. **En el proceso de cicatrización de heridas la formación de vasos ocurre:**
48-72 horas.

178. **La fase proliferativa en el proceso de cicatrización de heridas ocurre:**
Desde el 5to día hasta la tercera semana.

179. **Los miofibroblastos se originan a partir de:**
Fibroblastos.

180. **La fase de remoleado en cicatrización de herida ocurre:**
2da a 3ra semana.

181. **Son las células que predominan en la fase de remodelado de cicatrización de heridas:**
Predomina Colágeno y Colagenasa.

182. **Los déficits de las siguientes vitaminas puede producir retraso en la cicatrización de heridas:**
A y C.

183. **Los déficits de los siguientes oligoelementos puede producir retraso en la cicatrización de heridas:**
Hierro, cobre y zinc.

184. **La cicatrización hipertrófica es aquella que:**
No rebasa límites, compuesta de miofibroblastos

185. **Los Queloides son producidos por:**
Sintesis de colágeno y si sobrepasa superficie de herida.

186. **La cicatriz dolorosa, lo es debido a la producción de:**
Neuromas.

187. **Suelen ser causas de fiebre en el período intraoperatorio o postoperatorio inmediato:**
Infecciones preexistentes.
Manipulación de material purulento durante cirugía.
Reacciones medicamentosas.
Reacciones transfusionales.
Hipertermia maligna.
Mecanismo inflamatorio de cirugía.

188. **Corresponde a la principal causa de fiebre en el período postoperatorio, primeras 24 horas, en ausencia de infección preexistente:**
Atelectasia.

189. **Principal causa de fiebre en período postoperatorio de 24 a 72 horas:**
Complicaciones respiratorias y flebitis.

190. **Principal causa de fiebre en período postoperatorio, mayor a 72 horas:**
Infección de vías urinarias, herida quirúrgica, absceso intraabdominal, trombosis venosa profunda.

191. **Tipo de colecciones líquidas que se desarrollan con más frecuencia en abordajes quirúrgicos que incluyan disección en áreas próximas a territorios linfáticos:**
Seromas.

192. **Es definida como la separación de la fascia aproximada:**
Deshicencia.

193. **Si deshiscencia ocurre en cavidad abdominal puede producir:**
Evisceración.

194. **Causa el 25% de muertes postoperatoria?**
Complicaciones respiratorias.

195. **Complicación más frecuente tras procedimiento quirúrgico:**
Atelectasia.

196. **Tercera causa de infección nosocomial en servicios de cirugía:**
Neumonía.

197. **Representan complicaciones de hipercoaguabilidad:**
Tombosis venosa profunda, tromboembolismo pulmonar, embolia pulmonar.

198. **Cuadro clínico caracterizado por dolor súbito, disnea y taquipnea, tras un procedimiento quirúrgico:**
Tromboembolismo Pulmonar.

199. **Es un síndrome caracterizado por la disminución de la perfusión tisular por debajo de sus demandas metabólicas:**
Shock.

200. **Acidosis metabólica en shock se puede dar:**
Por acúmulo de lactato.

201. **La reposición de la volemia de forma aguda en paciente con shock se realiza a través de la siguiente solución:**
Solución Salina, 2 vías. **REVISAR RINGER LACTATO**

202. **En el Shock Séptico, el agente implicado con más frecuencia es:**
Meningococo

203. **Tipo al que corresponde el shock anafiláctico:**
Distributivo

204. **Tipo al que corresponde el shock neurogénico:**
Distributivo.

205.   Tipo de shock séptico:

Distributivo, **más frecuente.**

206.   Tipo de shock que suele tener dos patrones clínicos, uno que cursa con hiperdinamia y otro con hipodinamia:

Shock séptico.

207.   Único tipo de shock en el que la saturación de oxigeno está aumentada:

Shock séptico.

208.   Principal causa de shock cardiogénico:

Infarto agudo al miocardio extenso.

209.   Cuál otro nombre recibe el shock cardiogénico externo?

Obstructivo.

210.   Tipos de shock en los que los valores de PVC, GC, RVP y SaO2 están disminuidos:

Anafiláctico y Neurogénico (Distributivos)

211.   Únicos tipos de shock exceptuando el séptico que PVC está aumentada:

Cardiogénico y Obstructivo.

En alto riesgo anestésico, el método invasivo para canalizar y medir la tensión arterial, es arterial.

212.   Diagnosticamos oliguria cuando:

Orina es menor a 0.5 ml / kg de peso por hora.

213.   Puntos venosos centrales más utilizados

Vena yugular interna o sublclavia.

214.   Valores normales de Presión Venosa Cental:

3 a 6 mm/hg

215.   Para qué sirve el catéter de Schwan Ganz:

Para medir el gasto cardíaco

216.   En cuáles tipos de Shock está disminuido el gasto cardíaco:

Cardiogénico, Obstructivo y etapa final del Séptico

217.   Método cuantitativo continuo de medición de la saturación de oxigeno de la hemoglobina en sangre periférica:

Pulsioximetría.

218.   Lugares más utilizados para medir pulsioximetría:

Punta de un dedo y lóbulo de la oreja.

219.   El equivalente de saturación de oxigeno menor de 90% en presión parcial de oxígeno en sangre arterial es:

Menor de 60 mm/hg.

220.   Sitio más frecuente para evaluar temperatura central:

Esófago, otras son recto, nasofaringe, vejiga.

221.   Gérmenes más frecuentes en infecciones quirúrgicas:

Estafiloco

222.   Órganos del tubo digestivo que carecen de serosa:

Esófago y recto.

223.   La gangrena de Fornieur se da a nivel:

Perineal.

224.   Anastomosis de menor riesgo de deshicencia:

INTESTINO DELGADO y estómago.

225.   Anastomosis de mayor riesgo de deshicencia:

Esófago y recto. Colónicas.

226.   Prueba de elección para diagnóstico de absceso intraabdominal:

TAC

227.   **Parte del cuerpo en la que predominan las quemaduras:**

Miembro superior

228.   **Cuando dar antibióticos en quemaduras?**

Quemaduras por inhalación, quemaduras de alto voltaje, quemaduras profundas que requieran cirugía.

229.   **En la fase inflamatoria de la cicatrización, cuáles células son las responsables de liberar citocinas?**

Macrófagos, plaquetas liberan histamina.

230.   **Cuáles otros nombres recibe la fase inflamatoria de la cicatrización?**

Exudativa, limpieza de la herida o hemostasia.

231.   **Factores que pueden indicar gravedad en quemaduras?**

Edad y superficial corporal quemada.

232.   **La piel en relación a la electricidad, es un aislante o un conductor?**

Aislante

233.   **Patologías asociadas a quemaduras?**

Alcoholismo, enfermedades neurológicas y psiquiátricas.

234.   **Diagnóstico clínico de shock se da por:**

Hipotensión, hipoperfusión tisular y disfunción orgánica.

235.   **La temperatura promedio en adultos sanos es:**

36,8 °c. 36.3 – 37, hombres. 36.3 -37.3 mujeres.

236.   **Cuál otro nombre recibe los quistes y fistulas preauriculares?**

Coloboma Auris

237.   **Patología preauricular producida gpor defecto en cierre del primer y segundo arco branquial:**

Coloboma Auris.

238.   **Término asociado a la ausencia del pabellón auricular:**

Anotia.

239.   **Término clínico de pabellón auricular pequeño**

Microtia.

240.   **Tipos de hendiduras en labio leporino?**

Hendidura labial, maxilo labial o maxilolabial palatina.

241.   **Causa más frecuente de hidrocefalia en recién nacidos?**

Estenosis congénita del acueducto de Silvio.

242.   **Presión intracraneal normal?**

5 a 15 mm/hg

243.   **Enfermedad congénita cervical más frecuente?**

Quiste del segundo arco branquial o del seno cervical. (Parte anterolateral).

244.   **Quistes tiroglosos aparecen a cual edad?**

Primera década de la vida. (Línea media)

245.   **Tipo de malformación vascular que desaparece con los años:**

Mancha de salmón.

246.   **Tratamiento de hemangiomas?**

Evolución natural a involución.

247.   **Son los denominados angiomas en fresa?**

Angiomas tuberosos.

248.   **Se utilizan en tratamiento de hemangiomas en mayores de 4 años?**

Corticoides, propanolol, láser de colorante pulsado.

249. **Tumor benigno más frecuente en la nariz?**
Osteoma.

250. **Localización más frecuente de osteoma y mucocele?**
Seno frontal.

251. **Corresponde a la principal causa de mucocele:**
Traumatismo craneal que afecta Osteoma.

252. **Tratamiento de Osteoma:**
   Observación. A menos que produzca obstrucción.

253. **Tratamiento de Mucocele:**
   Cirugía.

254. **Tumores a nivel del bulbo olfatorio pueden ser?**
Neuroepiteliomas

255. **Lugar más frecuente de carcinoma epidermoide en cabeza y cuello?**
Seno maxilar.

256. **El papiloma invertido es una lesion de tipo?**
Premaligna. Puede en un 10% desarrollar carcinoma epidermoide.

257. **Tipo de cáncer maligno más frecuente en cavidad nasal:**
Epidermoide.

258. **Segundo cáncer maligno más frecuente en cavidad nasal:**
Adenocarcinoma.

259. **Tipo de cáncer en cavidad nasal que se asocia a polvo de madera:**
Adenocarcinoma.

260. **Tipo de cáncer más frecuente en cavidad oral:**
Carcinoma Epidermoide.

261. **La edad de mayor prevalencia de carcinoma epidermoide a nivel buscal:**
50-60 años.

262. **Localización más habitual de carcinoma epidermoide en cavidad bucal?**
Labio inferior. Seguido de Lengua Móvil.

263. **Factor etiológico más frecuentemente implicado en carcinoma epidermoide de cavidad bucal:**
 Tabaco.

264. **Virus asociado a Carcinoma Epidermoide de cavidad bucal:**
Herpes Simple.

265. **Consiste en una lesión blanquecina premaligna en cavidad oral que no se desprende:**
Leucoplasia

266. **Lesiones premalignas de cavidad bucal?**
Leucoplasia, liquen plano y eritroplasia

267. **Tipo de lesión premaligna de cavidad bucal que tiende a mayor grado de malignización:**
Eritroplasia.

268. **Factor de riesgo implicado en desarrollo de cáncer en glándulas salivales:**
Radiaciones ionizantes.

269. **Tumor más frecuente de glándulas salivales en mujeres generalmente?**
Adenoma pleomorfo o mixto benigno.

270. **Tumor de Warthin afecta generalmente al siguiente grupo poblacional?**
Varones ancianos, en glándula parótida.

271. **Localizaciones más frecuentes de tumores en glándulas salivales son las siguientes:**
Glándula Parótida, submaxilar y sublinguales.

272. **Grupo poblacional al que afecta con más frecuencia el Oncocitoma o Adenoma Oncocítico:**

Ancianos.

273. **Cuál otro nombre recibe el tumor de Warthin?**

Cistoadenolinfoma.

274. **Localización dónde es más agresivo el carcinoma mucoepidermoide (es de bajo grado):**

Paladar Duro.

275. **Tumor maligno más habitual en parótida?**

Carcinoma Mucoepidermoide.

276. **Tumor maligno más habitual en glándula submaxilar y glándulas salivares menores:**

Cilindroma o Carcinoma Adenoide Quístico.

277. **Se considera una secuela postquirúrgica de parotidectomía:**

Síndrome de Frey.

278. **Que otro nombre recibe el síndrome de Frey y en qué consiste?**

Afectación del nervio auriculotemporal (rama del mandibular), signo de las 3 **H**: Hiperhidrosis, hiperestesia, hiperemia. **En la mejilla durante la masticación.**

279. **Es el canal músculo membranoso que actúa como punto de cruce entre la vía aérea y la digestiva:**

Faringe.

280. **Tumor benigno más habitual de la rinofaringe (Cavum):**

Angiofibroma Juvenil.

281. **Signo principal de angiofibroma nasofaríngeo juvenil (18 a 20 años)?**

Epistaxis.

282. **Tipo de cáncer más frecuente en orofaringe:**

Carcinoma Epidermoide.

283. **Localización más frecuente de carcinoma epidermoide en orofaringe:**

Amígdalas.

284. **Localización más habitual de carcinoma epidermoide en hipofaringe:**

Seno piriforme.

285. **Zona máxima de vibración de cuerdas vocales?**

Tercio anterior y dos tercios posteriores.

286. **Neoformación benigna más frecuente en mujeres en la laringe:**

Nódulos vocales.

287. **Causa más frecuente de disfonía en niños:**

Nódulos Vocales.

288. **Tumoración benigna de la cuerda vocal más frecuente en población general?**

Pólipo vocal.

289. **Patología de laringe asociada a sobrecarga fonatoria, tosedores compulsivos y reflujo gastroesofágico:**

Paquidermia y úlcera de contacto.

290. **Cáncer maligno más frecuente de cabeza y cuello?**

Laringe. (Supraglótico)

291. **Tumor tiroideo que se origina en células C parafoliculares?**

Carcinoma medular.

292. **El momento de aparición de carcinoma medular de tiroides suele ser en el siguiente rango etario:**

60-70 años. Es esporádico en la mayoría de los casos y se asocia a MEN tipo 2A y tipo 2B. Suele calcificarse.

**293.	Tumor de tiroides productor de calcitonina:**
Carcinoma Medular de Tiroides.
**294.	Tumor de tiroides asociado a Feocromocitoma:**
Carcinoma Medular de Tiroides.
**295.	Tumor tiroideo más frecuente y de mejor pronóstico?**
Carcinoma papilar.
**296.	Carcinoma de Tiroides que tiene un pico de presentación bimodal:**
Papilar. 30 y 60 años.
**297.	Carcinoma que se asocia a diseminación hemática, y se asemeja a epitelio tiroideo normal?**
Carcinoma de Tiroides folicular.
**298.	El tipo de diseminación que se da en Carcinoma Papilar de Tiroides es:**
Linfática.
**299.	El tipo de diseminación que se da en Carcinoma Folicular de Tiroides es:**
Hemática.
**300.	Carcinoma Tiroides que se localiza con mayor frecuencia en el epitelio folicular de tiroides:**
Carcinoma Papilar.
**301.	En los tumores tiroideos funcionantes se suministra la siguientes sustancia como tratamiento:**
Yodo 131.
**302.	Tumores funcionantes de la tiroides:**
Papilar y folicular.
**303.	Tumores no funcionantes de la tiroides.**
Medular y anaplásico.
**304.	Lesiones posibles en cirugía de tiroides:**
Lesión nervios Laringeo Superior (disfonía) y recurrente (parálisis de cuerdas vocales), y lesión en glándula paratiroides (hipocalcemia transitoria o definitiva e **hipoparatiroidismo**).
**305.	Las calcificaciones en granos de arena o cuerpos de Psamoma son típicas del siguiente cáncer?**
Típicas de cáncer papilar de Tiroides
**306.	Marcador tumoral de Cáncer medular de Tiroides?**
Calcitonina
**307.	El marcador tumoral correspondiente a los tumores funcionantes es:**
Tiroglobulina.
**308.	Es el tipo de cancer de tiroides que se asocial a células gigantes y fusiformes.**
Anaplásico.
**309.	Representa la causa más frecuente de hipercalcemia:**
Hiperparatiroidismo primario asociado a Adenoma Paratiroideo.
**310.	Forma más grave de hipercalcemia:**
Osteítis Fibrosa Quística.
**311.	En adenoma paratiroideo, las características de las analíticas son las siguientes:**
Calcio elevado, pth elevada, fosforo disminuido.
**312.	Tratamiento curativo de Hiperparatiroidismo:**
Cirugía.
**313.	Cuál es la causa más frecuente de déficit de PTH:**
Postquirúrgica (Iatrogénica).

314. **Tipo de cáncer de tiroides que se asocia a Tiroiditis de Hashimoto:**
Linfoma.

315. **El tratamiento con hormona tiroidea en cáncer de tiroides funcionantes, el objetivo primordial será:**
Suprimir niveles de TSH.

316. **Donde se encuentra ubicado el espacio de Morrison?**
Fosa hepatorrenal. Hipocondrio derecho a nivel posterior. A nivel anterior se encuentra el Hiato de Winslow.

317. **Localización más frecuente de la hernia de Morgagni:**
Ángulo cardiofrénico derecho (Mediastino Medio)

318. **Causa más frecuente de comprensión del estrecho torácico superior:**
Costilla Cervical.

319. **Patologías congénitas a las que se asocia el pectus excavatum:**
Síndrome de Marfan, Pie Equinovaro, Síndrome de Klippel Feil.

320. **Cuál otro nombre recibe el pectus carinatum:**
Tórax en Quila.

321. **La ausencia congénita del músculo pectoral mayor asociada a sindactilia homolateral se conoce como:**
Síndrome de Poland.

322. **Suponen los tumores malignos más frecuentes de la pared torácica:**
Metástasis en las costillas.

323. **La diseminación más frecuente en metástasis de la pared torácica es la siguiente:**
Hematógena.

324. **La mayoría de los tumores primarios en la pared torácica se originan en:**
Las costillas.

325. **El tumor primario maligno más frecuente en pared torácica es :**
Condrosarcoma.

326. **Signo radiológico más frecuente en derrame pleural:**
Borramiento del ángulo costofrénico posterior, visible a los 75 ml. El lateral 150 ml.

327. **Signo radiológico más característico de derrame pleural:**
Signo de Daimosseau

328. **Son los criterios de Light para diferenciar exudado de trasudado en líquido pleural:**
Proteínas en LP/ Proteínas en Suero, mayor de 0.5.
LDH en LP/LDH en suero, mayor de 0.6
LDH en LP mayor a los 2/3 del límite superior de la normalidad de la LDH plasmática

329. **Causas de trasudado:**
Insuficiencia cardíaca, cirrosis hepática y síndrome nefrótico.

330. **Causas de exudado:**
Derrame paraneumónico, derrames malignos, infecciones virales, Tromboembolismo Pulmonar, Tuberculosis.

331. **Hablamos de derrame paraneumónico o empiema cuando niveles de leucocitos en líquido pleural, supera la siguiente cantidad:**
Más de 10,000.

332. **Tipo de Neumotórax no asociado a patología previa conocida, se presenta en pacientes jóvenes y altos, y se debe a la ruptura de bullas apicales subpleurales:**
Neumotórax Espontáneo Primario.

333. **Tipo de Neumotórax asociado a enfermedad pulmonar previa conocida, siendo su principal causa el EPOC y se presenta con mayor frecuencia en pacientes ancianos:**
Neumotórax Espontáneo Secundario.

334. **Tipo de neumotórax asociado a menstruación:**
Neumotórax Catamenial.

335. **Tipo de triglicérido asociado que se debe suministrar en pacientes con quilotórax para fines de renutrición:**
Triglicéridos de cadena media (llegan a la sangre sin pasar por la linfa)

336. **Causa más frecuente de rotura de conducto torácico:**
Traumatismo o cirugía.

337. **La principal causa de trasplante pulmonar es:**
Enfermedad Pulmonar Obstructiva Crónica (EPOC).

338. **Las neoplasias pleurales más frecuentes son:**
Secundarias a metástasis de pulmón, dadas por **MAMA O LINFOMA**.

339. **Tipo de cáncer de pleura asociado a Asbesto:**
Mesotelioma Maligno.

340. **Principal indicación para biopsia pleural:**
Pleuritis Tuberculosa.

341. **Enfermedad pulmonar que anatamopatológicamente consiste en la dilatación de vía aérea distal de un bronquiolo terminal y destrucción de la pared alveolar:**
Enfisema.

342. **Se define bronquitis crónica cuando:**
Existencia de tos y expectoración al menos 3 meses al año, durante dos años consecutivos

343. **Cirugía en EPOC que ha mejorado la supervivencia en pacientes con enfisema de predominio en lóbulos superiores y baja tolerancia al esfuerzo físico:**
Reducción del volumen pulmonar.

344. **Cuáles son los 4 tipos histológicos de carcinoma broncogénico (pulmón):**
Carcinoma Epidermoide
Adenocarcinoma
Anaplásico de Células Grandes
Anaplásico de Células Pequeñas

345. **Cuál otro nombre recibe el Carcinoma Epidermoide de Pulmón:**
Escamoso o Espinocelular.

346. **Tipo histológico de cáncer de pulmón que se asocia a cavitaciones con mayor frecuencia:**
Carcinoma Epidermoide.

347. **Tipo histológico de cáncer de pulmón que es más habitual en pacientes jóvenes, en mujeres o en aquellos que nunca han fumado:**
Adenocarcinoma.

348. **Tipo histológico de cáncer de pulmón que tiene peor pronóstico pero que es más quimiosensible:**
Carcinoma Anaplásico de Células Pequeñas.

349. **Constituyen los tipos histológicos de cáncer broncogénico centrales:**
Carcinoma Epidermoide y de Células Pequeñas.

350. **Constituyen los tipos histológicos de cáncer broncogénico periféricos:**
Adenocarcinoma y Carcinoma de Células Grandes

351. La clínica caracterizada por hemoptisis, tos, disnea, en ocasiones atelectasia, corresponde al tipo de cáncer broncogénico:

Central: Epidermoide o de Células Pequeñas.

352. Tipos histológicos de cáncer broncogénico asociados a derrame pleural y dolor en pared costal:

Periféricos, con mayor frecuencia ADENOCARCINOMA.

353. El Síndrome de Vena Cava Superior se puede presentar en el siguiente tipo de cáncer broncogénico:

Carcinoma de Células Pequeñas (Oat Cel)

354. Ramas nerviosas afectadas en el tumor de Pancoast son las siguientes:

C8, T1 y T2.

355. El tumor de Pancoast en la mayoría de las ocasiones se encuentra asociado al siguiente tipo histológico de cáncer broncongénico:

Carcinoma Epidermoide.

356. La clínica en pacientes con el Síndrome de Horner consiste en:

Ptosis, Anhidrosis, Enoftalmos, Miosis

357. Los tumores o síndromes paraneoplásicos en el cáncer de pulmón están producidos en la mayoría de las ocasiones por el siguiente tipo histológico:

Carcinoma Microcítico. (Hiponatremia por secreción inadecuada de ADH, hipopotasemia).
TRASTORNOS HIDROELECTROLÍTICOS

358. El tipo histológico de cáncer de pulmón que puede presentar hipercalcemia e hipofosfatemia por la secreción de un PTH like, es el siguiente:

Carcinoma Epidermoide.

359. Tipo de medio diagnóstico que valora mejor el tumor de Pancoast:

Resonancia Magnética Nuclear.

360. Tipo de medio diagnóstico que valora mejor las adenopatías tumorales intratorácicas:

Tomografía por Emisión de Positrones.

361. Se ha considerado la técnica de elección para adenopatías mediastínicas:

Mediastinoscopía

362. Se refiere a la situación funcional y fisiológica de un paciente para tolerar cirugía:

Operabilidad.

363. Estadiaje de tumores operables en carcinoma de pulmón:

Carcinoma in situ, estadio I (Lobectomía con intención curativa), II (Se asocia a quimioterapia adyuvante con derivado de Platino) (localizados), y III (localmente avanzados).

364. Son los tumores benignos más frecuentes en el pulmón:

Adenomas bronquiales (Carcinoides)

365. En qué consiste el síndrome carcinoide:

Rubefacción, broncoconstricción, diarrea y lesiones valvulares cardíacas.

366. Los tumores carcinoide y de células pequeñas del pulmón derivan de la siguiente célula:

Kulchitsky.

367. Clínica más frecuente de Gastritis Por Estrés:

Hemorragia.

368. Tumor benigno de pulmón que en radiografía posee el signo característico de calcificaciones en "palomita de maíz" y que en ocasiones se puede observar, grasa, músculos, cartílago:

Harmartomas.

369. **La imagen suelta de globos en radiografía de tórax indica:**
Metástasis a pulmón.

370. **Estructuras anatómicas que podemos encontrar en mediastino anterior:**
Timo
Extensión torácica de tejido tiroideo y paratiroideo
Arco aórtico
Vasos – Ganglios linfáticos.

371. **Estruturas anatómicas que podemos encontrar en mediastino medio:**
Corazón - Pericardio
Tráquea
Hilios pulmonares
Nervio frénico y vago

372. **Estructuras anatómicas que podemos encontrar en mediastino posterior:**
Esófago
Aorta descendente
Nervio vago
Vena ácigos y hemiácigos
Conducto torácico
Cadena simpática
Ganglios linfáticos

373. **Tumores más frecuentes en el mediastino medio:**
Pericárdicos y broncogénicos

374. **Tumores más frecuentes en el mediastino posterior:**
Neurogénicos.

375. **Tumores más frecuentes en el mediastino, en sentido general:**
Neurogénicos, afecta a **mujeres y niños**

376. **Medio diagnóstico definitivo utilizado en masas de mediastino anterior:**
Mediastinotomía

377. **Medio diagnóstico definitivo utilizado en masas de mediastino medio**
Mediastinoscopía

378. **Medio diagnóstico definitivo utilizado en masas de mediastino posterior**
Videotoracoscopía

379. **El timoma se asocia a las siguientes enfermedades autoinmunes:**
Miastenia Gravis (más asociado)
Hipogammaglobulinemia
Aplasia de serie Roja

380. **Representan las 4T de las masas del mediastino anterior:**
Timoma, Teratoma, Tiroides, Terrible Linfoma,

381. **Causa más frecuente de una mediastinitis aguda:**
Complicación quirúrgica o rotura esofágica.

382. **En qué consiste el Signo de Hamman:**
Crujido sincrónico con el latido cardíaco en decúbito lateral izquierdo, lo que sugiere mediastinitis.

383. **Etología más común de aneurisma aórtico ascendente:**
Degeneración de la quística media

384. **A cuáles enfermedades se asocia el aneurisma aórtico ascendente:**
Síndromes de Ehler Danlos, Marfan, Sífilis Terciaria, Válvula Bicúspide, Coartación de Aorta.

385. **Etología más común de aneurisma cayado aórtico y descendente:**
Ateroscleróticos

386. **Medios diagnósticos utilizados en aneurisma de aorta:**

Aortografía, AntioTC, AngioRM, Ecografía transesofágica y transtorácica.

387. **Cuando operar en aneurisma torácico:**

Con factores de riesgo, diámetro mayor a 4, 4-5 cms, sin factores 5,5 cms, o crecimiento de 0,5 cms por año.

Cayado: más de 5,5 cms

Descendente: más de 6 cms

388. **Lesión cardíaca más frecuente en traumatismo cerrado de cara anterior de tórax:**

Contusión cardíaca. (EN ECG se evidencia tal y como un IAM)

389. **Principal estructura anatómica afectada en trauma por arma de fuego o blanca en corazón:**

Ventrículo derecho, por su localización anterior.

390. **Pérdida del botón aórtico en un trauma torácico, ensanchamiento del mediastino y desviación de la tráquea puede indicar?**

Lesión de grandes vasos

391. **Sitio de predilección de aneurismas aórticos en traumas:**

Istmo aórtico

392. **Cáncer que con más frecuencia metastatiza al corazón?**

Melanoma.

393. **Cáncer más frecuente a nivel cardíaco?**

Secundarios o metastásicos. (Mama o pulmón).

394. **Tumor cardíaco primario más frecuente?**

Mixoma.

395. **Donde se asientan los mixomas:**

Tabique interauricular llegando a la aurícula izquierda, produciendo alteraciones de la válvula mitral.

396. **Sustancia producida por el Mixoma que puede provocar la manifestación de síntomas constitucionales?**

Interleucina 6

Nota: no realizar cateterismo por riesgo a embolia.

397. **Capacidad de pericardio para almacenamiento de líquido:**

15-50 ml

398. **Causa más frecuente de taponamiento cardíaco:**

Neoplásicas????? REVISAR.

399. **Signo caracterítico en Pericarditis Constrictiva y puede aparecer en Taponamiento Cardíaco:**

Signo de Kusmaul.

400. **Signo que consiste en aumento de la presión venosa yugular durante la inspiración:**

Signo de Kusmaul.

401. **En qué consiste el pulso paradójico:**

Disminución inspiratoria de la presión arterial sistólica por 10 mm/hg.

402. **Cuando en taponamiento cardíaco existe derrame purulento, el tratamiento de elección?**

Ventana pericárdica

403. **Los divertículos falsos son adquiridos o congénitos?**

ADQUIRIDOS. Afectan solo mucosa y submucosa, a diferencia de los verdaderos que afectan todas las capas y son **CONGÉNITOS**.

404. **Diagnóstico de elección en diverticulos esofágicos se realiza a través de?**

Radiografía de tórax con contraste baritado.

405.   Como se llama el triángulo por donde emerge el divertículo de Zenker?

Triángulo de Killian está delimitado, superiormente por el músculo constrictor inferior de la faringe y por debajo por el músculo cricofaringeo, se encuentra en la parte posterior de la hipofaringe.

406.   Tratamiento de Diverticulo de Zenker.

Miotomía cricofaringea y extirpación del divertículo.

407.   Divertículos esofágicos medios se deben:

Trastornos motores, **SON ASINTOMÁTICOS.**

408.   Divertículos epifrénicos, se dan a qué nivel?

Se dan por encima del esfínter esofágico inferior.

409.   Tipo de divertículo esofágico que se asocia a Acalasia y otros trastornos motores:

Divertículo Epifrénico.

410.   Neoplasia benigna más frecuente del esófago?

Leiomioma.

411.   A qué nivel se dan los Leimiomas en el esófago?

Mitad inferior del esófago.

412.   Medio diagnóstico de neoplasias subepiteliales en el esófago como Leiomioma:

Ecoendoscopia.

413.   Tumor maligno más frecuente del esófago:

Carcinoma Epidermoide. Localización más frecuente es **TERCIO MEDIO.**

414.   Clínica más frecuente de carcinoma epidermoide de esófago?

Disfagia y pérdida de peso.

A parte de esófago baritado, es importante y obligatorio realizar una esofagoscopía (con toma de biopsia)

415.   Valora mejor la extensión local, ganglionar de tumores esofágicos?

Ultrasonografía endoscópica. (Ecoendoscopia)

416.   Localización más frecuente del adenocarcinoma de esófago?

Tercio distal, esfínter esofágico inferior, encima de **Esófago de Barret.**

417.   Clínica más frecuente de adenocarcinoma esofágico?

Ulceraciones y disfagia.

418.   Tratamiento de adenocarcinoma esofágico?

Esofagogastrectomía por vía transhiatal.

419.   Principal causa de perforación esofágica?

Endoscópica (Terapéutica).

420.   Localización más frecuente de perforación esofágica?

Tercio distal supradiafragmático.

421.   Qué es el sindrome de Boerhaave?

Perforación espontánea postemética.

422.   Signo patognomónico de perforación esofágica?

Desviación de la tráquea a nivel anterior.

423.   Son las hernias de la pared abdominal más frecuentes?

Inguinales o inguinocrurales.

424.   Segundo tipo de hernia más frecuente en pared abdominal:

Incisionales (eventraciones). (La debilidad parietal es causada por una cirugía previa)

425.   Es una hernia que no se puede reducir, es dolorosa y blanda:

Hernia Incarcerada

426.   Es una hernia que no se puede reducir y tiene compromiso vascular:

Hernia estrangulada.

427.   Hernia que vuelve a salir inmediatamente se reduce:

Hernia incoercible.

428. **Tipo de hernia que la porción del saco herniario está formada por una pared de viscera:**

Hernia deslizada, o hernia por deslizamiento.

429. **Los tipos de hernia deslizada o por deslizamiento suelen ser con mayor frecuencia de la siguiente porción del tubo digestivo:**

Ciego y Colon Sigmoide.

430. **Hernias más frecuentes en mujeres?**

Inguinal Indirecta

431. **Hernias más frecuentes en pacientes de edad avanzada?**

Inguinales directas.

432. **Localización del anillo inguinal profundo:**

Fascia transversalis.

433. **Localización del anillo inguinal superficial:**

Músculo oblicuo mayor.

434. **Región de la pared abdominal anterior que se encuentra por debajo de las espínas iliacas:**

Región inguinal.

435. **De dónde nace la arteria epigástrica inferior:**

Nace de la arteria iliaca **EXTERNA.**

436. **Límites del conducto crural:**

Medial: ligamento de Gimbernat

Lateral: Septo aponeurótico

Superior: ligamento inguinal.

Posterior: Ligamento pectíneo o de Cooper.

437. **Tipo de hernia inguinal que acompaña a la Vena Femoral y no se relaciona con el conducto inguinal?**

Crural.

438. **Tipo de hernia con mayor riesgo de incarceración?**

Crural o Femoral, ya que poseen el cuello estrecho.

439. **Con cuál músculo se relaciona la hernia inguinal directa?**

Con el músculo cremáster.

La hernia inguinal indirecta es lateral a la arteria epigástrica, y sale por el anillo inguinal profundo.

Mientras que la hernia inguinal directa es medial a la arteria y sale por la pared.

440. **Que es una hernia en pantalón?**

Hernia inguinal directa con una indirecta. **(RARA EN MUJERES)**

441. **Que otro nombre reciben en la infancia las hernias inguinales indirectas?**

Oblicuas externas.

442. **A partir de cuál mes de gestación los testículos descienden al escroto fisiológicamente:**

7mo u 8vo mes.

443. **La etiología de las las hernias inguinales se asocian a:**

Defectos en la obliteración del proceso peritoneo vaginal.

444. **El quiste de Nuck es más frecuente en:**

Niñas

445. **El índice de recidiva luego de cirugía se ve con mayor frecuencia en el siguiente tipo de hernia:**

Inguinales directas.

446. **Complicación más común de tratamiento quirúrgico en hernias inguinales?**

Hematoma

447.   Vasos más frecuentemente lesionados en reparación quirúrgica de hernia crural:
Vasos Femorales

448.   Tipo de hernia en el que el saco herniario se encuentra en un divertículo de Meckel:
Hernia de Litre.

449.   Herniación de una porción antimesentérica del intestino:
Hernia de Ritcher.

450.   Tipo de hernia que se localiza en la porción lateral del músculo recto anterior del abdomen con la línea semilunar de Douglas:
Hernia de Spiegel.

451.   Tipo de hernia que contiene una apendicitis aguda:
Hernia de Amyant.

452.   La mayor parte de hernias inguinales en los niños son de tipo y se adquieren de forma:
Indirectas y congénitas (Por riesgo de incarceración o estrangulación se debe reparar).

453.   El tipo de hernia umbilical en adultos es más frecuente el siguiente sexo:
Femenino.

454.   Tipo de hernia que aparece como consecuencia de persistencia del anillo umbilical:
Hernia umbilical. **Se suele producir cierre completo del anillo, 4 a 6 años.**

455.   Constituye uno de los métodos quirúrgicos más frecuentes realizados en edad pediátrica:
Reparación de hernia umbilical.

456.   Tercera hernia en frecuencia en niños:
Hernia epigástrica.

457.   Dónde se encuentran las células parietales del estómago:
Fundus y Cuerpo Gástrico.

458.   Cuáles sustancias producen las células parietales del estómago?
Ácido clorhídrico y Factor Intrínseco.

459.   Dónde se encuentran las células G del estómago:
Antro y Píloro del estómago.

460.   Sustancia más potente de la secreción ácida gástrica:
Gastrina

461.   Células donde se produce la histamina:
Mastocitos.

462.   Representa el mayor estímulo fisiológico para la secreción de ácido:
Ingestión de alimento.

463.   Nervio encargado de inervación pilórica imprescindible para buen vaciamiento gástrico:
Nervio de Latarjet.

464.   Tipo de cirugía gástrica que mayor complicaciones origina en relación a tratamiento de enfermedad ulcerosa:
Bilroth II

465.   Tipo de cirugía gástrica más fisiológica y más deseable en relación al tratamiento de enfermedad ulcerosa:
Bilroth I

466.   Principal complicación de úlcera gastroduodenal:
Hemorragia.

467. **Principal causa de intervención quirúrgica urgente en úlcera gastroduodenal:**
Perforación.

468. **Tipo de síndrome fisiológico más frecuente luego de cirugía gástrica:**
Dumping Precoz. *Se presenta de 30 a 60 minutos postingesta.*

469. **Cuál otro nombre recibe el Dumping Precoz:**
(Vasomotor).

470. **Representa el cuadro clínico caracteristico del Síndrome de Dumping Precoz:**
Dolor abdominal, cólico, diarrea, calor, sudoración, palpitaciones, palidez.

471. **Representa el cuadro clínico caracteristico del Síndrome de Dumping Tardío:**
Temblor, mareos, sudoración, vacío gástrico.

472. **Representa la principal causa de obstrucción intestinal en pacientes gastrectomizados luego de adherencias:**
Bezoar.

473. **Es el tumor benigno gástrico más frecuente:**
Leiomioma. (Aparece en submucosa)

474. **Tumor maligno más frecuente de estómago:**
Adenocarcinoma gástrico.

475. **Subtipo de adenocarcinoma gástrico de peor pronóstico:**
Difuso.

476. **La clínica de adenocarcinoma gástrico es la siguiente:**
Dolor en epigastrio y pérdida de peso.

477. **Un cáncer gástrico que se disemine por vía hematológica y que produzca adenopatías periumbilicales se denomina:**
Nódulo de la Hermana María José.

478. **Una afectación ovárica del cáncer gástrico se denomina:**
Tumor de Krukenberg

479. **Una masa procedente del estómago en el fondo de Saco de Douglas se denomina:**
Escudo de Blumer.

480. **Órgano al que con más frecuencia metastatiza cancer gástrico:**
Hígado.

481. **Segundo tumor gástrico maligno de frecuencia:**
Linfoma No Hodking Gástrico. B.

482. **Causa más frecuente de fístulas enterocutáneas:**
Iatrogenia.

483. **Tipo de intervención que se realiza en pacientes con obstrucción de Colon Izquierdo:**
Resección + Colostomía (Hartman)

484. **Se habla de un tumor infiltrante cuando:**
Células atraviesan muscular de la mucosa.

485. **Es la condición que subyace en la mayoría de los carcinomas hepatocelulares:**
Cirrosis Hepática.

486. **Tratamiento definitivo de pancreatitis litiásicas agudas:}**
Colescistectomía.

487. **Causa más frecuente de pseudoquiste pancreático:**
Pancreatitis Crónica.

488. **Inhibidor de la acetil colinesterasa:**
Fisiotisgmina.

489. **Bloqueante de receptor colinérgico:**
Atropina.

490. **Agonista colinérgico.**
Pilocarpina.

491. **Los anticuerpos son producidos por las siguientes células:**
Linfocitos B.

492. **Enzima encargada de la digestión gástrica producida por las células oxínticas (parietales):**
Pepsinógeno.

493. **Representan las enzimas pancreáticas:**
Carboxipeptidasa (exopeptidasa), endopeptidasas (tripsina, quimiotripsina), aminopeptidasas, amilasa, lipasa, fosfolipasa A,

494. **A nivel renal, donde se absorben el yodo y magnesio:**
Asa de Henle.

495. **Cuál otro nombre recibe la TSH:**
Tirotropina.

496. **Es el principal progestágeno humano de origen natural:**
Progesterona.

497. **En cuáles localizaciones se puede sintetizar la progesterona:**
Cuerpo lúteo, placenta, glándulas adrenales e hígado.

498. **Es la estación de relevo sensitiva y motora hacia el cerebro:**
Tálamo

499. **El estímulo principal para la producción de factor intrínseco por las células parietales es:**
Acetilcolina y Gastrina – (Somatostatina y Prostaglandinas lo inhiben)

500. **Complicación más frecuente de pancreatitis aguda:**
Pseudoquiste pancreático.

501. **Localización extranodal más habitual de los linfomas:**
Estómago.

502. **Principal causa de trasudado?**
Insuficiencia cardiaca

503. **Representa la anomalía congénita más frecuente del tubo digestivo:**
Divertículo de Meckel.

504. **Tipos de tejidos extraintestinales que puede poseer el divertículo de Meckel:**
Gástrico y Pancréatico.

505. **Medio diagnóstico de elección en sospecha de Diverticulo De Meckel:**
Gammagrafia con TC-99

506. **Tipo de divertículos que pueden cursar con Neumoperitoneo sin perforación ni peritonitis:**
Los Yeyunoileales.

507. **Tipo de tumor benigno más frecuente en intestino delgado:**
Adenomas o Pólipos.

508. **Tipo de lesión sintomática más frecuente de intestino delgado:**
Leiomioma.

509. **Causa más frecuente de intususcepción del intestino delgado en el adulto es:**
Tumores benignos.

510. **Tumor maligno más frecuente de intestino delgado:**
Adenocarcinoma.

511. **Localización más frecuente del adenocarcinoma en intestino delgado:**
Segunda porción del duodeno y yeyuno proximal

512. **Representan los tumores mesenquimales más frecuentes de intestino delgado:**
GIST (Gastrointestinal Stroma Tumor)

513. **La enfermedad diverticular se divide en:**
Diverticulosis, diverticulitis aguda y hemorragia por enfermedad diverticular.

514. **Los pseudodivertículos están formados por las siguientes capas:**
Mucosa y submucosa.

515. **Una diverticulitis complicada se puede manifestar como:**
Absceso y peritonitis.

516. **Rango etario al que afecta más la diverticulosis:**
Mayor de 50 años.

517. **Localización más frecuente de diverticulosis:**
Colon sigmoideo.

518. **La etiología de la diverticulosis se asocia a:**
Dieta pobre en fibra.

519. **La diverticulosis se puede manifestar clínicamente como:**
Asintomática o Síndrome de Colon Irritable.

520. **Prueba de elección para diagnosticar diverticulosis:**
Enema opaco.

521. **Complicaciones de diverticulosis :**
Hemorragia e inflamación.

522. **Tratamiento de Diverticulosis:**
Dieta rica en fibra y probióticos

523. **Principal causa de diverticulitis:**
Obstrucción por fecalito

524. **Para que exista diverticulitis es necesario que exista además:**
Microperforación.

525. **Zona del intestino grueso al que afecta mayormente la diverticulitis:**
Colon descendente y Sigma.

526. **Sexo más frecuente al que afecta la diverticulitis aguda:**
Sexo masculino

527. **También es conocida como apendicitis izquierda:**
Diverticulitis Aguda.

528. **Diagnóstico diverticulitis aguda:**
Clínico, debe evitarse colonoscopía por riesgo a perforación, lo ideal es **TOMOGRAFÍA**.

529. **Cuándo está indicada la punción y drenaje absceso en pacientes con diverticulitis complicada (Hinchey II, III y IV):**
Cuando absceso es mayor a 5 cms.

530. **Causa más frecuente de hemorragia digestiva baja masiva en pacientes mayores de 60 años**
Hemorragia por enfermedad diverticular. (Proviene del colon derecho en la mayoría de las ocasiones)

531. **Medio diagnóstico de elección en pacientes con hemorragia por enfermedad diverticular:**
Colonoscopia.

532. **Tumor maligno mas frecuente de intestino delgado?**
Adenocarcinoma, 2da porción del duodeno .

533. **Que intestino tiende a obstruirse más?**
Intestino delgado.

534. **Cómo se realiza el diagnóstico de obstrucción de intestino delgado?**

Rx en bipedestación, (imagen en pila de monedas)

535. **Causa más frecuente de obstrucción de intestino delgado:**
Bridas y Adherencias.

536. **Causa más frecuente de obstrucción de intestino delgado en pacientes sin cirugía previa?**
Hernias

537. **Causa más frecuente de obstrucción en px con cirugía previa?**
Adherencias o Bridas.

538. **Clínica de una obstrucción de intestino delgado?**
Vómitos fecaloideos. distensión abdominal (mayor cuanto más distal sea la obstrucción), hiperperistaltismo con ruidos metálicos.

539. **Tratamiento de una obstrucción intestinal?**
Sonda Nasogástrica y reposición hidroelectrolitica.

540. **Que parte del colon afecta más la diverticulitis?**
Sigma

541. **Cuando hay perforación de un divertículo y provoca una peritonitis fecaloidea que procedimiento se realiza?**
Intervención de Hartman.

542. **Principal causa de obstrucción de intestino grueso (colon)?**
Tumor.

543. **Localización en la que se produce perforación con mayor frecuencia en obstrucción de intestino grueso por asa cerrada:**
Ciego.

544. **Cuando aparece hepatomegalia y ascitis en obstrucción de intestino grueso que indica?**
Presencia de metástasis de Cáncer de Pulmón.

Los eosinófilos tienen capacidad antihelmíntica

545. **Es una tumoración o protuberancia circunscrita que se proyecta en la superficie de una mucosa y es visible macroscópicamente en la luz intestinal:**
Pólipos.

546. **Tipos de pólipos?**
Adenomas: Tubular, tubular velloso y velloso.

547. **Es una lesión microscópica maligna que se encuentra en epitelios que tapizan glándulas:**
Displasia.

548. **Cuando pensar en adenoma velloso?**
Diarrea acuosa e hipocalemia.

549. **Técnica de elección para diagnóstico de Poliposis?**
Colonoscopia.

550. **Tipo de pólipos que no poseen conversión maligna:**
Pólipos Hiperplásicos. (Recto – Sigma)

551. **Tipo de pólipos que proliferan de las células maduras de la mucosa:**
Pólipos Hamartomatosos.

552. **Los dos tipos de enfermedades asociadas a Pólipos Hamartomatosos son los siguientes:**
Síndrome de Peutz Jeguers y Poliposis Juvenil

553. **Único tipo de síndrome poliposico familiar que no se hereda de forma autosómica dominante:**

Síndrome de Turcot.

554. Forma mas frecuente de poliposis adenomatosa?
Poliposis colónica familiar.

555. Que es el síndrome de Gadner?
Poliposis Adenomatosa Familiar y manifestaciones extraintestinales, alteraciones dentales, piel, osteoma.

556. Que es el síndrome de Turcot?
Poliposis Adenomatosa Familiar Asociada meduloblastoma.

557. La colectomía profiláctica en pacientes con síndromes polipósicos se realiza en el siguiente rango etario:
Después de la pubertad y antes de los 25 años.

558. Que es el síndrome Muir Torre?
Poliposis Adenomatosa Familiar Asociada a tumores cutáneos.

559. Que es el síndrome de Peutz Jergers?
Maculas mucocutaneas de color marrón y poliposis hamartomosas en tracto gastrointestinal.

560. Cómo se denomina el cáncer colorrectal no asociado a Poliposis:
Síndrome de Lynch.

561. Es la forma más frecuente de cáncer colorrectal hereditario:
Síndrome de Lynch.

562. Medicamentos que pueden disminuir el riesgo de cáncer de colon:
Aspirina y calcio.

563. Que parte del colon afecta mas el Ca colon?
Colon sigmoide.

564. Manifestación clínica del CA de colon ascendente?
Anemia microcitica hipocromica

565. Manifestación clínica de un CA de colon descendente?
Tenesmo y hematoquecia.

566. Cribado para Ca de colon?
Sangre oculta en heces.

567. Imagen radiográfica típica en cáncer de colon:
Imagen en corazón de manzana

568. Mediante que método de imagen se evalúa la extensión del tumor de colon?
TAC.

569. A que órgano hace metástasis mas frecuentemente el ca de colon?
A hígado.

570. Tumor del recto y ano más frecuente?
Carcinoma de células escamosas.
Los tumores del canal anal son más frecuentes en mujeres

571. Tipo de cáncer de recto y ano más frecuente en pacientes con enfermedad de Chron:
Adenocarcinoma.

572. La enfermedad de Paget a que tipo de glándulas afecta más?
Glándulas apocrinas. Es mas frecuente en mujeres.

573. Que es la enfermedad de Paget?
Placas eccematosas y asociada a cáncer colorrectal.

574. Principal causa de sangrado en pacientes menores de 40 años:
Hemorroides.

575. Según la clasificación de hemorroides las de grado IV cual es el tratamiento?
Hemorroidectomia.

576. Cuál es el tipo de hemorroides más frecuente?

Hemorroides externas.

577. Germen causal más frecuente de absceso intraabdominal:

Bacteroides Fragilis.

578. Causa más frecuente de hematoma retroperitoneal:

Fractura de Pelvis.

579. Un dolor que precede al vómito suele indicar una patología de tipo:

Quirúrgica.

580. Signo semiológico de abdomen agudo que indica eritema en pared abdominal:

Signo de Culten.

581. Signo semiológico de abdomen agudo caracterizado por la presencia de gas en el hipocondrio derecho que indica perforación de víscera hueca:

Signo de Jobert.

582. El abdomen agudo suele ser causado por los siguientes mecanismos:

Patologías que producen **IRRITACIÓN PERITONEAL**, las que producen **OBSTRUCCIÓN**, las de origen **VASCULAR**.

583. Etiología de abdomen agudo por orden de frecuencia:

Apendicitis Aguda

Colescistitis Aguda

Úlcera péptica perforada.

584. Principal causa de obstrucción intestinal luego de bridas y adherencias:

Hernias inguinales.

585. Patología colónica con mayor riesgo de estrangulación:

Vólvulos.

586. La isquemia mesentérica en la mayoría de las ocasiones se asocia a pacientes cardiópatas, y afecta el flujo de la arteria:

Arteria mesentérica superior.

587. El mecanismo más frecuente de isquemia mesentérica es el siguiente:

Embólica, que se debe a valvulopatías y arritmias.

588. La indicación fundamental para los estudios de radiografía de abdomen con contraste hidrosoluble yodado es:

Diferenciación de ileo mecánico de adinámico.

589. En el siguiente tipo de vólvulo observamos la característica radiológica "en grano de café":

Vólvulo Sigmoideo.

590. La presencia de gas portal o gas en el árbol vascular en el adulto debe hacernos sospechar que estamos frente a:

Oclusión de vasos mesentéricos, obstrucción intestinal, denominador común es **LA SEPSIS**.

591. Tipo de peritonitis que no se asocia a ningún foco intraabdominal o perforación del tubo digestivo. Se produce por invasión bacteriana vía hematógena o linfática:

Peritonitis Primaria.

592. Tipo de peritonitis que suele aparecer como una complicación intraabdominal, tras contaminación quirúrgica o trauma:

Peritonitis Secundaria.

593. Tipo de peritonitis que aparece en pacientes postoperados por peritonitis secundaria y presentan fallo multiorgánico:

Peritonitis Terciaria

594. Localizaciones más frecuentes de infecciones intraabdominales:

Cuadrantes Inferiores
Espacio pélvico
Subhepática
Subdiafragmático.

595.   **En un frotis cervical con infección gonocócica debemos pensar en:**
Absceso Tuboovárico.

APENDICITIS.

596.   **En cual semana del desarrollo embrionario se visualiza por primera vez el apéndice?**
A la 8va semana.

597.   **Cual es la función del apéndice?**
Inmunitaria secretora IgA.

598.   **Grupo etario al que afecta la apendicitis con mayor frecuencia:**
    20 – 30 años.

599.   **Etiologia mas frecuente de la apendicitis?**
Hiperplasia Linfoidea. Seguida de obstrucción por fecalito.

600.   **Fases fisiopatológicas de la apendicitis:**
1. Congestiva, edematosa o focal: Luego de la obstrucción, la mucosa secreta un cúmulo de secreciones que favorece el sobrecremiento bacteriano.
Clínica: Dolor visceral mal localizado (Periumbilical o epigástrico). Signo de hipersensibilidad y signo de Blumberg.
2. Supurativa o Flemonosa: Serosa inflamada entra en contacto con peritoneo.
Se percibe como migración del dolor a fosa ilíaca derecha.
3. Gangrenosa: Oclusión arterial.
4. Perforada:

601.   **Tipo de apendicits que se asocia con más frecuencia a la etapa gangrenosa:**
La producida por fecalitos.

602.   **Capacidad luminal del apéndice:**
0.1 ml.

603.   **El signo radiológico en abdomen más específico en apendicitis:**
Visualización del fecalito.

604.   **Dolor a percusión suave en zona de irritación peritoneal se conoce como:**
Signo de Holman.

605.   **Principales antibióticos utilizados en apendicitis aguda:**
Cefalosporina de tercera generación + Metronidazol
Clindamicina + Aminoglucósidos.
Imipenem

En enterococos:
Amplicilina + Aminoglucósido + Clindamicina

606.   **La apendicectomía de "demora o de intervalo" es aquella en la que se presenta el denominado:**
Plastrón Apendicular.

607.   **Cual es la urgencia quirúrgica mas frecuente?**
Apendicitis aguda.

608.   **Principal síntoma de la apendicitis aguda?**
Dolor abdominal difuso, puede ser en epigastrio y región periumbilical. Recordar triada migratoria de Kocher.

609.   **Cual es el síntoma mas fiable en apendicitis aguda?**
Dolor migratorio.

610. **En qué consiste la triada migratoria de Kocher:**
Dolor en epigastrio, dolor periumbilical, dolor en fosa ilíaca derecha.

611. **Tipo de tumor hepático más frecuente en mujeres de edad fértil y que guardan relación con el consumo prolongado de anticonceptivos orales:**
Adenoma Hepatocelular.

612. **Tumor maligno más frecuente a nivel hepático:**
Metastásico. (Ca Colorrectal)

613. **Representan los tumores hepáticos benignos más frecuentes:**
Hemangiomas.

614. **Virus asociados al desarrollo de carcinoma hepatocelular:**
Virus del hepatitis B (activa oncogenes) y C.

615. **Tumor hepático que aparece con mayor frecuencia en niños menores de 4 años:**
Hepatoblastoma.

616. **Tumor hepático que aparece con más frecuencia en jóvenes con edad de 20 a 30 años:**
Hepatocarcinoma Fibrolamelar.

617. **Tumor que se localiza en el conducto hepático común:**
Tumor de Klastskin (Colangiocarcinoma Hiliar)

618. **Es el órgano más frecuentemente lesionado en trauma abierto de abdomen:**
Hígado. (Laceración (hematoma subcapsular), lesión más común)

619. **Los abscesos amebianos en hígado son tratados con el siguiente fármaco:**
Metronidazol.

620. **Los abscesos micóticos hepáticos son tratados con el siguiente fármaco:**
Anfotericina B.

621. **Vía de diseminación de absceso hepático:**
Biliar.

622. **Los cálculos biliares de acuerdo a su composición se dividen en:**
Cálculos de colesterol.

Mixtos: colesterol y carbonato cálcico.

Pigmentarios: Marrones y negruzcos, con alto contenido en bilirrubinato cálcico.

623. **La bilis litogénica es con más frecuencia el resultado de la secreción de:**
Colesterol.

624. **Datos clínicos analíticos que nos permiten sospechar que cálculo ha penetrado en el colédoco:**
Aumento bilirrubina directa.
Acolia.
Hipocolia
Coluria.

625. **Prueba diagnóstica más específica para patologías de vesícula biliar:**
TAC.

626. **La sobreinfección de litiasis biliar con más frecuencia lo realiza con el siguiente microorganismo:**
E. Coli.

627. **Signo semiológico que consiste en dolor en hombro izquierdo por compresión de hipocondrio ipsilateral, sugiere patología esplénica:**
Signo de Kerh.

628. **Representa el tumor maligno más frecuente dentro de los tumores del sistema biliar:**
Carcinoma Vesicular. (80% adenocarcinomas, más frecuente en mujeres)

629. **Que es la triada de Murphy?**

Dolor en fosa iliaca derecha, fiebre y náuseas.

630. **Una apendicitis en fase edematosa, congestiva o focal que signo podemos encontrar?**

Signo de blumberg.

631. **En que fase del apendicitis, el dolor se localiza en fosa iliaca derecha?**

En la fase flemonosa, supurativa o aguda.

632. **Por quién esta dada la irrigación de la apéndice?**

Por la arteria apendicular, rama de la ileocolica y esa a su vez es rama de la mesentérica superior.

633. **Cuando sospechar de una apendicitis perforada?**

Cuando los leucocitos aumentan mayor a 16,000.

634. **Diagnóstico de apendicitis aguda?**

Clinico

635. **Que evalúa la escala de Alvarado?**

Signos, síntomas y laboratorio

636. **Que es el signo de Dunphy?**

Dolor en punto de Mc Burney al toser.

637. **Cual es la primera causa quirúrgica general de muerte a nivel mundial?**

Apendicitis perforada.

638. **Primer diagnóstico diferencial de apendicitis en niños?**

Adenitis mesentérica.

639. **Diagnóstico diferencial de apendicitis en adultos jóvenes?**

Infección de vías urinarias

640. **Cuales bacterias encontramos en apendicitis perforada?**

E. coli y bacteroides fragilis.

641. **Primera causa de abdomen agudo?**

Apendicitis aguda.

642. **Tumor mas frecuente de apéndice?**

Adenocarcinoma Mucinoso.

643. **Tumor maligno mas frecuente de hígado?**

Tumores metastasicos.

644. **Agente causal de un abceso hepático?**

Bacterias.

645. **Clínica de un cólico biliar?**

Dolor en hipocondrio derecho postingesta, que se irrada a flanco derecho y escápula, náuseas y vómitos.

646. **Gold Stándar diagnóstico de colelitiasis?**

Sonografia. Más utilizado. Más especifico TAC

647. **Causa mas frecuente de colecistitis aguda?**

Cálculos biliares.

648. **Cuando se habla de una colecistitis complicada?**

Cuando los leucocitos aumentan mas de 20,000

649. **Coledocolitiasis?**

Dolor en hipocondrio derecho, ictericia, acolia, coluria. Bilirrubina directa o congugada aumentada, fosfatasa alcalina aumentada.

650. **Medio diagnóstico de elección para definición concreta de coledocolitiasis?**

Colangiografia endoscópica retrogada.

651. **Complicaciones de la coledocolitiasis?**

Colangitis y pancreatitis litiásica.

652.   **Triada de charcot? Colangitis.**
Fiebre, ictericia y dolor en hipondrio derecho.

653.   **Pentada de Reynolds?**
Cuando a lo anterior se le agrega hipotensión mas alteraciones mentales.

654.   **Signo de Murphy, colecistitis?**
Dolor a la palpación profunda subcostal a la inspiración.

655.   **Tumor mas frecuente de vesicula biliar?**
Carcinoma vesicular.

656.   **Etiología mas frecuente de pancreatitis aguda?**
Litiasis biliar.

657.   **Marcador sérico mas sensible y especifico para dx de pancreatitis aguda?**
Lipasa.

658.   **Método de imagen para diagnóstico de pancreatitis?**
TAC.

659.   **Complicación más frecuente de Pancreatitis Aguda:**
Pseudoquiste pancreático. (Cuerpo y cola del páncreas más frecuente)

660.   **Hacia donde se irradia el dolor en pancreatitis aguda?**
A espalda. Dolor en cinturón

661.   **Etiología más frecuente de pancreatitis crónica?**
Alcohol

662.   **Criterios para valorar gravedad en pancreatitis?**
Ramson al ingreso y a las 48 hrs y APACHEII.

663.   **Mas de 7 signos positivos en criterios de Ramson que indica?**
Mortalidad mas de 50 por ciento.

664.   **Principal complicación respiratoria de una pancreatitis aguda?**
Neumonía

665.   **Analgésico de elección en pancreatitis aguda?**
Meperidina.

666.   **Principal causa de muerte en pancreatitis aguda?**
Infección.

667.   **Histológicamente que diferencia la pancreatitis crónica de la aguda?**
En la pancreatitis crónica ya existen áreas de fibrosis.

668.   **Cuál es el primer signo de insuficiencia pancreática?**
Esteatorrea.

669.   **Neoplasia de páncreas exocrino más frecuente y donde aparece?**
Adenocarcinoma ductal en la cabeza del páncreas.

670.   **Tumor maligno más frecuente de páncreas endocrino?**
nsulinoma.

671.   **La pancreatitis crónica predispone al siguiente cáncer?**
Adenocarcinoma.

672.   **Triada de Whipple?**
Síntomas de hipoglicemia, glicemia sérica menor de 50mgdl y alivio de los síntomas al administrar glucosa.

673.   **En qué lugar aparecen los gastrinomas?**
Triangulo de Passaro. (Unión Cístito y Colédoco – 2da y tercera porción de duodeno – Cuello del Páncreas)

674.   **Constituye el tumor periampular más frecuente:**
Carcinoma de Páncreas.

675. **Es el cáncer más letal que existe y su incidencia aumenta con la edad:**
Cáncer de Páncreas

676. **Localización más frecuente de cáncer de páncreas es:**
Cabeza

677. **Tipo histológico más frecuente de cáncer de páncreas:**
Adenocarcinoma Ductal.

678. **Los cánceres de cabeza de páncreas tienen la siguiente triada sintomatológica:**
Pérdida de peso (**Signo más precoz**), dolor abdominal (**Síntoma más precoz**) e ictericia.

679. **Constituye el signo más precoz de Carcinoma de Páncreas:**
Pérdida de peso.

680. **Marcador tumoral utilizado en evaluación de cáncer de páncreas:**
CA-199

681. **Técnica quirúrgica de elección de elección con tumores en la cabeza del páncreas:**
Duodenopancreatectomía Cefálica (Técnica de Whipple)

682. **Patología del bazo caracterizada por hiperfunción, esplenomegalia y disminución de la celularidad hemática con aumento de células inmaduras en sangre:**
Hiperesplenismo.

683. **La forma trombótica de Púrpura Trombocitopénica también se denomina:**
Síndrome de Moschcowitz.

684. **Consiste en el tratamiento de Púrpura Trombocitopénica Trombótica:**
Plasmaféresis.

685. **Consiste en el tratamiento de Púrpura Trombocitopénica Idiopática:**
Esteroides, Inmunosupresores y Plasmaféresis.

686. **En el pseudoaneurisma, las capas arteriales que se encuentran afectadas son las siguientes:**
Íntima y Media.

687. **Aneurismas más frecuentes?**
Aorta abdominal y de esta los de (aorta INFRARRENAL).

688. **Etiología más frecuente de aneurisma abdominal:**
Aterosclerosis.

689. **Cuando hacer cirugía en un aneurisma abdominal?**
Cuando mide mas de 5,5 cms.

690. **Cuales son los aneurismas de la aorta torácica mas frecuentes?**
Los de la aorta ascendente.

691. **Cual es el aneurisma periférico mas frecuente?**
Poplíteo, masa pulsátil en hueco poplíteo.

692. **Capa arterial que se encuentra comprometida en algunos casos de aneurisma poplíteo:**
Adventicia.

693. **Paciente masculino de 60 años con antecedentes personales de hipertensión de larga data que viene a la consulta por dolor en miembro inferior derecho y parestesia de instauracion súbita, al examen físico se puede observar palidez de la extremidad, ausencia de pulso y parálisis, diagnóstico presuntivo? Tratamiento?**
OBSTRUCION ARTERIAL AGUDA, DOPPLER o ARTERIOGRAFÍA. Heparinizar si es por embolia, tratamiento quirúrgico si es por trombo fibrinólisis.

694. **Las 5 "P" del cuadro clínico correspondiente a la obstrucción arterial aguda es la siguiente**
Dolor, Parestesia, Palidez, Ausencia de Pulso, Parálisis

695. **La obstrucción más habitual en enfermedad arterial crónica es la siguiente:**
Femoral o Femoropoplítea.

696. **Enfermedad arterial oclusiva aortoilíaca se conoce como:**
Síndrome de Leriche.

697. **La oclusión de la arteria hipogástrica puede producir:**
Impotencia sexual.

698. **La prueba más fidedigna para demostrar si existe flujo sanguíneo en una extremidad es la siguiente:**
Relleno capilar.

699. **Cuál otro nombre recibe la enfermedad de Takayasu:**
Síndrome del Cayado Aórtico.

700. **Etiología mas frecuente de la enfermedad arterial crónica o enfermedad arterial periférica?**
Ateroesclerosis.

701. **A cual arteria afecta mas la enfermedad anteriormente mencionada?**
A la arteria femoral,

702. **Que es el síndrome de Leriche?**
Cuando aparece dolor en glúteos que imposibilita pararse al paciente, es por oclusión iliaca bilateral.

703. **Corresponden a los vasos de capacitancia:**
Las venas.

704. **Tipo de venas en miembros inferiores que permiten el drenaje de sistema venoso superficial al profundo en sentido unidireccional:**
Sistema Venoso Perforante o Comunicante.

705. **Constituye la causa más frecuente de la embolia pulmonar?**
Trombosis Venosa Profunda.

706. **Componentes de la Triada de virchow?**
Estasis Venosa (enlentecimiento del flujo), hipercoagulabilidad, y traumatismo con daño de la intima.

707. **Que evalúa la prueba de Perthes?**
La incompetencia valvular del Sistema Venoso Profundo.

708. **Localización más común de Várices:**
Venas Superficiales de las Piernas

709. **Las úlceras más frecuentes en la práctica clínica son producidas por y se localizan con mayor frecuencia en:**
Úlceras por Estasis Venosa y se localizan con mayor frecuencia en Maleolo Interno.

710. **Que prueba evalúa la prueba de Trendelemburg?**
La incompetencia valvular de las vénulas perforantes.

711. **Cuál otro nombre recibe el higroma quístico:**
Linfangioma.

712. **Localización más frecuente de higroma quístico:**
Región cervical

713. **Tipo de hernia diafragmática más frecuente:**
Hernia de Bochdalek, sobretodo izquierda.

714. **La localización más frecuente de hernia de Morgagni es la siguiente:**
Paraesternal - retroesternal o anterior

715. **Malformación nasosinusal mas frecuente?**
Atresia de las coanas. (Afecta más a niñas). **La unilateral**; más común en lado derecho

716. **Disnea en recién nacido que alivia con el llanto y empeora con la deglución nos hace pensar en:**

Atresia de las coanas.

717. Clínica de la estenosis pilórica?

Vomitos proyectivos después de las tomas de contenido alimentario no biliosos e irritabilidad.

718. Tratamiento quirúrgico de estenosis pilórica se denomina:

Piloromiotomía de Ramsted.

719. Causa más frecuente de obstrucción intestinal de los 3 a los 6 meses?

Invaginación intestinal, enema de bario (por presión hidrostática es tx reductor).

720. Causa más frecuente de trasplante hepático en la infancia?

Atresia biliar.

721. Cuadro clínico caracterizado por recién nacido de peso normal, con acolia en las dos primeras semanas de vida, hepatomegalia, esplenomegalia, cirrosis e hipertensión portal:

Atresia Biliar Extrahepática. **(Antes de trasplante se realiza portoenterostomía de Kasai)**

722. Tumor maligno renal más frecuente en la infancia?

Tumor de wilms.

723. El tratamiento quirúrgico de la hernia umbilical se realiza cuando:

Persiste mayor a 3 años.

724. La localización más frecuente de defecto en gastroquisis es:

Yuxtaumbilical. (El ombligo está intacto)

725. Corresponde a la sintomatología de clínica en Tumor de Wilms:

Masa abdominal palpable

Hipertensión arterial.

Hematuria micro o macroscópica

Se asocia en un 25% a anomalías cóngénitas.

726. A cuáles patologías congénitas se asocia el Onfalocele:

Síndrome de Down. Malformaciones Cardíacas.

727. Causa mas frecuente de hombro doloroso?

Síndrome de atrapamiento subacromial.

728. En qué consiste el signo de Neer?

Dolor a la elevación pasiva del hombro.

729. Cuál es la neuropatía más frecuente en el organismo?

Síndrome del túnel carpiano.

730. Dx clínico del síndrome del túnel carpiano?

Maniobra de phalen.

731. Dx de imagen del síndrome de túnel carpiano?

Rx de mano y electromiografía.

732. La enfermedad diverticular se divide en:

Diverticulosis, diverticulitis aguda y hemorragia diverticular.

733. Los pseudodivertículos están formados por las siguientes capas:

Mucosa y submucosa.

734. Una diverticulitis complicada se puede manifestar como:

Absceso y peritonitis.

735. Rango etario al que afecta más la diverticulosis:

Mayor de 50 años.

736. Localización más frecuente de diverticulosis:

Colon sigmoideo.

737. La diverticulosis se asocia a:

Dieta pobre en fibra.

738. La diverticulosis se puede manifestar como:

Asintomática o Síndrome de Colon Irritable.

739. **Prueba de elección para diagnosticar diverticulosis:**

Enema opaco.

740. **Complicaciones de diverticulosis**

Hemorragia e inflamación.

741. **Tratamiento de Diverticulosis**

Dieta rica en fibra y probióticos

742. **Principal causa de diverticulitis**

Obstrucción por fecalito

743. **Para que exista diverticulitis es necesario**

Que exista una microperforación.

744. **Zona del intestino grueso al que afecta mayormente la diverticulitis**

Sigma y colon descendente.

745. **Sexo más frecuente al que afecta la diverticulitis aguda:**

Sexo masculino

746. **También es conocida como apendicitis izquierda:**

Diverticulitis Aguda.

747. **Diagnóstico diverticulitis aguda:**

Clínico, debe evitarse colonoscopía por riesgo a perforación, lo ideal es Tomografía.

748. **Causa más frecuente de hemorragia digestiva baja en pacientes mayores de 60 años**

Hemorragia por enfermedad diverticular.

749. **Bacterias más frecuentes en pie diabético infectado:**

Stafilococo Aureus, enterobacterias y gram negativos no fermentadores.

750. **Prueba diagnóstica más específica para seguimiento pie diabético:**

Resonancia Magnética.

751. **Representa la neuropatía por compresión más frecuente de todo el organismo:**

Síndrome del Canal o Túnel Carpiano

752. **El síndrome del túnel carpiano afecta con mayor frecuencia a los siguientes dedos:**

Primer, Segundo, Tercero, y mitad radial del cuarto dedo.

753. **Método diagnóstico de Síndrome de Túnel Carpiano:**

Radiografía y Electromiografía.

754. **Tratamiento quirúrgico de Síndrome de Túnel Carpiano:**

Sección del ligamento volar transverso del carpo.

755. **Es aquella maniobra diagnóstica que consiste en la flexión de la muñeca por un minuto para provocolar dolor en Síndrome de Túnel Carpiano:**

Maniobra de Phalen.

756. **La Maniobra de Thompson, consistente en provocar contractura de los gastronecmius para así observar o no flexión plantar, se utiliza en sospecha de:**

Rotura de Tendón de Aquiles

Dermatología

Dermatología
La epidermis posee un epitelio de tipo:
Poliestratificado.
La epidermis procede de la siguiente capa embrionaria:
Ectodermo.
Corresponden a las 5 capas de la epidermis:
- Basal o germinativo.
- Espinoso.
- Granuloso.
- Lúcido.
- Córneo.
  Belg-ca

Las células de Merkel (receptores táctiles) están ubicadas en la siguiente capa de la epidermis:
Basal o germinativa.
Tipo de capa de epidermis que solo se encuentra presente en palmas y plantas:
Estrato lúcido.
Cuál tipo de capa de epidermis contiene células muertas, queratinizadas y sin núcleo:
Capa córnea.
Tipo de capa de epidermis que contiene queratinocitos con gránulos de queratohialina:
Granulosa.
Tipo de capa de epidermis que contiene queratinocitos unidas por puentes intercelulares:
Espinosa.
Contenido de la capa basal o germinativa de la epidermis:
Melanocitos, células de Merkel y células basales.
Constituyen el 90% de las células de la epidermis:
Queratinocitos.
El color de la piel de las diferentes razas depende de:
Tamaño de melanosomas, no # de melanocitos.
Las células de Larghenhans, pertenecen al tipo de inmunidad:
Celular, presentadora de antígenos a Linfocitos T.
Fases de crecimiento del folículo piloso:
Anagen: crecimiento, 2 – 5 años.
Catagen: involución, 2-5 semanas,
Telogen: 2-5 meses, caída.
Son las divisiones anatómicas del folículo piloso:
Infundíbulo (parte superior)
Istmo (parte media)
Base (parte inferior)
Tipo de secreción de glándula sudorípara ecrina (se encuentra en la totalidad de la piel):
Merocrina. **Por exocitosis.** Ej: Periporitis.

Tipo de secreción en glándula apocrina (Axila, periné, pubis, párpado, conducto auditivo externo):

Aprocrina. **Por decapitación.** (Hidrosadenitis)

El tipo de secreción de la glándula sebácea es:

Holocrina. Por ej: Acné.

Lesiones dermatológicas de contenido líquido:

Vesícula (- 0.5 cms), ampolla (+ 0.5 cms), flictenas (ampolla grande).

Placa urticariana, eritematoedematosa, de localización dérmica y de evolución fugaz, (desaparece en 24 horas), típicas de urticaria.

Habón, también denominado Roncha.

Cambio de coloración de la piel menor de 1 cm, sin elevación:

Mácula.

Cambio de coloración de la piel mayor de 1 cm, sin elevación:

Mancha.

Elevación sólida pequeña, menor de 1 cm, circunscrita en piel, cura sin dejar cicatriz:

Pápula.

Elevación sólida mayor de 1 cm, circunscrita en piel, cura sin dejar cicatriz:

Placa. Ej: Psoariasis.

Lesión dérmica e hipodérmica circunscrita que se identifica por palpación. Típica de eritema nodoso:

Nódulo.

Nódulo elevado, circunscrito, infiltrado, que cuando se resuelve, suele dejar cicatriz:

Tubérculo.

Inflamación granulomatosa que tiende a resblandecerse y abrirse al exterior:

Goma.

Placa de color negro y límites netos, formada por tejido necrótico destinada a eliminarse:

Escara.

Lesión superpuesta a la piel y constituida por secreciones secas, exudados o hemorragias:

Costra.

Distribución de lesiones entre los pliegues:

Intértrigo.

Aparición de lesiones propias de una determinada dermatosis en zonas de presión o traumatismo. Es típico de enfermedades eritematoescamosas (psoriasis, liquen plano)

Fenómeno de Koebner.

Aparición de eritema, edema, y prurito tras el rascado de una lesión. Es patognomómico de la mastocitosis:

Signo de Darier.

Fenómeno en el que un mínimo traumatismo, por ejemplo, un pinchazo, produce la aparición de una pústula en lugar de la agresión:

Fenómeno de Patergia, sindrome de Bechet, pioderma.

Son dermatosis agravadas por el sol:

Lupus, porfiria, darier, rosácea, albinismo, pelagra, síndrome carcinoide, dermatomiositis.

La leucoplasia oral vellosa es producida por el siguiente agente causal:

Virus del Epstein Barr.

Tratamiento de candidiasis orofaríngea:
Nistatina y Anfotericina.

El Sarcoma de Kaposi se asocia al siguiente virus:
Herpes Simple tipo 8

Localización más frecuente de lesiones en Herpes Zóster:
Tronco.

Complicación más frecuente de lesiones por Herpes Zóster:
Neuralgia postherpética (típica de ancianos)

Constituyen la manifestación clínica más frecuente de enfermedades de transmisión sexual:
Verrugas genitales por HPV.

Virus oncogénicos del HPV que se relaciona con cáncer de cérvix:
Tipos 16 y 18

Causa de Pitiriasis Versicolor:
Pityrosporum Ovale, su forma patógena se denomina Malasezzia Furfur.

Es la infección por hongos en estructuras queratinizadas como (piel, pelo y uñas)
Tiñas – Dermatofitosis.

Cuál otro nombre recibe la tiña inguinal:
Tiña Cruris o Eccema Marginado de Hebra.

Tipo de tiña inflamatoria más importante:
Querion de Celso.

Tipo de infección por hongo que suele aparecer luego del pinchazo con un rosal:
Esporotricosis.

Agente causal de Esporotricosis:
Sporotrix Schenckii

El impétigo contagioso está producido por los siguientes agentes etiológicos:
Stafilococos Aureus y Estreptococo

El síndrome del Shock Tóxico es producido por:
Stafilococo Aureus.

Infección cutánea relacionada con espina del pescado:
Erisipela.

Reservorio de Leishmania:
Perro.

El botón de Oriente también es conocido como:
Lesihmaniasis.

La Leishmaniasis es transmitida por el mosquito de nombre:
Phlebotomus. Producida por Leishmania Tropica.

Lesión más específica de Scabiasis:
Surco acarino.

Tipo de pediculosis más frecuente:
Corporis.

Hongo que se ha visto implicado a Dermatitis Seborreica:
Pitirosporum Ovale.

Tratamiento de Dermatitis Seborreica:
Antifúngicos y corticosteroides.

Es una lesión específica de Psoriasis:
Anillo de Woronof.

Tipo de Psoriasis más frecuente:
Psoriasis Vulgar. (Codos, rodillas y cuero cabelludo)

Tipo de psoariasis relacionada a niños con infección por estreptococo:
Psoriasis en gotas.

Lesión característica de Liquen Plano:
Estrías de Whickman

Tipo de dermatitis relacionada con la lesión de Medallón Heráldico:
Pitiriasis Rosada.

Agente causal de Pitiriasis Rosada:
Herpes Simple tipo 7.

Lesión fundamental de Urticaria:
Habón.

Factor etiológico más importante en Sindrome de Stevens Jhonson:
Fármacos.

Es la enfermedad dermatológica no infecciosa más frecuente en pacientes con VIH
Dermatitis Seborreica.

El tratamiento de la Alopecia Areata es:
Corticoides tópicos o intralesionales.

La etiología de la Alopecia Areata se debe a:
Trastornos autoinmunes, genéticos y psíquicos.

Tipo de Alopecia que se presenta en pacientes sometidos a quimioterapia:
Efluvio Anágeno, en etapa de crecimiento

Son un grupo de enfermedades caracterizadas por defectos enzimáticos hereditarios o adquiridos de la vía metabólica del grupo hemo de la hemoglobina:
Porfirias.

Tipo de antimalárico utilizado para aumentar la eliminación urinaria de porfirinas:
Cloroquina.

Grupo de enfermedades de piel y mucosa que se caracteriza por la presencia de ampollas:
Pénfigo.

Cuál es la forma más frecuente y grave de Pénfigo:
Pénfigo Vulgar.

Enfermedad ampollosa autoinmune más frecuente:
Penfigoide ampolloso de Lever. Suele afectar **subepidermis.**

Es el tipo de Paniculitis más frecuente:
Eritema Nodoso. Afecta a la parte anterior de la pierna.

Tipo de paniculitis que nódulos afectan a la parte posterior de la pierna:
Eritema indurado de Bazin. Vasculitis Nodular.

Manifestación cutánea más frecuente en Diabetes Mellitus:
Dermopatía Diabética.

Enfermedad cutánea no infecciosa asociada a Colitis Ulcerosa:
Pioderma gangrenoso.

Lesión cutánea precancerosa más frecuente:

Queratosis Actínica. Precursora de Carcinoma Epidermoide.

Es el tumor cutáneo maligno más frecuente:

Epitelioma basocelular.

Principal factor de riesgo para Epitelioma Basocelular:

Exposición solar.

Tumor cutáneo que puede aparecer tanto en piel como en mucosa y que es el segundo en frecuencia:

Carcinoma Epidermoide (Epitelioma Basocelular)

Es el tumor cutáneo que con más frecuencia metastatiza:

Melanoma maligno

Índice que mide la profundidad de invasión en Melanoma:

Índice de Breslow.

El efecto cutáneo más importante de corticoides tópicos es:

Atrofia cutánea.

Dermatosis más frecuente en pacientes con VIH es:

Candidiasis Orofaríngea.

Tumor más frecuente en paciente con VIH:

Linfoma.

Causa más frecuente de úlcera genital:

Traumática, luego sigue la del herpes.

Las onicomicosis afectan las uñas a nivel proximal (perionixis), las tiñas ungueales lo hacen a nivel distal

Cuál es la forma más frecuente de tuberculosis cutánea:

Lupus Vulgar. (Costra amarillenta con jalea de manzana)

Un cuadro clínico de un niño con lesión úlcero costrosa en la cara de evolución crónica, en su casa refieren que existen perros, pensamos en:

Leishmaniasis.

No se deben utilizar corticoides sistémicos en Psoariasis, solo los tópicos.

El estigma cutáneo más importante de dermatitis atópica es:

Piel seca.

Síntoma fundamental de dermatitis atópica:

Prurito.

El desencadenante más importante de Eritema Multiforme minor es:

Virus del Herpes Simple

Característica clínica fundamental de Acné:

Comedón.

Tipo de Alopecia más frecuente:

Androgenética.

Tipo de Alopecia que se asocia a Enfermedad Autoinmune Tiroidea:

Areata.

Se considera el procarcinógeno cutáneo más frecuente:

Fotoexposición solar crónica.

Tipo más frecuente de Melanoma:

Extensión superficial.

Linfoma cutáneo más frecuente:
Micosis Fungoide.

Digestivo

Principal causa de hemorragia digestiva baja en recidiva en el anciano:
Angiodisplasia de colon.

Triada clásica de tumores en cabeza del páncreas:
Ictericia, Dolor en Cinturón y Pérdida de Peso.

Las náuseas y vómitos suelen aparecer en un 40% en colescistitis.

Hablamos de un apéndice perforado, cuando la ulceración afecta la siguiente capa:
Submucosa.

Los tipos de diarrea que pueden producirla por alteración de la motilidad intestinal son las siguientes:
Dumping, Síndrome de Colon Irritable, Posvagotomía, Hipertiroidismo, Enteropatía Diabética.

Tipos de diarrea causadas por mecanismos inflamatorios:
Colitis Ulcerosa, Enfermedad de Chron, asociadas al SIDA.

Las diarreas por alteración a nivel del intestino delgado o colon derecho son de características:
De gran volumen.

Las diarreas por alteración del colon izquierdo son de características:
De pequeño volumen y con tenesmo.

Tipo de agentes que pueden producir diarrea secretora:
Enterotoxinas (Vibrio Cholerae, E. Coli Enterotoxigénica)

Tipo de diarrea que está causada por solutos no absorbibles en la luz intestinal:
Diarrea Osmótica.

Son bacterias productoras de diarrea que suelen asociarse a Síndrome Urémico Hemolítico:
E. Coli enterohemorrágica, Shigella y Campylobacter.

Representan las bacterias invasivas que producen diarrea:
Campylobacter, Salmonella, Aeromonas, Vibrio Cholerae, Shigella (producen citotoxinas).

Una Hiperbilirrubinemia INDIRECTA que afecte a los ganglios basales en el cerebro puede dar origen a la siguiente patología en neonatos?
Kernicterus.

La ictericia fisiológica en el recién nacido suele ocurrir debido a:
Existe inmadurez en el sistema de la glucoronil transferasa.

El tipo de bilirrubina que aumenta en la ictericia fisiológica del recién nacido es de tipo:
Indirecta.

Constituye la forma más frecuente de ictericia metabólica constitucional:
Síndrome de Gilbert.

Pruebas realizadas para diferenciar anemia hemolítica de Síndrome de Gilbert:
Prueba del Ayuno e inyección de ácido nicotínico

El mecanismo por el que en el Síndrome de Gilbert aumenta la bilirrubina en sangre se debe a:
Trastornos en la conjugación, en la captación de la bilirrubina y puede haber hemólisis oculta.

El síndrome de Gilbert se hereda de forma:
Autosómica Dominante.

Síndrome hereditario caracterizado por la ausencia completa de la actividad de la glucoronil transferasa:
Síndrome de Crigler Najjar tipo I.

El síndrome de Crigler Najjar tipo I se hereda de forma:
Autosómica Recesiva.

En el síndrome de Crigler Najjar tipo II la actividad de la glucoronil transferasa es:
Parcial.

Forma de herencia del síndrome de Crigler Najjar tipo II:

Autosómica Dominante.

Enfermedad metabólica que suele retrasar la maduración de la enzima glucoronil transferasa:
Hipotiroidismo.

Síndrome que se hereda de forma autosómica recesiva caracterizada por déficit en la excreción de bilirrubina conjugada:
Síndrome de Dubin Jhonson.

En el síndrome de Dubin Jhonson, cuál bilirrubina se encuentra aumentada:
Ambas. (Directa e indirecta)

Trastorno sindrómico caracterizado por hiperbilirrubinemia directa heredado de forma autosómica recesiva pero que no hay acúmulo de pigmentos hepáticos, existe un trastorno de ALMACENAMIENTO HEPÁTICO:
Síndrome de Rotor.

Es la principal causa de ictericia en el embarazo:
Hepatitis Vírica.

Segunda causa de ictericia en el embarazo:
Ictericia recurrente del embarazo (Colestasis intrahepática del embarazo)

Constituyen las vías biliares intrahepáticas:
Conductillos biliares, conducto hepático derecho e izquierdo

Constituyen la vía extrahepática principal:
Conducto hepático común y colédoco.

Constituyen la vía extrahepática accesoria:
Vesícula biliar y conducto cístico.

El hilio hepático también se denomina:
Surco transversal.

Dónde se ubica la fosa cística:
Surco longitudinal derecho del hígado

A cuál número corresponde el lóbulo de Spiegel en hígado:
I.

A cuál número corresponde el lóbulo cuadrado en hígado:
IV.

Dónde se encuentra el proceso de Retzius:
Hígado

Cuál arteria irriga el lóbulo derecho del higado:
Arteria Recurrente de Patouret.

En la disfagia de tipo Orofaríngea hay incapacidad para tragar el siguiente tipo de alimento:
Liquidos.

El tipo de disfagia caracterizada por la presentación de tos con disfagia es la siguiente:
Disfagia Orofaringea.

El tercio del esófago más afectado en Esclerodermia es el siguiente:
Tercio distal.

Dificultad para deglución se denomina:
Disfagia.

Dolor durante deglución:
Odinofagia.

Término utilizado para definir obstrucción esofágica completa o dificultad para tragar:
Afagia.

Causa más frecuente de afagia:
Impacto de bolo alimenticio.

La complicación que conlleva elevada mortalidad en disfagia orofaríngea o alta es:
Aspiración traqueobronquial

La enfermedad que con más frecuencia produce disfagia orofaríngea como complicación es:
Enfermedad Vascular Cerebral

El tipo de Disfagia esofágica o inferior puede ser de dos tipos:
Mecánica (obstructiva), motora (neuromuscular)

La causa mecánica de disfagia suele cursar con incapacidad para tragar el tipo de alimentos:
Sólidos, no así líquidos al inicio.

La causa neuromuscular de disfagia, existe incapacidad para tragar
Sólidos y líquidos.

Causas de disfagia intermitente:
Membranas esofágicas, espasmo esofágico, anillo esofágico inferior.

Cuál otro nombre recibe el Anillo Esofágico Inferior:
Anillo de Schatzki

Causas de disfagia continua:
Estenosis péptica, Acalasia, Carcinoma, Esclerodermia.

En la mayoría de los casos de pacientes con enfermedad por Reflujo Gastroesofágico suelen acompañarse de la siguiente patología:
Hernia Hiatal.

Principal manifestación clínica de Reglujo Gastroesofágico:
Pirosis.

Constituye la causa más frecuente de dolor torácico de origen esofágico:
Enfermedad por reflujo. (Esofagitis).

En qué consiste el Síndrome de Sandifer:
Reflujo Gastroesofágico, Tortícolis, Movimientos Corporales Distónicos.

El diagnóstico endoscópico de Esofagitis se clasifica a través de:
Clasificación de los Ángeles.

Patología que predispone con mayor frecuencia a Esófago de Barret:
Está asociada claramente a **Reflujo Gastroesofágico.**

El contenido gástrico en relación al PH es de características:
Ácido.

El contenido intestinal en relación al PH es de características:
Alcalino.

Tratamiento de elección por ser más eficaz en pacientes con Esofagitis Alcalina:
Sucralfato.

Los álcalis producen un tipo de necrosis por:
Licuefacción.

Los ácidos producen un tipo de necrosis por:
Coagulación

En la ingesta por cáusticos la endoscopía debe realizarse en un plazo de:
6-24 horas.

Tipo de esofagitis infecciosa más frecuente:
Esofagitis por Cándida Albicans.

La acalasia afecta con más frecuencia a personas con las siguientes edades:
30-50 años de edad.

Las erosiones de gastritis por estrés normalmente suelen localizarse en:
Cuerpo y Fundus gástrico.

Las úlceras se suelen localizar en:
Antro y duodeno.
Valor normal de PH gástrico:
1-2 (1.5-.3.5)
Tipo de úlcera por estrés asociada a patología del sistema nervioso central, o aumento de presión intracraneal, el factor patogénico principal es la hipersecreción de ácido:
Úlcera de Cushing.
Tipo de ulceraciones que se asocia a grandes quemados, causadas por hipovolemia e interfiere en el mecanismo de aclaramiento de los hidrogeniones:
Úlcera de Curling
Representa la causa más común de gastropatía reactiva:
Fármacos AAS y AINE.
Mecanismo de acción de AINE:
Inhibir la ciclooxigenasa 1 Y 2. Los COX2 son menos gastrolesivos.
Tipo de gastritis que no se recomienda terapéutica específica:
Gastritis Erosiva Enteropática.
Datos citológicos que nos indican que paciente posee gastritis crónica:
Predominio de mononucleares.
Si existe polimorfonucleares conjuntamente, se trata de una Gastritis Crónica Activa
La gastritis antral también es conocida como:
Gastritis Tipo B. Helycobacter.
La gástritis fúndicas también son conocidas como:
Gastritis tipo A. Autoinmune
El tratamiento de primera línea para Gastritis por Helicobacter Pylori es:
Claritromicina, Amoxicilina, IBP, y Metronidazol, cada 12 horas por 14 dias.
El tratamiento de segunda línea para Gastritis por Helicobacter Pylori es:
Levofloxacina, Amoxicilina, IBP, y Bismuto, cada 12 horas por 14 dias.
Las erosiones gastricas histológicamente no alcanzan la submucosa, a diferencia de las úlceras que pueden alcanzar hasta la capa muscular.
Causa más frecuente de hemorragia digestiva alta:
Úlcera duodenal.
Clasificación de riesgo de resangrado por vía endoscópida en Úlceras Pépticas se denomina:
Escala de Forrest.
Ia: Hemorragia en chorro.
Ib: Hemorragia en babeo.
IIa: Vaso visible.
IIb: Coágulo adherido.

Tratamiento vía endoscópica

IIc: Hematina.
III: Base de fibrina.

Alta hospitalaria

En ambos casos se trata con doble dosis de Inhibidores de Bomba de Protones.
La úlcera duodenal se localiza con mayor frecuencia:
Primera porción del duodeno.
Grupo sanguíneo asociado a predisposición de úlcera duodenal:
O.

Síntoma más frecuente en úlcera duodenal:
Suele ser asintomática pero cuando da síntomas **el dolor epigástrico es el más frecuente**, despierta al paciente entre las 12 y 3 AM. Dolor entre una hora y 3 después de las comidas. **Dolor cede con los alimentos.**

Identifican alrededor del 70% de úlceras duodenales:
Estudios gastroduodenales con medio de contraste. Luego de realizar este se realiza **Test de Aliento.**

Método más fiable y prueba de elección para diagnóstico de úlceras duodenales:
Endoscopia.

Etiopatogenia de úlceras gástricas:
Déficit en la protección gástrica, NO aumento de producción de ácido

Segunda causa de úlcera:
AINE.

Principal causa de úlcera:
Helycobacter Pylori.

Las úlceras gástricas se localizan con mayor frecuencia:
Curvatura menor, mucosa antral. **Suelen ser más grandes y profundas que las duodenales.**
Recurrencias son habitualmente asintomáticas, existe vómito con más frecuencia y es típico el dolor en epigastrio.

Número de biopsias que se deben tomar en búsqueda de H. Pilory en úlceras:
6 a 8

Los AINE producen con mayor frecuencia el tipo de úlcera:
Gástrica.

Los AINE son ácidos de característica:
Ácidos débiles.

El tipo de presentación etiológica más frecuente del Síndrome de Zollinger Ellison es de causa:
Esporádica (65-75%). 1/3 se asocia a MEN1 (tienden a localizarse primero en pared duodenal y luego en páncreas), autosómico dominante, **SE ASOCIA CROMOSOMA 11.**

Localizaciones más frecuentes del Gastrinoma (aumento de producción de gastrina) por Zollinger Ellison:
Páncreas y Pared Duodenal.

Las pequeñas úlceras en el síndrome de Zollinger Ellison (menores de 2 cms) suelen localizarse en:
Bulbo duodenal, aunque también lo pueden hacer en esófago, estómago y yeyuno.

Estudios diagnósticos utilizados en Síndrome Zollinger Ellison:
Estimulación con secretina, endoscopia, RM, TAC, Gammagrafía con Octreótida.

Tipos de mecanismos que utiliza el intestino para lograr la absorción de nutrientes:
Transporte activo, difusión pasiva **(más importantes)**, difusión facilitada, endocitosis (sobre todo en período neonatal). *Los que tienen transportadores poseen inhibición competitiva*

Localización de absorción de Hierro y Calcio en tubo digestivo:
Duodeno.

Localización de absorción de ácido fólico y vitaminas liposolubles en tubo digestivo:
Yeyuno.

Localización de absorción de B12 y sales biliares en tubo digestivo:
Ileon distal.

Localización de absorción de agua en tubo digestivo:
Colon ascendente y yeyuno.

Lugar de absorción de piridoxina (B6):
Yeyuno.

Lugar de absorción de hidratos de carbono y grasas:
Yeyuno.
Componentes de la Bilis:
Agua. 82%.
Ácidos biliares, 12%.
Lecitina
Fosfolípidos.
Colesterol no esterificado.
IgA.
Albúmina.
Factor principal que controla el vaciamiento de la vesícula biliar:
Hormona peptídica Colescistocinina (CCK). **Es secretada a nivel del duodeno por las células I.**
Contrae vesícula. Relaja esfínter de Oddi. Aumenta secreción de bilis por parte de hígado.
Su estímulo se da a nivel del duodeno por grasas y aminoácidos.
Dónde se libera la hormona Colescistoquinina:
Mucosa duodenal.
La secretina es una hormona del páncreas exocrino que es estimulada por:
Ácido gástrico
La regulación de la secreción pancreática al igual que la gástrica tiene 3 fases:
Fases cefálica, gástrica e intestinal.
Estimulan la formación de AMP celular, y ambos provocan una secreción rica en electrolitos:
Secretina y Péptido Intestinal Vasoactivo (VIP).
Estimulan la secreción de calcio intracelular y una secreción rica en enzimas:
Acetilcolina y CCK (Colescistocinina)
Hablamos de diarrea aguda, aquella que presenta una duración de:
Menor de 4 semanas.
Es un aumento del número de deposiciones sin aumento del peso de las heces:
Pseudodiarrea.
 Parásitos que no invaden mucosa intestinal y que producen diarrea:
Giardia Lamblia y Cryptosporidium
Tipo de bacteria que puede simular una apendicitis aguda por afectación de ileo terminal y ciego:
Yersinia. La que también puede producir, tiroiditis, pericarditis, glomerulonefritis.
Síndrome de Reiter (Uveitis, afectación sistémica)
El suero de rehidratación oral cuenta con:
Glucosa 111, **(13,5 g)**
Cloruro sódico 60, **(2,6g) 3,5 g/l**
Bicarbonato 30 **(2,5g)**
Cloruro potásico 20 **(1,5 g)**
331 miliosmol/kg.
El gluten se encuentra presente en los siguientes alimentos:
Trigo, avena, cebada y centeno.
En la enfermedad celíaca los pacientes tienen mayor riesgo a desarrollar el siguiente cáncer:
Linfoma Intestinal de células T.
Tipos de diarrea que afectan la motilidad intestinal:
Enteropatía diabética, hipertiroidismo, dumping, posgastrectomía, colon irritable.
Tipos de diarrea inflamatoria:
Enfermedad de Chron, Colitis Ulcerativa, por Radioterapia, asociada al SIDA.

Síndrome que se da en Colon cuando existe abuso de laxantes para producir diarrea (cambio en coloración a nivel del recto):
Melanosis Coli
Preguntas intrusas:
Contiene la mayor parte del músculo liso en vesícula:
Fondo.
Área de la vesícula que tiene mayor tejido elástico:
Cuerpo.
Área principal de almacenamiento de la vesícula:
Cuerpo
El infundíbulo de la vesícula también es denominado:
Bolsa de Hartman.
La vesícula se diferencia del resto del tubo digestivo a nivel histológico porque carece de las siguientes capas:
Muscular de la mucosa y submucosa.
Arteria que irriga a la vesícula biliar:
Arteria cística, rama de la arteria hepática derecha.
El triángulo hepatocístico o de Calot está dividido por:
Borde inferior del hígado, conducto cístico y hepático común.
Conductos biliares extrahepáticos:
Conducto hepático derecho e izquierdo, conducto hepático común, conducto cístico y conducto colédoco.
El conducto cístico posee en su trayecto:
Válvulas Espirales de Heister.
Porciones del conducto colédoco:
Supraduodenal, retroduodenal, pancreática.
La irrigación de los conductos biliares procede:
Arterias gastroduodenal y hepática derecha.
Son gérmenes enteroinvasivos:
E. Coli enteroinvasiva, Salmonella, Campilobacer, Shigella.
Causante de fiebre de Pontiac:
Legionela.
Es una forma leve de legionelosis que se manifiesta con síntomas similares a la gripe, como náuseas, dolores musculares, tos y cefalea, pero sin neumonía:
Fiebre de Pontiac.
Trastorno hidroelectrolítico en donde se percibe el signo de Chevostek:
Hipocalcemia
Espasmo facial, especialmente de la comisura labial al percutir el nervio facial por delante de la oreja:
Signo de Chevostek.
Tratamiento para Coxiela Burnetti:
Estreptomicina
Forma más frecuente de Tuberculosis en niños:
Neumonitis Tuberculosa.
Donde drena la Vena Rectal Inferior:
Vena Iliaca Interna
Quién inerva el músculo bisceps braquial:
Nervio Músculo Cutáneo

Germen que se asocia con más frecuencia a Diarrea Nosocomial:
Clostridium Difficile.
Antibióticos a los que se asocian con mayor frecuencia la Colitis Pseudomembranosa:
Cefalosporina de 3era generación y fluoroquinolonas.
Constituye el tratamiento de elección en diarrea del viajero:
Fluoroquinolonas y Clotrimoxazol.
Forma de primoinfección más frecuente por Tuberculosis:
Pleuritis
Tratamiento de elección para Campylobacter:
Macrólidos.
Triada de Austrian:
Neumonía, Meningitis y Endocarditis Neumocócica.
Estructuras que derivan de la paquimeninge.
Duramadre
Estructuras que derivan de la Duramadre:
(tienda del cerebelo, hoz cerebral, membranas selar, senos durales)
La colitis ulcerosa afecta a las siguientes capas:
Mucosa. Y a veces submucosa.
Sitio al que afecta predominantemente la colitis ulcerosa:
Recto.
Sitio de afección con más frecuencia en Enfermedad de Chron:
Ileon distal y colon derecho, (Ileocólica).
Patrón radiográfico de empedrado y manguera de Jardín es característica de la siguiente patología:
Enfermedad de Chron
La enfermedad perianal en trastornos inflamatorios del tubo digestivo es prominente de la siguiente patología:
Enfermedad de Chron
Sintomatología más frecuente de Colitis Ulcerosa:
Diarrea sanguinolenta.
Medio diagnóstico de elección en Colitis Ulcerosa:
Sigmoidoscopía flexible.
Signo característico de Colitis Ulcerosa en radiografía abdominal:
Signo de Tubería de Plomo
Causa más frecuente de Megacolon Tóxico:
Colitis Ulcerativa
Cáncer que se asocia a Enfermedad Inflamatoria Intestinal:
Adenocarcinoma Colorrectal.
La proctitis no incrementa el riesgo de carcinoma
Déficit de la siguiente vitamina se relaciona con la etiología de Carcinoma Colorrectal:
Ácido Fólico.
El reservorio en J, es una técnica quirúrgica que se considera de elección en la siguiente patología:
Colitis Ulcerosa.
Es considerada la enfermedad gastrointestinal más frecuente:
Síndrome de Intestino Irritable.
Fisiológicamente en la patología del Síndrome de Intestino Irritable existe:
Hiperalgesia intestinal
Hallazgo clínico más frecuente en Síndrome de Intestino Irritable:
Alteración del ritmo intestinal.

Prueba hepática más específica:
TGP o ALT.
En enfermedades hepáticas el cociente TGO / TGP debe tener un valor de:
Menor de 1.
Únicas enfermedades en las que los niveles de TGO suele ser mayor a la TGP:
Hígado graso del embarazo y Hepatopatía Alcohólica. Hepatocarcinoma.
Factores de coagulación vitamina K dependientes producidos en hígado:
I, II, **V (no es vitamina K dependiente)** VII, IX, X.
El aumento en los tiempos de Protrombina en hepatopatías agudas y crónicas representa un factor:
Mal pronóstico.
Es la única bilirrubina que suele aparecer en orina por sus características de hidrosolubilidad:
Bilirrubina directa.
Las enzimas de la colestasis son las siguientes:
Fostasa Alcalina, 5 nucleotidasa, y gammaglutamiltranspeptidasa.
Es aquella patología caracterizada por el bloqueo del flujo biliar que no permite la llegada de la bilis al duodeno:
Colestasis.
Es un marcador de colestasis intrahepática y extrahepática:
Fosfatasa Alcalina
Se considera el primer estudio de imagen a realizar en paciente con Colestasis:
Ecografía Hepatobiliar.
En un paciente al que se le diagnostica mediante ecografía abdominal coledocolitiasis, el tratamiento de elección es:
CPRE.
En un paciente al que se le diagnostica mediante ecografía abdominal colelitiasis, el tratamiento de elección es:
Colescistectomía Electiva.
La hemocromatosis como grupo de enfermedades hereditarias, posee su defecto en el cromosoma:
6
Diagnóstico de elección de Hemocromatosis:
Biopsia hepática.
La enfermedad de Wilson (trastorno del metabolismo del Cobre), se hereda de forma:
Autosómica Recesiva.
Es la forma de presentación más frecuente de Enfermedad de Wilson en niños:
Forma Hepática.
Es la causa más frecuente de ictericia metabólica:
Sindrome de Gilbert.
La fisiopatología del Síndrome de Crigler Najjar tipo 1 es:
Existe ausencia completa de la enzima Glucoronil Transferasa
Es la principal causa de ictericia en el embarazo:
Hepatitis Víricas seguidas de Ictericia Recurrente del Embarazo.
Tipo de hepatitis en relación a tinte ictérico más frecuente:
Anictérica.
La sintomatología de Hepatitis tiene 3 fases, las cuales son:
Prodrómica, Fase de Estado y Fase de Recuperación.
Familia a la que pertenece el virus de la Hepatitis A:
Picornaviridae.

Género al que pertenece el virus de la Hepatitis A:
Hepatovirus
Población más susceptibles a la adquisición de la infección por Virus de Hepatitis A:
Los Niños.
El diagnóstico de Hepatitis A se da por la siguiente prueba:
Detección IgM Anti VHA.
El virus del hepatitis B es de tipo:
ADN.
La fase prodrómica de las hepatitis virales se caracteriza por:
Síntomas constitucionales, náuseas, vómitos, astenia, artralgias, dolor de cabeza, alteraciones en olfato y gusto.
La proteína principal del virus de Hebatitis B es:
AgHbs
La icteria como signo clínico en las hepatitis virales suele presentarse en la siguiente fase:
Fase de Estado. Suele acompañarse con **HEPATOMEGALIA.**
La fase de recuperación en las hepatitis virales, suele estar prolongada en los siguientes virus etiológicos:
B Y C.
Hepatitis que se relaciona con mayor frecuencia a Colestasis:
A.
Las hepatitis fulminantes en la mayoría de los casos afecta al virus:
B I D A
B. Sobretodo por infección con la **D. A** veces la **E.**
Tipos de hepatitis que no evolucionan a cronificación:
Virus A y B.
La eliminación fecal del virus A es más intensa:
Al final del período de incubación, día 25.
Periódo de incubación de virus de Hepatitis A:
28 días.
El virus de Hepatitis A es de tipo:
ARN.
La profilaxis postexposición en pacientes con virus del Hepatitis A, cuándo se debe realizar:
Antes de las 2 semanas.
Género al que pertenece el Virus del Hepatitis B:
Orthohepadnavirus.
Familia a la que pertenece el Virus del Hepatitis B:
Hepadnaviridae.
El virión del Virus del Hepatitis B también es conocido como:
Partícula de Dane.
La cadena completa del ADN del Virus de Hepatitis B, responsable de transcribir el ARN, es la siguiente:
Cadena L.
Reservorio principal del virus del Hepatitis B:
Sujetos infectados.
En la transmisión perinatal del virus del hepatitis B, el riesgo es mayor si la madre tiene:
AgHBe. Mientras: Anti Hbe, es 10 a 15%.

Representa un marcador importante para la replicación viral en virus de Hepatitis B: y se encuentra en sueros de pacientes que se infectan de forma aislada:
AgHbE. (Se origina en Pre-Core)

Proteína resultante cuando transcripción de Hepatitis B se encuentra en el Core:
AgHBC

En la infección por Hepatitis B, el primer marcador que aparece es el siguiente:
AgHBs

Los anticuerpos que evitan que paciente con Hepatitis B pueda reinfectarse de nuevo es el siguiente:
Anti-HBs

Es un marcador imprescindible para diagnóstico de infección aguda por Hepatitis B:
IgM Anti-HBc

Su aparición en suero luego de 6 meses de infección indica cronicidad:
Ag-Hbs, INDICA PRESENCIA ACTUAL DEL VIRUS.

Es el marcador serológico que informa directamente la actividad replicativa del Virus del Hepatitis B:
ADN-VHB

Es la cepa mutante del virus de Hepatitis B que predomina:
Cepa precore.

Es el tipo de cepa mutante que se ha encontrado en sujetos vacunados por virus del Hepatitis B y trasplante hepático:
Mutantes de Escape.

Son los mecanismos de transmisión del virus de Hepatitis B:
Vía pecutánea o parenteral, vía de transmisión sexual y transmisión vertical.

El mayor riesgo de transmisión vertical del virus de hepatitis B de madre a hijo se evidencia:
Durante el parto. Madre crónica con VHB o que lo haya adquirido en el último trimestre o en el puerperio.

Período de incubación de Virus de Hepatitis B:
1 6 meses.

Principal vía de transmisión de Virus del Hepatitis B:
Parenteral o percutánea.

Las manifestaciones clínicas extrahepáticas se da con mayor frecuencia en virus de tipo;
Hepatitis B.

Cuáles son las manifestaciones clínicas extrahepáticas que con mayor frecuencia se observan en infección por virus del Hepatitis B:
Poliartritis Asimétrica, Rash.

Anticuerpos de superficie que indican infección pasada del virus del Hepatitis B, creación de inmunidad:
Anti-HBs

Antígeno infeccion aguda o reactivación de Hepatitis B:
IgM anti HBc

Indica infección pasada o presente (contacto previo con el virus del Hepatitis B):
IgG anti HBC

Su presencia si persiste más allá de la fase aguda es sugestiva de cronicidad con capacidad replicativa del Virus de Hepatitis B:
AgHBe

Marcador de seroconversión y disminución de infectividad:
 Anti Hbe.

Es el virus responsable de la mayoría de cirrosis criptogenéticas:
Virus del Hepatitis C.

El Virus del Hepatitis C; es un tipo de virus:
ARN.
Género al que pertenece el virus del Hepatitis C:
Hepacivirus.
Familia a la que pertenece el virus del Hepatitis C:
Flaviviridade.
Genotipos más frecuentes del Virus del Hepatitis B:
1A, y uno 1B (más agresivo).
Representa la etiología del 90% de las hepatitis postransfusionales:
Virus del Hepatitis C.
Cuál es la forma más frecuente de transmisión del virus del Hepatitis C:
Parenteral.
Cuáles son las vías de transmisión del virus del Hepatitis C:
Vía parenteral, transmisión maternofetal, relaciones sexuales.
El tiempo estimado para desarrollo de cirrosis en infección Crónica por el Virus del Hepatitis C es el siguiente:
21 años.
El tiempo estimado para desarrollo de Carcinoma Hepatocelular en infección Crónica por el Virus del Hepatitis C es el siguiente:
29 años.
Es el virus causante de hepatitis que necesita de la colaboración del Virus del Hepatitis B para ser infectante y patógeno:
Virus D.
El Virus D, es de tipo:
ARN.
Tipo de Virus relacionado con riesgo de hepatitis fulminante sobre todo en embarazada y se transmite por vía Fecal Oral:
Virus E.
Es un proceso difuso caracterizado por fibrosis y conversión de la arquitectura normal de hígado, con nódulos de regeneración:
Cirrosis.
Período de incubación de virus de Hepatitis E:
5 a 6 semanas.
Tipos de hepatitis relacionadas con Cirrosis:
B, C Y D.
Signos clínicos característicos de Cirrosis Hepática:
Tinte ictérico, arañas vasculares, eritema palmar, contractura de Dupuytren, Hipertrofia Parotídea, Ginecomastia, distribución feminoide del vello, hepatomegalia.
La hipercolesterolemia persiste en el tipo de cirrosis de origen:
Biliar.
Causa más frecuente de hipertensión portal:
Cirrosis hepática.
Sustancias vasodilatadoras implicadas en la patogenia de Hipertensión Portal:
Prostaglandinas, glucagón, óxido nítrico, factor de necrosis tumoral.
Es la causa más frecuente de Hemorragia Digestiva Alta en pacientes cirróticos:
Rotura de Várices Esofágicas.
Es el método terapéutico de elección en la hemorragia activa por rotura de várices esofágicas:
Ligadura endoscópica.

En caso de fracaso de tratamiento farmacológico y endoscópico en pacientes con várices esofágicas sangrantes se utiliza la siguiente medida terapéutica:
Taponamiento con Balón (Sengstaken-Blakemore)

Signo clínico más frecuente de pacientes con Ascitis:
Aumento del perímetro abdominal.

Una oleada ascítica indica que existe una cantidad de líquido de aproximadamente.
10 litros.

Mejor método diagnóstico para Ascitis:
Ecografía abdominal.

Medio diagnóstico para confirmación de Ascitis:
Paracentesis. (Fosa ilíaca izquierda recomendable)

Es el parámetro más útil para iniciar estudio de la causa de Ascitis:
Relación albúmina sérica y albúmina en líquido ascítico.

Tratamiento diurético en pacientes con Ascitis:
Furosemida, espironolactona, ambas.

Síndrome Hepatorrenal relacionado con Insuficiencia Hepática Grave:
Síndrome Hepatorrenal tipo 1.

El 80% de las supuestas causas idiopáticas de pancreatitis aguda se deben a:
Microlitiasis.

Para el diagnóstico de Pancreatitis Aguda, los niveles de Amilasa deben encontrarse:
3 veces superior a los rangos de referencia.

Es el márcador sérico más sensible y específico que la Amilasa:
Lipasa.

Triada típica en pancreatitis crónica:
Calcificaciones, Diabetes y Esteatorrea.

Hablamos de fallo hepático fulminante cuando:
Encefalopatía hepática + disminución de protrombina en 40%.

Anticuerpo que confiere inmunidad en Hepatitis B:
AntiHbs

Mejor fármaco para el Virus de Hepatitis B:
Encafavir.

En la coinfección del Virus B con D se encuentran elevados:
IgM Hbc

En la sobreinfección del Virus B con D se encuentran elevados:
IgG Hbc.

El tratamiento de elección en Virus del Hepatitis C es:
Interferón más Ribavirina.

La estimulación de la fibrosis en la cirrosis ocurre cuando se activan las células de tipo:
Estrelladas.

En relación al tamaño de los nódulos la cirrosis alcohólica puede ser:
Cirrosis Micronodular.

En cuál órgano se absorbe el etanol:
Intestino delgado.

Fármaco asociado a desarrollo de cirrosis hepática:
Metotrexato.

Fármacos utilizados para el control agudo de Varices Esofágicas:
Terlipresina y Somatostatina.

La presencia de matidez cambiante para diagnóstico de Ascitis en cirrosis hepática, indica que existe una cantidad de líquido de aproximadamente:

1,5 a 3 litros.

Mejor prueba diagnóstica para Ascitis:

Ecografía, la de certeza es Paracentesis.

Infección de ascitis preexistente en ausencia de una fuente intrabdominal obvia:

Peritonitis Espontánea Bacteriana.

Causa más frecuente de Pancreatitis Aguda:

Litiasis Biliar.

Trastornos metabólicos asociados a causa de Pancreatitis Aguda:

Hipertrigliceridemia e Hipercalcemia

Criterios de Ranson para pancreatitis Aguda:

Valores al momento del ingreso	Valores a las 48 horas
Mayor de 55 años	Disminución del HCTO mayor al 10%
Leucocitosis, mayor a 16,000	Déficit de líquidos mayor a 4l
LDH mayor a 400 U/L	Calcio menor de 8 mg/dl
Hiperglicemia, mayor de 200 mg/dl	Po2 menor de 60 mm/hg.
TGO, mayor de 250 U/L	BUN mayor de 5mg/dl
	Albúmina menor de 3,2 mg/dl

Síntoma principal en pancreatitis Crónica:

Dolor.

Qué porcentaje de pérdida exócrina del páncreas se necesita para producir cuadro caracterizado por mala digestión:

90%.

Cómo se encuentran los niveles de Amilasa y Lipasa en sangre en casos de pancreatitis crónica:

Normales, existe un aumento de Fosfatasa Alcalina.

Prueba funcional más importante para diagnóstico de Pancreatitis Crónica:

Estimulación con Secretina o Colescistoquinina.

Alteración sérica más frecuente elevada en pancreatitis crónica con obstrucción del colédoco como complicación:

Fosfatasa Alcalina.

Causa de obstrucción duodenal más frecuente:

Tumor de cabeza de Páncreas.

Tipo de cáncer al que predispone pancreatitis crónica:

Adenocarcinoma de Páncreas.

El tratamiento en la hemocromatosis consiste en:

Flebotomías de 500 ml, semanal o quincenal.

La siguiente enfermedad se caracteriza por un trastorno en el metabolismo del cobre:

Enfermedad de Wilson

La enfermedad de Wilson se hereda de forma:

Autosómica Recesiva.

Al signo clínico caracterizado por acúmulo de cobre en la córnea en Enfermedad de Wilson se conoce como:

Anillo de Kayser-Fleischer.

Son los signos clínicos más comunes en pacientes con anormalidades neurológicas por Enfermedad de Wilson:

Disartria y Torpeza en las manos.

Formá más frecuente de Enfermedad de Wilson en la infancia:
Afectación Hepática.

Los niveles de ceruloplasmina en plasma en enfermedad de Wilson se encuentran:
Disminuidos.

En resonancia magnética de Enfermedad de Wilson suele existir un signo imagenológico característico de nombre:
Cara de Oso Panda.

Principal alteración asociada a Enfermedad Hepática Grasa No Alcohólica:
Resistencia a Insulina.

Es la prueba hepática más específica:
TGP o ALT.

Son factores de coagulación vitamina K dependientes y son sintetizados en el hígado:
I, II, VII, IX, X (1972) Regla nemotécnica.

Es la bilirrubina que puede aparecer en orina, por lo tanto es hidrosoluble:
Bilirrubina Directa, más del 50 % del total es este tipo.

Enzima pancreática encargada de digerir la grasa:
Lipasa

Enzima pancreática encargada de digerir los hidratos de carbono:
Amilasa pancreática

Enzima pancreática encargada de digerir las proteínas:
Proteasas.

Son los tipos de mecanismos más importantes a través de los cuales los nutrientes pasan al enterocito:
Transporte activo y difusión pasiva.

Se habla de diarrea aguda cuando:
Dura menos de 4 semanas.

Agente tóxico que se de considera protector en Colitis Ulcerosa:
Tabaco.

El Megacolon Tóxico se diagnostica a través de la radiografía por:
Dilatación mayor de 6 cms del Colon Transverso.

Constituye el tratamiento quirúrgico de elección en Colitis Ulcerosa:
Proctocolectomía total con Anastomosis Ileoanal y Reservorio en J.

El signo de cabeza de Medusa en región periumbilical es sugestivo de la siguiente patología:
Várices esofágicas por Cirrosis Hepática.

Tipo de hernia Hiatal más frecuente:
Hernia por Deslizamiento.

Tipo de úlcera en la que el dolor empeora con la alimentación:
Duodenales.

Cuál es el tipo de bilirrubina que está unida a albúmina en plasma:
Indirecta.

Tipo de bilirrubina que se excreta por vía biliar;
Directa.

Representa un hepatocito que está pasando por apoptosis:
Cuerpo de Councilman

Embriología

1. **Periodos del desarrollo prenatal.**
Pre embrionario: 1 a 3 semanas.
Embrionario: 4ta semana a 8va.
Fetal: 9na a 40 semana.

2. **En qué período se produce la organogénesis?**
Período embrionario.

3. **El eje longitudinal del adulto corresponde al siguiente eje en el embrión?**
Céfalo caudal.

4. **El eje latero – lateral del adulto corresponde al siguiente eje en el embrión?**
Derecho e izquierdo.

5. **El eje dorsal ventral del adulto corresponde al siguiente eje en el embrión?**
Anterior y posterior.

6. **La función de los órganos sexuales primarios masculinos es:**
Producción de espermatozoides y andrógenos.

7. **La función de los órganos sexuales secundarios masculinos es:**
Transporte de sustancias.

8. **Representa el órgano sexual masculino primario:**
Testículo.

9. **Representan los órganos sexuales masculinos secundarios:**
Vía espermática, uretra, pene, próstata, vesícula seminal, glándulas anexas.

10. **Representan los componentes de la vía espermática:**
Conducto eferente, epididímo, conducto deferente, conducto eyaculador.

11. **Cuánto mide la uretra masculina:**
20 cms

. **Cuánto mide la uretra femenina:**
5 cms.

12. **Qué cantidad es el volumen de semen en una eyaculación normal:**
2-5 a 5 ml, y cada ml tiene de 50 a 150 millones de espermatozoides.

13. **El Ph del semen es de característica:**
Alcalina.

14. **Es el extremo más externo de las trompas de Falopio:**
Infundíbulo.

15. **Es la parte más ancha y larga de la trompa, donde se da la fertilización del óvulo y espermatozoide:**
Ampolla

16. **Órganos internos sexuales femeninos:**
Trompas uterinas, (Infundíbulo, ampolla, istmo, porción uterina), útero, vagina.

17. **Cuáles estructuras anatómicas se encuentran en los labios menores:**
Glándulas sebáceas y sudoríparas.

18. **Lugar donde se desarrolla la espermatogénesis:**
Túbulos seminíferos.

19. **Tiempo que tarda la espermatogénesis:**
72 días.

20. **Proceso que constituye la liberación de espermatozoides a la luz del túbulo seminífero es llamado.**
Espermiación.

21. De qué tipo de células está compuesto el túbulo seminífero:
Células de Sertolli.

22. Cuántas espermátides se obtienen de un espermatocito I:
4 espermátides.

23. En el endometrio, la primera fase del ciclo, se denomina:
Proliferativa o estrogénica.

24. En el ovario, la primera fase del ciclo, se denomina:
Folicular.

25. Hormonas que interactúan en fase proliferativa del ciclo menstrual:
FSH y estrógenos.

26. Cuántos folículos son madurados en cada ciclo:
3 a 30.

27. El PICO LH se produce:
10 a 12 horas antes de la ovulación.

28. Funciones de la LH:
El ovocito reanuda Meiosis I a Meiosis II.
Produce ruptura folicular.

29. El tipo de gameto femenino responsable de la ovulación es el siguiente:
Ovocito secundario.

30. En el endometrio, la segunda fase del ciclo se denomina:
Fase secretora o progestacional.

31. En el ovario, la segunda fase del ciclo se denomina:
Lútea.

32. Cuándo inicia su involución el cuerpo lúteo:
10 días luego de ovulación

33. Hormona encargada de estimular al cuerpo lúteo para producción de progesterona posterior a la implantación:
HCG.

34. Estructura encargada de producir progesterona en las primeras 12 semanas del embarazo:
Cuerpo lúteo.

35. Estructura encargada de producir progesterona luego de las 12 semanas del embarazo:
Placenta.

36. Vida media del cuerpo lúteo:
14 días. Constante.

37. El órgano clave en la maduración del espermatozoide:
Epidídimo.

38. Los espermatozoides se almacenan específicamente en:
Cola del epidídimo.

39. Donde ocurre la capacitación del espermatozoide:
Tracto genital femenino, trompa de Falopio.

40. El transporte del espermatozoide por el Tracto Genital Masculino es:
Pasivo.

41. El transporte del espermatozoide por el tracto genital femenino:
Pasivo (cilios), activo (flagelo).

42. Tiempo de duración de capacitación del espermatozoide:
7 horas.

43. Lugar exacto de la capacitación de espermatozoides:
Trompa uterina.

44. El encuentro de los gametos ocurre en:
Tercio distal de trompas de Falopio. **Unión ístmico ampular.**

45. Sustancia enzimática que se encuentra en la superficie externa del espermatozoide:
Hialuronidasas.

46. Facilita y mantiene la unión del espermatozoide con ovocito:
Zona pelúcida. (Permanece hasta el sexto día).

47. Las Blastómeras se producen en el proceso de:
Segmentación. (Hace que cigoto se divida sin aumentar tamaño)

48. Cuando el embrión posee 30 células se denomina:
Mórula.

49. Cuando el embrión posee 100 células se denomina:
Blastocisto. 5to a 6to día de desarrollo embrionario.

50. Tejido del trofoblasto que tiene contacto con epitelio endometrial:
Sincitiotrofoblasto. (Endometrio materno)

51. Tejido del trofoblasto que tiene contacto con embrión y que lo separa de la cavidad uterina:
Citotrofoblasto.

La membrana pelúcida se pierde antes de la implantación

52. La implantación normal ocurre en:
En la pared posterior del útero, aunque se considera normal en cualquier parte del útero.

El citotrofoblasto y el sincitiotrofoblasto derivan de la siguiente estructura:
Trofoblasto.

La penetración del blastocisto en el endometrio queda a cargo de:
Sincitiotrofoblasto.

El embrión está completamente introducido en el endometrio en el día:
11-12

La sangre materna recién invade la placenta en la semana:
12

En la segunda semana de gestación el tipo de nutrición es:
Histotrofa y luego hemotrofa.

Al Macizo Celular Interno también se denomina:
Embrioblasto.

El corion está formado por:
Mesodermo extraembrionario, citotrofoblasto y sincitiotrofoblasto.

La alantoides surge de:
Endodermo de Saco Vitelino.

El eje dorsal – ventral del embrión se establece en la semana:
Segunda semana.

El eje céfalo caudal del embrión se establece en la semana:
Tercera semana.

Las cavidades amniótica y saco vitelino se forman en la siguiente semana:
Segunda semana.

Son los cambios del endometrio por la presencia del embrión en la cavidad uterina:
Reacción decidual.

Es la hormona encargada de convertir el endometrio en secretor:
Progesterona.

Luego del contacto físico blastocisto – endometrio, en la reacción decidual secundaria el endometrio se denomina:
Decidua.

En la bioquímica de la HCG posee dos subunidades alfa que en un examen plasmático de HCG total puede confundirse con la siguiente hormona:
LH.

El método diagnóstico más precoz de embarazo:
HCG plasmática, a la 3ra semana de amenorrea. (A partir del momento de implantación)

El método diagnóstico de embarazo más utilizado:
HCG en Orina, 4ta a 5ta semana.

Corresponde a un diagnóstico de certeza precoz de embarazo:
Sonografía transvaginal.

La compatibilidad inmunológica entre el blastocisto y endometrio al momento de la implantación se da gracias a:
Baja capacidad antigénica del blastocisto (feto)

La inactivación de uno de los dos cromosomas de la mujer al momento del embarazo, ocurre al azar, hacía el día 14 de la vida intrauterina, a esto se le denomina:
Lionización.

La manifestación morfológica de la Lionización es:
Formación del Corpúsculo de Barr.

Tipos de embarazo ectópico que con mayor frecuencia no llegan a término:
Trompas y Abdomen.

Tipo de embarazo ectópico más frecuente:
(Trompa de Falopio) Ampular.

Sitios en los que se pueden desarrollar los embarazos ectópicos:
Regiones: Ampular,ístima, intersticial, infundibular, ovárica, cervical y abdominal.

Estructura embriológica que aparentemente deriva de genes maternos:
Embrioblasto.

Estructura embriológica que aparentemente deriva de genes paternos:
Trofoblasto.

La mola parcial genéticamente tiene características:
Triploide (46 XXY), 2 espermatozoides haploides, o uno diploide con ovocito haploide. Tiene embrión y amnios.

La mola completa genéticamente tiene características:
Diploide (46 XY), 2 espermatozoides haploides. O uno que se duplica en su interior, sin ovocito. Por eso no tiene embrión.

El evento principal correspondiente a la tercera semana de gestación se denomina:
Gastrulación. (En esta semana se genera el embrión trilaminar, endodermo, mesodermo y ectodermo)

Es el mecanismo biológico más relevante de la tercera semana de gestación:
Haptotaxis (Proceso de migración desde el epiblasto hasta posiciones definitivas)

En la segunda semana, el tejido embrionario es bilaminar aunque las estructuras intraembrionarias, solo derivan de:
Epiblasto. Algunas extraembrionarias también.

Cuándo aparece la línea primitiva:
Al inicio de la tercera semana.

Dónde se encuentran los territorios presuntivos:
Epiblasto.

De cuál estructura deriva el embrioblasto?
Epiblasto.

Son los movimientos para la formación de la notocorda:

Convergencia, invaginación y elongación.

En la tercera semana de gestación, cómo se denomina al conducto que comunica temporalmente el saco vitelino con la cavidad amniótica:

Conducto Neuroentérico.

Estructura embriológica que induce al desarrollo del cerebro anterior:

Mesodermo precordal.

Del mesodermo paraxial se derivan:

Vértebras, costillas y músculos del tronco.

El sistema nervioso periférico proviene de:

Cresta Neural.

El proceso de Neurulación forma las siguientes estructuras:

Placa neural, surco neural y tubo neural.

El cierre completo del tubo neural ocurre:

A finales de la cuarta semana.

Orificios que comunican el interior del tubo neural con la cavidad amniótica:

Neuróporos.

La placa neural se forma a través de la inducción de:

Notocorda.

Los vasos sanguíneos y las células sanguíneas siempre son de origen:

Mesodérmico.

Las células germinales tienen su aparición en la siguiente semana:

Tercera semana.

Los tubos cardíacos primitivos empiezan a latir:

A los 21 dias de gestación. (El aparato circulatorio)

El intercambio de sustancias de un embrión de 3 semanas se hace a través de las vellosidades:

Terciarias.

Es el defecto más grave de la Neurulación:

Meroanencefalia.

Se relacionan con defectos del tubo neural en su hallazgo en líquido amniótico:

Niveles aumentados de Alfa Feto proteína

Son estructuras que derivan del intestino anterior:

Estómago, duodeno, hígado, páncreas y vesícula biliar.

Son estructuras que derivan del intestino posterior:

Recto y seno urogenital.

Es la malformación del tubo digestivo más frecuente:

Divertículo de Meckel, se debe a la persistencia del conducto onfalomesentérico.

Las cavidades serosas, pericárdica, pleural y peritoneal derivan de:

Mesodermo lateral

El onfalocele se produce debido a que:

Falta de cierre del ombligo.

De allí se derivan los músculos de la espalda y pared antero lateral del cuerpo:

Miotomos.

De allí se deriva la dermis del cuero cabelludo y tronco:

Dermatomos.

De allí se deriva el cuerpo y arcos vertebrales y contribuyen a la formación de la base del cráneo:

Esclerotomos.

La formación del tubo neural inicia:

Día 22.

Es la causa más frecuente de hipoplasia pulmonar:
Hernia diafragmática congénita.
Cuál día empieza a formarse el primordio respiratorio y yemas pulmonares:
Día 22. Cuarta semana.
Estructura que separa parcialmente la cavidad torácica de la abdominal alrededor de la 4ta semana:
Septum Transversum.
La formación del saco pericárdico y diafragma se da entre las semanas:
Cuarta a séptima.
El desarrollo del corazón ocurre desde:
5ta a 8va semana.
El agujero oval se localiza en el septum:
Secundum.
Es la malformación cardíaca más frecuente:
Comunicación interauricular.
Son los orificios que se cierran al momento del nacimiento:
Ostium Secundum y Agujero Oval.
El sistema excretor genital deriva de:
Mesodermo intermedio.
El sistema pronéfrico, mesonéfrico y metanéfrico se denomina:
Cordón nefrógeno.
El ligamento del Uraco deriva de:
Alantoides.
La vejiga y la uretra derivan de:
Endodermo.
El trígono vesical deriva de:
Mesodermo
Las células de Leydig liberan:
Testosterona.
Cubierta que recubre testículos, conducto deferente y epidídimo:
Túnica Albugínea.
Estructura que da lugar al glande y clítoris:
Tubérculo genital.
La próstata y la uretra son derivados del:
Endodermo.
Los conductos de Müller dan lugar al siguiente órgano en el sexo femenino:
Trompas de Falopio.
La determinación ecográfica del sexo fetal se puede establecer en la siguiente semana:
13 semanas.
Sustancias que no atraviesan la placenta:
Heparina, Insulina, IgM.
Tipos de transporte que utiliza la placenta para el paso de sustancias:
Difusión simple, facilitada, transporte activo, pinocitosis y por contigüidad.
Función endocrina más importante de la placenta:
Luteotrófica.
Es la hormona producida por la placenta encargada del suministro de glucosa fetal:
Lactógeno placentario.
Principal precursor de progesterona en embarazo:

Colesterol materno.

En cuáles órganos es sintetizado el Estriol:

Hígado y Glándula Suprarrenal.

Tipo de alteración que puede producir para el feto las Sulfamidas si son administradas en el embarazo:

Kernicterus.

Fármaco que se asocia al síndrome gris del recién nacido:

Cloranfenicol.

Antituberculoso más seguro para el feto:

Isoniacida.

Estructuras que derivan del embrioblasto:

Epiblasto, hipoblasto y amnios.

Conductos que darán lugar a uréter y Pelvis Renal en ambos sexos:

Conductos de Wolf.

A la masa celular externa también se le denomina:

Trofoblasto.

Los órganos linfoides primarios son los siguientes:

Timo

Médula Ósea en Adultos.

Los órganos linfoides secundarios son los siguientes:

Ganglios Linfáticos

Bazo

Tejidos Linfoides Asociados a Mucosa.

Amígdalas

Apéndice

Endocrinología

Representa la causa más frecuente de elevación de la prolactina:
Fisiológica. (Embarazo). Lactancia. Sueño. Estrés. Estimulación pared torácica (Herpes Zóster)

Representa la causa más frecuente patológica de elevación de la prolactina:
Por fármacos. Cimetidina y Ranitidina (Antagonista H2). Clorpromazina. Haloperidol. Metroclopramida. Amitriptilina. Verapamilo. Estrógenos. Andrógenos.

Cuál es el mecanismo de acción de la Metildopa:
Inhibe la síntesis de Dopamina.

Manifestaciones clínicas producto de la hiperprolactinemia:
Galactorrea (en mujeres postparto). Infertilidad. Trastornos de función sexual y reproducción en hombres y mujeres. Ya que inhibe la GnRH.

Una causa de hipogonadismo central es la hiperprolactinemia.

Sintomatología más frecuente de hiperprolactinemia en hombres:
Disminución de la líbido, impotencia e infertilidad.

Valores normales de prolactina:
Menos de 20-25 microgramos en mujeres.
15-20 microgramos en varones.

La elevación máxima de prolactina se da al momento de:
Parto. (100-300 microgramos).

Alteración tiroidea que se ve relacionada con hiperprolactinemia:
Hipotiroidismo.

Cuándo debemos sospechar que estamos frente a un adenoma hipofisario en relación a los valores de Prolactina:
Cuando los niveles de prolactina se encuentran por encima de 250 microgramos.
Más de 250, macroadenoma.
Más de 100, microprolactinoma.
Niveles elevados pero menores de 100 microgramos, asociar a microadenomas u otras causas no neoplásicas.

Medio diagnóstico de elección para búsqueda de adenoma hipofisario relacionado a hiperprolactinemia:
Resonancia Magnética.

Se debe sospechar de la siguiente patología ante un paciente que posea altos niveles de prolactina en sangre pero no tiene ningún cuadro clínico patológico:
Macroprolactinemia (Moléculas de prolactina de alto peso molecular, biológicamente inactivas)

El efecto "Hook", concentración alta de prolactina en sangre pero con resultado falso normal por bloqueo de anticuerpos empleados en laboratorio, nos hace pensar que estamos frente a:
Macroprolactinoma con clínica asociada pero con niveles normales de prolactina en sangre.

Son los adenomas hipofisarios secretores más frecuentes:
Prolactinoma.
- 10 mm (Microprolactinoma)
+ de 10 mm (Macroprolactinoma)

Cuándo hablamos de Adenomas no funcionantes con hiperprolactinemia secundaria a compresión de tallo hipofisario:
Un Macroadenoma hipofisario con elevación de prolactina de 50-100 microgramos.

Cuál es el mecanismo hormonal producido al comprimir el tallo hipofisario con efecto de masa:
Impide el paso de Dopamina por lo que no existe inhibición de Prolactina, por ende, se produce una hiperprolactinemia.

Es el subtipo de tumor más frecuente de los adenomas:
Microprolactinomas.
Microprolactinoma: más frecuente en mujeres
Macroprolactinoma: más frecuente en varones.
En mujeres infantes y posmenopáusicas la forma de presentación más frecuente de adenomas es:
Síntomas de ocupación central.
Indicación de tratamiento de macroprolactinomas:
Se tratan siempre.
Tratamiento de primera elección en hiperprolactinemia:
Agonistas de Dopamina. (Reduce niveles de prolactina y masa tumoral).
Efecto secundario de Cabergolina (es el más eficaz):
Anomalías Valvulares. En caso de pacientes con, antes de iniciar tratamiento, lo recomendable es no tratar con el mismo.
Abordaje de elección en pacientes candidatos a cirugía en casos de prolactinomas:
Abordaje transfenoidal
El índice de recidiva de macroprolactinomas oscila entre:
50-80%, por lo que es necesario el tratamiento postquirúrgico prolongado.
La radioterapia está indicada en aquellos pacientes que:
Fueron resistentes a tratamiento dopaminérgico y cirugía.
Lesiones por cuál tipo de adenoma es más frecuente durante el embarazo:
Macroprolactinoma.
Fármaco de elección en pacientes embarazadas:
Bromocriptina.
Es la causa más frecuente de Acromegalia:
Adenoma Hipofisario de GH. **Mayormente macroadenomas.** Más agresivo en px jóvenes. Los niveles se correlacionan con el tamaño del tumor.
Cuando el exceso de GH surge antes del cierre de epífisis en niños se denomina:
Gigantismo, crecimiento lineal.
Cuando el exceso de producción de GH surge después del cierre de epífisis en adultos se denomina:
Acromegalia. (Manos, pies, cráneo, prognatismo, lengua).
La mortalidad en pacientes con acromegalia normalmente es dada por:
Alteraciones cardiovasculares.
El gigantismo puede aumentar el riesgo de que el paciente desarrolle el siguiente cáncer:
Ca de Colon.
El pico máximo de secreción de GH es durante:
El sueño profundo.
Primera prueba a realizar ante la sospecha de acromegalia:
IGF-1 (elevados para edad y sexo del paciente).
El tratamiento médico de Acromegalia se dan:
Análogos de Somatostatina. (Octeótrida y Lanreótida).
Tratamiento de segunda elección tras agonistas de somatostatina en pacientes con Acromegalia:
Pegsvisomant.
Es la primera hormona que desaparece en enfermedades de la hipófisis y el hipotálamo:
GH.
Es una de las causas endocrinológicas de retraso de crecimiento en la infancia:
Carencia relativa o absoluta de GH.
El déficit congénito de Gh se puede manifestar desde:
6-12 meses.

En la mayoría de los casos de déficits congénitos de GH la primera manifestación puede ser:
Hipoglicemia. Sobre todo si se acompaña de déficit de ACTH.

Causa más frecuente de disfunción hipotálamo hipofisaria en el adulto:
Tumores hipofisarios y paraselares.
La mayoría de estos pacientes presentan hipopituitarismo al momento del diagnóstico. Déficits de Gh, cortisol.

Gold standard para diagnóstico de disfunción hipotálamo hipofisaria en el adulto:
Hipoglicemia Insulínica (Se le suministra insulina para producir hipoglicemia y a su vez producción de Hormona de Crecimiento, Prolactina=
También se utiliza IGF-1. (Se hace monitorización de tratamiento) Basal.

Son neoplasias intracraneales y pueden producir síntomas relacionados con crecimiento tumoral y síndromes de exceso hormonal:
Adenomas hipofisarios.

Los adenomas corticotróficos (secretores de ACTH), están relacionados con la siguiente enfermedad:
Enfermedad de Cushing.

Los adenomas productores de gonadotropinas en la mayor parte de los casos son clínicamente silentes.

Los tumores productores de hormonas hipofisarias normalmente producen las siguientes hormonas:
Prolactina y GH

Hidrocefalia y diabetes insípida normalmente se dan en los siguientes tipos de tumores:
Craneofaringioma.

Es el defecto campímetro más frecuente de adenomas por compresión de estructuras vecinas:
Hemianopsia bitemporal.

Puede ser la primera manifestación de cualquier adenoma:
Apoplejía Hipofisaria. (Se trata con glucocorticoides en dosis elevada).

Principal complicación de apoplejía hipofisaria (secuela más frecuente):
Panhipopituitarismo.

La cirugía transfenoidal puede producir como complicación:
Recidivas hasta 50% en microprolactinomas en 5 a 10 años.
Pérdida de visión. Parálisis de III par craneal. Rinorrea de LCR.
Complicación más frecuente de cirugía de Macroadenoma: Hipopituitarismo.

Luego de los prolactinomas, los adenomas secretores mas frecuentes son:
Secretores de hormonas de crecimiento GH (Acromegalia).

Es indicación de resección quirúrgica independientemente de su funcionalidad para:
Adenomas funcionantes y macroadenomas.

Qué es el hipopituitarismo:
Es el déficit de una o varias hormonas hipofisarias.

Órden de descenso de hormonas en forma aguda de hipopituitarismo:
ACTH, LH/FSH, TSH.

Órden de descenso de hormonas en forma progresiva de hipopituitarismo:
GH, LH y FSH. Luego TSH, finalmente ACTH (este último de manera aislada es más frecuente en px con tratamiento prolongado por corticoesteroides)

El hipopituitarismo funcional se debe a:
Anorexia nerviosa, estrés y enfermedades graves. Defecto en GnRH, Gh y TSH. (Enfermedad sistémica Eutiroidea)

Déficit aislado de prolactina se da en:
Mujeres postparto (**Síndrome de Sheehan** – Necrosis Hipofisaria en postparto por hemorragia e hipotensión).

La primera manifestación de pacientes Diabéticas con Síndrome de Sheehan es:
Incapacidad para la lactancia por déficit de Prolactina.

Cuando existe un déficit de hormonas tiroideas y suprarenales, lo ideal es iniciar con corticoides ya que puede producirse una crisis suprarenal.

El síndrome de Silla Turca Vacía lo podemos encontrar en la mayoría de los casos en el siguiente grupo poblacional:
Mujeres hipertensas, obesas y multíparas.

La principal causa de Diabetes Insipida Central es:
Idiopática.

La Diabetes Insípida Central es más frecuente en el siguiente grupo poblacional:
Adultos jóvenes

Causa más frecuente de Diabetes Nefrogénica:
Hipercalcemia y administración de Litio.

Cómo es definida la poliuria en Diabetes Insípida:
Poliurea Hipotónica. Orina mayor de 50 ml/kg por dia, y osmolaridad menor de 300 mosm.

La glándula tiroides se localiza:
Detrás de los músculos esternotiroideo y esternohioideo.

El istmo se encuentra:
Debajo del cartílago cricoides.

La arteria tiroidea inferior se cruza con la siguiente estructura:
Nervio Laríngeo Recurrente.

En el síndrome eutiroideo enfermo las anomalías que se presentan son:
Alteraciones de transporte y metabolismo periférico.

Bocio simple:
Aumento de tamaño de glándula con pruebas tiroideas normales.

Antiarritmico que está relacionado con la etiología de Bocio Simple:
Amiodarona.

Patología del embarazo relacionada con la etiología de Bocio Simple:
Mola Hidatiforme.

Analíticamente hablamos de Hipotiroidismo subclinico cuando:
T4 normal, TSH elevada.

Signo de Perbemton:
Congestión facial al mantener brazos levantados. (Bocio Simple)

Cuando existe presencia de disfonía siempre pensar en:
Cáncer de Tiroides.

Es la tirotoxicosis por exceso en administración de Yodo:
Efecto Jod-Basedow.

Es la principal causa de Bolcio Multinodular:
El progreso desde un Bocio Simple por déficit de yodo.

Tratamiento de Bocio Simple:
Quirúrgico en caso de producir compresión de estructuras vecinas.
Levotiroxina.
Yodo en poblaciones con déficit de yodo.
Observación.

Hipotiroidismo que se manifiesta a partir del nacimiento:
Cretinismo.

Principal causa de hipotiroidismo a nivel mundial:
Déficit de yodo.

El principal factor de riesgo para la instauración del coma mixedematoso es:
La exposición al frio.

Analíticas para diagnóstico de hipotiroidismo:
TSH (prueba de mayor sensibilidad) elevada. T4 libre: normal (subclínico)
TSH elevada. T3- T4 libre: disminuida (primario)
TSH disminuida. (Central). T3 – T4 DISMINUIDA.

Tipo de anemia asociada a Hipotiroidismo:
Anemia Perniciosa.

Parámetros utilizados para control de tratamiento en hipotiroidismo:
Primario: TSH
Central: T4 LIBRE

Causa más frecuente de Hipertiroidismo:
Enfermedad de Graves. Edades medias de la vida y mujeres jóvenes.

Causa más frecuente de hipertiroidismo en ancianos:
Bocio Multinodular Hiperfuncionante.

En hipertiroidismo podemos encontrar los siguientes trastornosg:
Hipercalciuria e hipercalcemia por aumento en resorción del hueso.

Prueba analítica de elección para el diagnóstico de Hipertiroidismo:
TSH.
T3 y T4 libre están aumentadas.

Constituyen la base del tratamiento antitiroideo:
Metamizol, carbimazol, propiltiouracilo. (Inhiben la síntesis de hormonas tiroideas a través de la inhibición de la acción de la peroxidasa tiroidea).

Efectos del propanolol en Hipertiroidismo:
Inhibe la conversión de T4 a T3.

Mecanismo de acción de I-131:
Destrucción de tejido tiroideo. (Tarda de 3 a 12 meses)

Complicaciones de Radio Yodo 131.
Persistencia de Hipertiroidismo, Hipotiroidismo, Tiroiditis, Exhacerbación de Síntomas de Hipertiroidismo.

Las gestantes tratadas con Yodo 131 tienen altas probabilidades de tener un producto:
Con Hipotiroidismo congénito.

Un nódulo hipocaptante en Gammagrafía es sospecha de:
Alta malignidad.

Fármaco de elección de gestantes con Hipertiroidisimo:
Propiltiouracilo.
En lactancia, el de elección Metimazol.

Cómo se denomina a la Tiroiditis Linfocitaria Crónica:
Tiroiditis de Hashimoto.

Cómo se denomina a la tiroiditis subaguda viral:
Tiroiditis de Quervain

Principal manifestación clínica de Tiroiditis de Hashimoto o bocio linfoide:
Bocio, cursa en la mayoría de los casos con **Hipotiroidismo.**

HASHITOXICOSIS;
Enfermedad de Graves y Tiroiditis de Hashimoto.

Tiroiditis fibrosante se conoce también como
Tiroiditis de Riedel o Estruma de Riedel.

El porcentaje de nódulos malignos es mayor en pacientes que tienen:

Hipotiroidismo.

Fuentes más frecuentes de cánceres metastásicos en Tiroides:

Melanoma, ca de pulmón, mama y esófago.

El linfoma tiroideo es más frecuente en:

En pacientes con Tiroiditis de Hashimoto.

Carcinoma Medular de Tiroides afecta a las siguientes células:

Las Células C parafoliculares.

Se asocia a Feocromocitoma, se debe tratar primero. Revisar con Catecolaminas o Metafreninas en Sangre. *Producen Calcitonina.* Afecta a ancianas.

Es el tumor de Tiroides más frecuente y de mejor pronóstico:

Carcinoma Papilar, para su diagnóstico, cuerpos de Psamoma (o granos de arena), se asocia a radiaciones craneocervical en infancia, es bimodal, se da en dos picos de la vida, temprano. 2da a 3ra década y tardío. Se disemina vía linfática.

Carcinoma que biopsia se asemeja a tejido tiroideo normal:

Carcinoma Folicular (no se puede diagnosticar con PAFF). Se disemina vía hematógena.

Carcinoma de Hürttle es un subtipo que se disemina por vía linfática y es de peor pronóstico que el mismo.

Tumores de tiroides que se conocen como diferenciados:

Papilar y Folicular.

Marcador tiroideo de Carcinoma Papilar y folicular:

Tiroglobulina.

La forma más frecuente de presentación de carcinoma Medular es:

Esporádico.

Cuáles tumores tiroides NO aceptan YODO 131.

Anaplásico, Medular y Linfoideo.

Cuáles no poseen marcadores tumores:

CA Medular y Anaplásico.

El tratamiento de tumores diferenciados es el siguiente:

Cirugía de primera elección, Ablación con I-131, Tx supresor con Levotiroxina, y seguimiento con Tiroglobulina y Anticuerpos de Tiroglobulina.

Cuál es la causa más frecuente de Síndrome de Cushing:

Iatrógena.

Es la causa más frecuente de Enfermedad de Cushing o Síndrome de Cushing hipofisario:

Microadenoma.

Es la causa más frecuente de Síndrome de Cushing Ectópico:

Carcinoma de Pulmón de Células Pequeñas.

Es la causa más frecuente de Síndrome de Cushing Suprarrenal:

Adenoma Suprarenal, en este caso, el ACTH está disminuida.

Cuál es la causa más frecuente de S. de Cushing en Infancia:

Suprarrenal (carcinomas suprarrenales)

Signos que caracterizan el Síndrome de Cushing:

Plétora facial, manchas hiperpigmentadas, estrías rojo vinosas, miopatías, ganancia de peso en niños.

Niveles séricos de cortisol en Síndrome de Cushing Endógeno:

Van en aumento, a diferencia del SC. Exógeno.

Trastornos hidroelectrolíticos relacionados con SC de origen ectópico:

Hipopotasemia e Hipocloremia.

Es el inhibidor de la producción de cortisol utilizado en tratamiento médico de Cushing:

Ketoconazol.

Los feocromocitomas ubicados fuera de la glándula suprarrenal se denominan:
Paragangliomas.
Los feocromocitomas afectan:
Médula suprarrenal, ganglios simpáticos y parasimpáticos.
A cuál grupo de edad afecta con más frecuencia el Feocromocitoma:
4ta a 5ta década de vida.
Los paragangliomas a nivel cervical suelen no ser secretores.
Los feocromocitomas pueden producir:
Adrenalina y Noradrenalina. Sin embargo los extrarrenales solo producen Noradrenalina.
Cuadro clínico correspondiente a un aumento de la presión arterial concomitantemente con la micción:
Feocromocitoma Vesical.
Cuáles fármacos pueden inducir las crisis hipertensivas en Feocromocitoma:
Opiáceos, histamina, ACTH, Alfa Metil Dopa,
El bloqueo Alfa Adrenérgico en Feocromocitomas antes de cirugía se realiza con Fenoxibenzamina. 15-21 dias antes de la cirugía.
Método diagnóstico de Feocromocitomas:
Cuantificación catecolaminas y metanefrinas en orina den 24 horas. (Cifras mayor a 3 veces rangos de referencia hacen diagnóstico), pico máximo en momento de crisis.
Betabloqueantes utilizados en Feocromocitoma:
Propanolol, Esmolol, lidocaína. (Suelen utilizarse además en caso de Arritmias)
Pautas de tratamiento para Feocromocitoma antes de Cirugía
Alfa, beta bloqueantes y carga de volumen. (ABC)
Cuál es el precursos de la Insulina y cuál es su contenido:
Proinsulina, **contiene insulina y peptido C.**
La insulina es codificada en el cromosoma:
11.
La insulina estimula :
Glucogenogénesis.
La insulina inhibe:
Gluconeogénesis, glucogenólisis.
Es el órgano más importante para la formación de ácidos grasos libres:
Hígado, siempre y cuando haya presencia de Insulina y glucosa.
La insulina es necesaria para la síntesis de:
IGF-I. Mediador de GH.
Hormona que aumenta en la ingesta de proteínas y ejercicio, sobre todo en hipoglicemia:
Glucagon.
Hormona que se inhibe en la ingesta de carbohidratos, por hiperglicemia y somatostatina:
Glucagon.
El glucagon produce:
Glucogenólisis y Gluconeogénesis. Estimula lipólisis y cuerpos cetónicos.
El descenso en secreción de insulina inicia cuando la glicemia se encuentra en los niveles de:
80-85 mg/dl.
La estimulación del glucagon para producir gluconeogénesis a partir de ácidos grasos y aminoácidos se inicia cuando glicemia se encuentra en los niveles:
65-70mg /dl. (lo mismo ocurre con la adrenalina)
Mecanismo de acción de las hormonas que participan en el ayuno:

Limitan la utilización de glucosa y aumentan su producción en hígado.

La sintomatología clínica de pacientes con hipoglicemia inician cuando los niveles se encuentran:
Por debajo de 55 mg / dl. Por acción de sistema nervioso simpático.

La función cognitiva se ve comprometida cuando glicemia se encuentra:
Por debajo de 50 mg / dl.

Efecto incretina:
Secreción de Insulina en respuesta a carga oral de glucosa. Siempre es mayor que hacerlo con la misma cantidad por vía endovenosa. Intervienen en secreciones gastrointestinales por los péptidos GLP-1, GIP.

Enfermedad endocrinológica más frecuente:
Diabetes Mellitus.

Subtipo de Diabetes Mellitus más frecuente:
Tipo 2.

De acuerdo a la Organización Mundial de la Salud y La FID, ADA:
Luego de sobrecarga oral de glucosa con 75 gramos, valores entre 140 y 200. A las 2 horas.
Ayunas: 110-126. (OMS y FID).
Ayunas 100-126 (ADA)
Hemoglobina Glucosilada: Hb A1C. 5.7 -6 .4%.

La sobrecarga oral de la glucosa es más sensible en pacientes:
Con Diabetes Mellitus. *Además esta se recomienda cuando el paciente presenta una prueba alterada de glicemia en ayunas.*

Para la determinación de diagnóstico específico de Diabetes Mellitus tipo 1 o tipo 2:
Búsqueda de autoanticuerpos, ANTIDESCARBOXILASA del ácido glutámico (ANTI-GAD)

Es el tipo de Diabetes que se presenta en jóvenes menores de 25 años no insulinodependientes:
Diabetes tipo Mody (Maturity Onset of the Young), existe un componente genético autosómico dominante en 2 o 3 generaciones.

Se considera la forma más extrema de resistencia a insulina heredada de forma genética:
Leprechaunismo.

Fármacos que pueden producir hiperglicemia:
Glucocorticoides, fenitoína, anticonceptivos orales, ciclosporina, clopazina, diazóxido.

Los factores genéticos implicados en la Diabetes Mellitus tipo 1 se encuentra en el locus:
HLA del Cromosoma 6.

La influencia genética es más frecuente que se de en Diabetes Mellitus tipo 2

La diabetes Mellitus tipo 1 suele debutar con:
Cetoacidosis Diabética.

Periodo inicial en el que en DIABETES MELLITUS TIPO 1 se puede lograr un control de glicemia con poca insulina se denomina:
Periodo de Luna de Miel.

Los ácidos grasos son transformados en hígado en cuerpos cetónicos gracias a:
Glucagon.

El patrón característico de la respiración de Kusmaul:
Respiración rápida y profunda.

Es la segunda causa más frecuente de estado cetoacidótico:
Cetoacidosis alcohólica.

En una gran parte de los casos, la cetoacidosis alcohólica cursa con glicemia:
Normal o baja.

Tiempo transcurrido para que insulina subcutánea se encuentre en niveles adecuados en plasma:
2 horas.

El bicarbonato se utiiliza en casos de Cetoacidosis Diabética cuando el px presenta los siguientes niveles:
PH menor de 6.9
Bicabornato menor 5

Principal causa de muerte en niños y adolescentes con Diabetes Mellitus tipo I
Cetoacidosis Diabética (Edema Cerebral 20-40%, infartos, neumonía, y otros)

Principal desencandente de Síndrome Hiperglicémico Hiperosmolar:
Infecciones, neumonía.
El segundo, es dejar el tratamiento.

Principal característica clínica de SHH:
Deshidratación profunda

Medida más importante en Síndrome Hiperglicémico Hiperosmolar:
Hidratar el paciente.

Mecanismo más frecuente para la instauración de hipoglicemia en px diabéticos:
Omite u olvidó una comida.

Los síntomas neurogénicos o autonómicos de la hipoglicemia lo podemos ver en un px que tenga los niveles en:
55-60 mg/dl.

Representan los síntomas y signos adrenérgicos de hipoglicemia:
Palpitaciones, palidez, temblor o ansiedad. **(PPAT)**

Representan los síntomas y signos colinérgicos de hipoglicemia:
Sudoración, sensación de hambre, parestesias.

Los signos y síntomas neuroglucopénicos inician cuando la glicemia está en:
Menor de 55 mg/dl.

Se engloban dentro de las macroangiopatías de la diabetes mellitus:
Cardiopatía Isquémica, Ecv, enfermedad arterial periférica.

Se engloban dentro de las microangiopatías de la diabetes mellitus:
Nefropatía diabética, neuropatía diabética, retinopatía.

Son complicaciones no vasculares de Diabetes Mellitus:
Gastroenteropatía Diabética y afectaciones de la piel.

Podemos darnos cuenta de que un paciente diabético tuvo un infarto silente si presenta:
Insuficiencia Valvular Izquierda.

Representa una de las causas más importantes de ceguera irreversible bilateral en px menores de 65 años:
Retinopatía diabética.

La nefropatía diabética afecta con más frecuencia a pacientes con Diabetes Tipo:
1 (UNO).

Microorganismos que con mayor frecuencia encontramos en pies diabéticos:
S. Aureos, bacilos gramnegativos no fermentandores y enterobacterias.

Cuál es el mecanismo de acción de las SulfonilUreas:
La estimulación de la secreción de Insulina.

Principal efecto secundario de las Sulfonilureas:
Hipoglicemia. Más grave y duradera que las de insulina.

Mecanismo de acción de Metformina (Biguanida):
Inhbibe la resistencia de Insulina a nivel hepático. También la gluconeogénesis hepática. Reduce la absorción de glucosa en intestino,

Efecto adverso más grave de Metformina:
Acidosis láctica

Efecto adverso más frecuente:
Gastrointestinales.

Antidiabéticos orales que reducen la resistencia a Insulina en tejidos grasos y músculos:
Tiazolidinedionas. Puede producir disminución de resistencia ósea.
*Inhibe las glucosidasas situadas en el borde de cepillo del enterocito del intestino delgado. **Retrasa absorción de hidratos de carbono***

Dónde se encuentra el centro del hambre:
Hipotálamo, núcleo arcuato. Es regulado por el neuropéptido Y.

Lugar donde se produce la Leptina:
Tejido adiposo.

Únicos órganos del organismo capaces de eliminar el colesterol:
Intestino e higado.

Representa un carbohidrato de absorción lenta:
Almidón.

Representa un carbohidrato de absorción rápida:
Disacárido o monosacárido

Suponen la mayor fuente de energía de la dieta:
Grasas.

Representa el principal componente estructural de las células:
Proteínas.

Es la proteína extraída del suero con mayor valor biológico:
La de la leche, 104%.

Una hipervitaminosis de la siguiente vitamina puede producir un PSEUDOTUMOR CEREBRAL:
A.

Vitamina relacionada con metabolismo de aminoácidos:
B6.

Vitamina del complejo B implicada en glicólisis:
Niacina

Vitamina que interviene en la formación de colágeno
C.

Vitamina relacionada con esterilidad, (formación de esperma)
Vitamina A.

Mencione una vitamina antioxidante:
Vitamina E. (Se relaciona con anemia hemolítica)

Vitamina que puede producir ictericia neonatal en exceso:
K.

Mineral asociado a ceruloplasmina?
Cobre.

Mineral implicado en retraso de crecimiento e hipogonadismo:
Zinc.

Es el índice más importante para valorar el estado nutricional de un individuo:
Peso.

La complicación más frecuente de nutrición artificial es:
Síndrome de Realimentación

Tipo de enfermedad tiroidea asociada a Hipercolesterolemia Secundaria:
Hipotiroidismo

Fármacos retrovirales utilizados en VIH que están relacionados a hipertrigliceridemia:
Inhibidores de proteasa.

Representan los dos fármacos más potentes del grupo de las estatinas:
Atorvastatina y Rosuvastatina.
Primera causa de mortalidad evitable:
Tabaco.
Segunda causa de mortalidad evitable:
Obesidad.
La obesidad predispone a los siguientes cánceres en varón:
Pulmón y próstata.
La obesidad predisppone a los siguientes cánceres en mujeres:
Mama, vesícula biliar, ovario y útero.
Es el producto de la degradación de las purinas:
Ácido úrico. Los uratos son su forma ionizada. Puede precipitar cuando está por encima de 6.8 mg/dl.
Es el principal tumor de la cabeza del páncreas:
Insulinoma, seguido del gastrinoma.
Diabetes – Diarrea esteatorrea – colelitiasis hace pensar en:
Somatostatinoma.

Farmacología

Un fármaco esencial posee las siguientes características:
Eficacia, calidad, seguridad, económico, experiencia de uso, necesario.

Son los pasos que caracterizan la farmacocinética de un medicamento:
Liberación, absorción, distribución, metabolismo o biotransformación, excreción o eliminación.

Parte de la farmacología que estudia la evolución, las concentraciones del medicamento en el organismo, en función del tiempo y la dosis:
Farmacocinética

Parte de la farmacología que estudia los efectos bioquímicos y fisiológicos de los fármacos y su mecanismo de acción:
Farmacodinámica.

Parte de la farmacología que estudia los polimorfismos del DNA frecuentes, en relación a fármacos suministrados:
Farmacogenética.

Estudia la individualización de dosis en fármacos y tiempos para mejorar las respuestas y así evitar reacciones adversas en polimorfismos familiares:
Farmacogenómica.

Es el paso de un fármaco del exterior al interior:
Absorción.

Cuáles son los factores que determinan la absorción de un fármaco:
Concentración, solubilidad, superficie de absorción, irrigación.

Son los diferentes mecanismos fisiológicos por los que los fármacos son introducidos al organismo:
Difusión simple (pasiva), difusión facilitada, transporte activo, endocitosis y exocitosis.

Representan las vías indirectas de administración de fármacos:
Oral, sublingual, cutánea y rectal.

Es la vía de administración indirecta más utilizada:
Vía oral.

La vía de administración de fármacos sublingual no posee metabolismo de primer paso ya que:
Sistema venoso de mucosa oral drena directamente en Vena Cava.

El epitelio de la piel es:
Pseudoestratificado cornificado.

Las vias directas de administración de fármacos son las siguientes:
Subcutánea, intramuscular, intravascular o intravenosa.

Vía intravascular de administración de fármacos más utilizada:
Intravenosa.

Cuando un fármaco se distribuye de manera uniforme en todo el organismo sin poseer un tejido específico, hablamos de:
Modelo de distribución monocompartimental.

Cambios bioquímicos farmacológicos verificados en el organismo mediante los cuales las sustancias extrañas se convierten en otras más ionizadas:
Biotransformación.

Las reacciones de biotransformación que tienen lugar en la fase I realizan lo siguiente en los fármacos:
Inactivan o destruyen el fármaco.

Son los tipos de reacciones responsables de la fase I de la biotransformación de fármacos:
Oxidación, reducción, hidrólisis y decarboxilación.

Las reacciones de fase II de la conjugación de fármacos hacen que éstos últimos sean:
Más polares.

Son los tipos de reacciones responsables de la fase II de la biotransformación de fármacos:
Síntesis o conjugación.

El primer paso del metabolismo de los fármacos es catalizado por un grupo de oxidasas de función mixta que se encuentran en el hígado, denominadas:
Citocromo p450.

Dónde se encuentra el citocromo p450:
Retículo endoplásmico del hepatocito.

Algunos fármacos que son inductores enzimáticos:
Fenitoína, fenobarbital, rifampicina. Además de alcohol y tabaco.

Algunos fármacos inhibidores enzimáticos son:
Cimetidina, ketoconazol, eritromicina, valproato.

Una de las isoenzimas del citocromo p450 que mayor número de fármacos metaboliza es:
CYP3A.

La eliminación de fármacos tiene lugar principalmente en:
Riñón e hígado.

Los medicamentos se eliminan mejor cuando:
Son mas polares o hidrosolubles.

Tipos de medicamentos que tienen vida media más larga:
Liposolubles.

En el riñón la eliminación de los fármacos está dada por los siguientes procesos:
Filtración, secreción y reabsorción.

El índice terapéutico de un fármaco se calcula con las siguientes concentraciones:
Concentración plasmática eficaz y concentración plasmática tóxica.

Es la fracción de dosis de un fármaco que alcanza inalterada, la circulación sistémica:
Biodisponibilidad

La vía que menor disponibilidad presenta respecto a la intravenosa es:
La via oral.

Se define como el tiempo que tarda en reducirse a la mitad la concentración plasmática de un fármaco:
Vida media.

Es el índice de la capacidad del organismo para eliminar un fármaco. Se define como el volumen plasmático que es depurado de esa sustancia en la unidad de tiempo.
Aclaramiento o depuración.

Es el volumen hipotético en el que se distribuirá una cantidad del fármaco si su concentración fuera la misma que el plasma:
Volumen de distribución.

El proceso farmacocinético que raramente se ve afectado en los ancianos es :
Absorción. Ya que la mayoría de medicamentos se absorben por difusión pasiva.

El proceso farmacocinético que se ve más afectado en los ancianos es :
Eliminación o excreción.

Los ancianos, farmacodinámicamente poseen una mayor sensibilidad a los siguientes grupos de medicamentos:
Cardiovasculares, del sistema nervioso central, y anticoagulantes orales.

Las alteraciones de fármacos durante la gametogénesis puede producir:
Esterilidad.

Las alteraciones de fármacos durante la fase de segmentación puede producir:
Aborto o restitución completa.

Las alteraciones de fármacos durante la fase de organogénesis puede producir:

Malformaciones.

Las alteraciones de fármacos durante el período fetal puede producir:

Alteraciones funcionales:

Hipoglicemia: antidiabéticos orales.

Hipotonías y depresión respiratoria: benzodiacepinas.

Complicaciones hemorrágicas: aspirina y AINEs.

El riesgo de toxicidad por fármacos en el embarazo según FDA es el siguiente:

Categorías.

A: Seguros.

B: Poco riesgo.

C: Mayor riesgo, toxicidad en animales, no en humanos.

D: Riesgo fetal, sopesar beneficio – riesgo.

E: Toxicidad comprobada, nunca utilizar : Anticoagulantes orales, talidomida, retinoides, tetraciclinas, ketoconazol, quinolonas, dietilestilbestrol.

Son causas de Iatrogenia farmacológica en niños:

Errores de dosificación, desconocimiento de interacciones medicamentosas, uso de medicamentos caducados.

Los grupos de medicamentos más afectados por interacciones farmacológicas son las siguientes:

Cardiovasculares y del sistema nervioso central.

Son aquellas interacciones en las que se modifica la capacidad de respuesta del órgano o sistema efector:

Interacciones farmacodinámicas.

Son aquellas interacciones en las que se modifica el aporte de fármaco a su lugar de ación:

Interacciones farmacocinéticas.

Glucoproteína que sirve para sacar fármacos de las células:

Glucoproteína P.

Cuando la interacción de dos fármacos da lugar al aumento del efecto de uno de los dos, hablamos de:

Sinergismo. Si es contrario es antagonismo.

Son aquellos fármacos que estimulan el receptor:

Fármacos agonistas.

Son aquellos fármacos que generan la máxima respuesta:

Agonistas completos.

Son aquellos fármacos que no generan una máxima respuesta:

Agonistas parciales.

Son aquellos fármacos que producen efectos opuestos a los completos y parciales:

Inversos.

Son aquellos fármacos que bloquean el receptor, reduciendo o inhibiendo el efecto de los agonistas:

Antagonistas.

Son aquellos fármacos antagonistas que bloquean el efecto, compitiendo por el mismo sitio de unión al receptor que los agonistas:

Antagonistas Competitivos.

Son aquellos fármacos antagonistas que bloquean el efecto de los agonistas, uniéndose al receptor de un sitio distinto al de fijación del agonista:

Antagonistas no competitivos.

Fármaco relacionado con el efecto antabús

Metronidazol, por interacción con alcohol.

Es la necesidad progresiva de aumentar la dosis de un fármaco para que siga teniendo un efecto igual al inicial:

Tolerancia.

Es la necesidad súbita de aumentar la dosis de un fármaco, desarrollado en horas:
Taquifilaxia.

Es el fenómeno por el cual, al administrar dos sustancias, estás se unen formando una tercera que es inerte:
Antagonismo químico.

Son funciones del sistema nervioso autónomo:
Regulan la presión arterial.
Distribuyen el riego sanguíneo.
Mantienen la perfusión de los tejidos.
Regulan el volumen y composición del medio extracelular.
El consumo de energía.
Aporte de sustratos para el metabolismo.
Control de la musculatura lisa y visceral.

Es el neurotransmisor preganglionar por excelencia de las dos divisiones del sistema nervioso autónomo:
Acetilcolina.

Los nervios en cuyas terminaciones se libera acetilcolina son de tipo:
Colingérgicos.

Es el neurotransmisor de las neuronas simpáticas posganglionares:
Noradrenalina.

Los nervios en cuyas terminaciones se libera noradrenalina son de tipo:
Adrenérgicos.

El centro simpático del encéfalo se encuentra en:
Bulbo raquídeo.

A cuáles niveles se encuentran las neuronas preganglionares del sistema nervioso simpático:
T1 a L2.

Genética

Para que una enfermedad genética se convierta en hereditaria la información anómala debe afectar:
A células germinales.

Un ejemplo de enfermedad genética, es el cáncer.

Proceso por el que se informa al individuo del riesgo de padecer una enfermedad genética y transmitirla a las siguientes generaciones:
Consejo genético.

Que otro nombre recibe el gen:
Cistrón.

La unidad física fundamental de la herencia:
Gen.

Los genes tienen la capacidad de producir:
Péptidos, proteínas y RNA mensajero y ribosómico.

El cromosoma es posible observarlo en los procesos celulares:
Mitosis y Meiosis.

Estructura genética que posee la información de manera lineal:
Cromosomas.

Es la molécula del ADN:
Cromosoma.

Representa el lugar donde se localiza el cromosoma:
Locus. Loci (plural)

Representa el conjunto de alelos que posee un individuo:
Genotipo.

El patrimonio genético de DNA de un individuo se denomina:
Genoma. Está formado por 3.000 nucleótidos.

Son las distintas formas de expresión de un gen polimórfico:
Alelo.

Los genes situados en ambos loci son iguales:
Homocigoto.

Los genes de los loci son distintos:
Heterocigoto.

Es aquel gen que solo necesita estar presente en uno de los dos cromosomas homólogos para manifestar su efecto fenotípico:
Dominante

Es aquel gen que solo expresa su efecto fenotípico en individuos homocigotos, es decir, en aquellos que contienen dicho alelo en ambos loci de cromosomas:
Recesivo.

Es la expresión ejemplificada de alelo codominante:
Grupo AB sanguíneo. Mezcla de fenotipos.

Los nucleótidos están formados por:
Pentosa (azúcar), base nitrogenada y grupo fosfato.

ADN: *2 Desoxirribosa.* (Ácido Desoxirribonucleico)

ARN: *(Contiene Ribosa)*, Ácido Ribonucleico.

Bases nitrogenadas:

Purinas: Guanina y Adenina. Comunes para ARN y ADN.

Pirimidinas: Uracilo para ARN, TIMINA PARA ADN. CITOSINA (Comunes para ADN Y ARN)

La lectura de ADN se realiza en sentido 5"-3".

El ADN se encuentra enrollado a través de:
Histonas.
La unión de las bases nitrogenadas en ADN se da la siguiente forma:
Guanina y Citosina.
Adenina y Timina.
Constituye la forma de almacenar y transmitir la información genética:
Estabilidad
La característica del ARN es de forma:
Sencilla.
La unión de las bases nitrogenadas en ARN se da la siguiente forma:
Guanina y Citosina.
Adenina y Uracilo.
Cuáles son las formas principales del ARN:
Mensajero, Ribosomal y de Transferencia.
Es el que se encuentra implicado en los procesos de expresión y regulación de genes:
ARN. Posee una vida media corta.
El ADN transcripto a ARN, en qué lugar se traduce a péptido:
Ribosomas.
La secuencia del ARN es leída en los ribosomas en grupos de tres nucleótidos, que se denominan CODONES (codifican aminoácidos)
Únicos aminoácidos que no se encuentran codificados por varios codones simultáneamente:
Metionina y Triptófano.
La información contenida de ADN en eucariotas es de característica:
No continua. Poseen exones **(codificantes)** e intrones (**no codificantes)**.
La información contenida de ADN en procariotas es de característica:
Continua, por eso no posee **intrones.**
Es la estructura que se encuentra en algunas células eucariotas y procariotas que contienen información necesaria para producir proteínas:
Operones.
El genoma humano se traduce con el proceso denominado:
Código genético.
Cuando cada aminoácido se codifica por más de un triplete se denomina:
Código Degenerado.
Son los procesos implicados en el paso de información genética a las proteínas:
Transcripción y traducción.
Pasa la información desde el ADN hasta ARN mensajero se denomina:
Transcripción, ocurre en el núcleo.
Pasa información desde ARN mensajero a proteína:
Traducción, sucede en Citoplasma, Retículo Endoplásmico Rugoso.
El ARN mensajero se fabrica tomando como molde:
EL ADN utilizando para ello el ARN polimerasa.
Controlan tasa de transcripción:
Intensificador.
Reprimen la transcripción:
Silenciador.
Inician el proceso de transcripción:
Promotores.

El ARN inmaduro contiene intrones y exones. En maduración se eliminan los intrones. El proceso se denomina SPLICING, (corte y empalme).

Poseen gran importancia en la regulación de la transcripción:

Intrones.

Los principales mecanismos de expresión de los genes suceden a nivel:

Pretranscripcional, transcripcional y postranscripcional.

La traducción se da gracias a:

ARN de transferencia. Esta molécula posee anticodón.

El control genético como mecanismo ocurre en:

La regulación, en la transcripción del gen y a nivel postranscripcional.

Si una variación genética ocurre en más de 1% de la población se denomina:

Polimorfismo.

La mutación genética por Transición ocurre:

Cuando existe cambios de nucleótidos por uno de la misma base, púricas por púricas, en la transversión son de base contrarias.

Deleción:

Eliminación de nucléotidos.

Repetición de Tándem: repetición de tripletes.

Mutación silente:

Si no se producen cambios en aminoácidos.

Sin embargo, si se produce cambio, se denomina **mutación de cambio de sentido o mutación de sentido equivocado.**

Codón stop o de parada:

Mutación sin sentido.

Los cromosomas pueden ser visualizados en la siguiente fase:

Metafase.

En esta fase se encuentran la mayoría de células del organismo adulto:

G1.

Es el punto que marca una frontera entre G0 y G1:

Punto de Restricción o R.

En esta fase se duplica el ADN:

Fase S.

Fase que va desde el fin de la síntesis de ADN hasta el comienzo de la división:

Fase G2

Las cromátides en cromosomas se unen mediante:

Centrómeros.

Fase en la que las cromátides hermanas se separan:

Fase M.

Fase de división celular que solo se da en las células germinales:

Meiosis.

En la mitosis existe una división de una célula diploide:

En dos idénticas (cada una 2n). Requiere la duplicación previa del ADN (fase S).

Fase de la mitosis en la que el núcleo se disuelve:

Profase.

Inicia cuando se rompe la envoltura nuclear:

Prometafase.

Fase en la que cromosomas se hacen más visibles al microscopio:

Metafase. Son mas condensados.

Fase en la que se separan dos cromátidas hermanas:
Anafase.
Fase en la que se divide el citoplasma y forma dos células idénticas:
Telofase.
Fase del ciclo celular en la que solo existe cromosomas con una sola cromátide:
G1
En el proceso de la Meiosis (proceso para formación de gametos o células de reproducción sexual):
Una célula Diploide se divide en 4 células haploides.
Las células germinales primordiales se originan en:
Paredes del saco vitelino.
Al final de la tercera semana de vida intrauterina. A la 5ta semana llegan a las gónadas.
Única célula de la mujer que contiene dotación haploide (23 cromosomas)
Segundo corpúsculo polar.
La espermatogénesis tiene una duración de:
74 días.
La primera Ley de Mendel habla sobre:
Ley de la Uniformidad de los híbridos o primera generación.
La segunda Ley de Mendel habla sobre:
Ley de la Segregación.
La tercera Ley de Mendel habla sobre:
Ley de la herencia independiente de caracteres.
  a. Sano
  A. Enfermo.
Es la probabilidad de que se presente un determinado fenotipo entre personas que poseen un alelo:
Penetrancia de un alelo.
Fuerza con que se manifiesta un alelo penetrante:
Expresividad.
Es aquella herencia transmitida de autosomas o cromosomas no sexuales:
Autosómica.
Enfermedad Autosómica dominante más conocida:
Hipercolesterolemia Familiar.
Algunas enfermedades que se heredan de forma autosómica dominante:
Corea de Hungtinton
Alzheimer
Neurofibromatosis
Osteogénesis Imperfecta
Poliposis Colónica Familiar
Sindrome de Marfan.
En estos casos, un enfermo tendrá 50% de hijos afectados y 50% sanos.
La transmisión es vertical
La penetrancia es incompleta
Herencia autosómica recesiva:
Genotipos / fenotipos posibles:
aA Aa Portador Sano
aa sano
AA enfermo
Transmisión es horizontal
Enfermedades autosómicas recesivas:

Déficit de Alfa 1 Antitripsina
Wilson
Fibrosis Quística
Talasemias
Galactosemia

Un ejemplo de herencia ligada al cromosoma X recesiva:
Hemofilia, si padre es enfermo, sus hijos varones no lo serán porque solo heredan el cromosoma Y.

La estenosis pilórica se da mas frecuentemente en:
Niños. 5:1

Crestas dermopapilares
Dermatoglifos.

Periodos en los que los dermatoglifos pueden alterarse:
Etapa Intrauterina, antes de formarse, 3er y 4to mes.

Es cuando existen diferentes tipos de adn mitondriales en un individuo:
Heteroplasmia.

Algunas enfermedades con herencia poligénica o multifactorial:
Esquizofrenia, Epilepsia, Artrosis, Diabetes, Enfermedades Coronarias, Alcoholismo.

Algunas enfermedades mitocondriales (solo pueden ser transmitidas por madres):
Encefalopatías, neuropatía de Leber, mieloencefalopatía, ácidos láctica, EVC.

La técnica de FISH en citogenética es utilizada para:
Búsqueda de Aneuplodias (Monomias y Trisomías), **traslocaciones.**

Los cromosomas de acuerdo a la posición de su centrómero se dividen en:
Metacéntricos, submetacéntricos, acrocéntricos, telocéntricos.
Pero la forma más práctica de dividirlo es: **autosómico y sexual.**

Se refiere a la cantidad de cromosomas, forma y tamaño:
Cariotipo.

Riesgo materno de tener otro hijo con alteración cromosómica luego del primero:
1%.

Las anomalías cromosómicas estructurales más frecuentes son:
Deleciones y traslocaciones.

Gran parte de las poliploidias terminan como abortos.
Múltiplos de 23, (69, 92)

Tipo de aneuplodia (cromosomas distintos al euploide, que no es múltiplo de 23) más frecuente:
Trisomías.

Aneuploidias a diferencia de Trisomías y Sx de Turner son incompatibles con la vida.

Trisomía más frecuente:
Par 21, solo se ve en abortos.

Trisomías en la práctica clínica más frecuentes:
13, 18, 21 (más frecuente)

Las alteraciones responsables de Síndrome de Down se encuentran normalmente en:
Región 21q.22.1

Es la primera causa de retraso mental:
Sindrome de Down, revisar **con HIPOTIROIDISMO**

Primera causa de retraso ligada al sexo:
Sindrome de X frágil

Trisomía 18 es llamada:
Síndrome de Edwards. Predomina en mujeres.

Trisomía 13 es llamada:

Síndrome de Patau.

Las trisomías se dan por no disyunción meiótica.

Única monosomía compatible con la vida:

Sindrome de Turner. 45, X. 46, XX

Súper hembra, 47, XXX

SINDROME DE KLINELFETER: 47, XXY, 46 XY, 47, XXY (Corpúsculo de BARR):

Súper macho: XYY.

Síndrome de X frágil o MAR TIN BELL.

La hemofilia es un ejemplo de:

Herencia Recesiva ligada al X.

Aneuploidia más frecuente:

Síndrome de Turner.

Ginecología

1. **Un ciclo menstrual normal comprende de los siguientes días:**
   28 días, 21 a 35 dias.
2. **Períodos del ciclo menstrual:**
   Hemorrágico o menstrual, proliferativo o folicular y lúteo o secretor.
3. **El período proliferativo o folicular inicia el día:**
   4 del ciclo menstrual, y termina el día 14 de Ovulación.
4. **La capa granulosa de los folículos ováricos convierte los andrógenos a estradiol por medio de:**
   La aromatasa.
5. **Hormona que produce un engrosamiento o crecimiento del endometrio:**
   Estradiol.
6. **El estradiol junto a otra sustancia, produce un descenso de la FSH:**
   Inhibina.
7. **La disminución de FSH permite seleccionar:**
   El folículo dominante
8. **Características que presenta el folículo dominante:**
   Presenta más aromatización y receptores de FSH, el resto se atresia.
9. **Gracias a la LH (hormona luteinizante), en el pico del día 14, el folículo puede transformarse en:**
   Cuerpo lúteo (condiciona la gestación) produciendo progesterona.
10. **La hormona FSH luego de la luteólisis en caso de menstruación o no fecundación, es la responsable de:**
    Estimular el crecimiento de un nuevo grupo de folículos para el siguiente ciclo.
11. **Alteración hormonal en Síndrome de Ovarios Poliquísticos:**
    Aumento de LH, dismunición de FSH; incremento de andrógenos, aumento de estrona, descenso de estradiol.
12. **Alteraciones anatómicas en Síndrome de Ovarios Poliquísticos:**
    Ovarios grandes, polimicroquísticos, nacarados, hiperplasia de teca interna.
13. **Principal motivo de consulta en paciente con Síndrome de Ovarios Poliquísticos:**
    Esterilidad. En un 40%. Debida a la Anovulación.
14. **El grado de Hirsutismo en Síndrome de Ovarios Poliquísticos, puede cuantificarse a través de:**
    Escala de Ferriman y Gallway.
15. **La pérdida de peso, como primera línea en tratamiento en Síndrome de Ovarios Poliquísticos va dirigida a:**
    La disminución de andrógenos e insulina, con la consiguiente respuesta ovulatoria.
16. **Para la estimulación de una gestación en Síndrome de Ovarios Poliquísticos (iniciar ovulación) se debe tratar con:**
    Citrato de clomifeno. Se puede añadir metformina. Si no funciona Gonadotropinas.
17. **Se considera el principal factor protector de menorragias:**
    Uso de anticonceptivos orales.
18. **Alteraciones estructurales que pueden producir Sangrado Menstrual Abundante:**

PALM:

P:	Pólipos
A:	Adenomiosis.
L:	Leiomioma.
M:	Malignidad (Hiperplasia)

19. Alteraciones no estructurales que pueden producir Sangrado Menstrual Abundante:

COEIN

C:	Coagulopatías
O:	Ovulatorias
E:	Endometriosis
I:	Iatrogenia
N:	No Clasificado
	(Endometrio proliferativo simple o hiperplásico).

20. Medio diagnóstico de elección de metrorragias:
Biopsia dirigida por histeroscopía.

21. Tratamiento de primera línea en metrorragias:

No hormonal.

Antifibrinóliticos: Acido tranexámico. **Aines:** Ácido Mefenámico, Naproxeno, Ibuprofeno.

Tratamiento hormonal:
Diu – Levononorgestrel. Estrógenos + gestágenos.

22. Germen principal de la flora vaginal:
Lactobacilo, Bacilo de Lodërlein.

23. Características de flujo vaginal normal:
Blanco, no homogéneo e inodoro.

24. Períodos de tiempo en que la mujer es más susceptible a riesgo de infección vaginal?
Periodo periovulatorio, púber y posmenopáusica, debido a que PH asciende.

25. Principal microorganismo que produce infección vaginal:
Gardnerella Vaginalis.

26. Cuál es la infección vaginal más sintomática y por ende más diagnosticada:
Cándida albicans.

27. Nivel del Ph en infección vaginal por Cándida Albicans:
- 4.5

28. Características que sugieren el diagnóstico en caso de Gardnerella Vaginalis:
PH mayor de 4.5, **KOH positivo**, en microscopía **CLUE CELLS** (coco bacilos),no hay inflamación, secreción maloliente, blanco grisácea.

29. Métodos diagnósticos en caso de Trichomonas vaginalis:
Secreción abundante con burbujas, eritema, colpitis fresa, Ph mayor de 4.5, KOH positivo ocasional.

30. Sintomatología más frecuente en Vaginosis:
Cursa asintomático, seguido de flujo vaginal.

31. Sustancia utilizada para la elaboración de la prueba de Amina en Vaginosis:
Hidróxido de Potasio al 10%.

32. Síntoma principal en Moniliasis o Candidiasis:

Escozor o picor en la vulva, vagina.

33. Factores de riesgo o estimulantes para la infección de Cándida Albicans:

Aumento de estrógenos; (embarazo, anticonceptivos orales), corticoides, diabetes, antibióticos, VIH.

34. Para el diagnóstico de Candidiasis en Frotis en Fresco debemos presenciar:

Micelios o de Esporas.

35. Método más sensible y específico en Candidiasis Vaginal:

Método de Saboraud.

36. Método diagnóstico definitivo en Tricomoniasis:

Cultivo vaginal. En frotis se observa protozoo en forma de Pera con cilios.

37. Constituye la principal infección de transmisión sexual a nivel mundial:

Infección por Virus de Papiloma Humano.

38. Tipos virales de HPV de bajo riesgo que producen verrugas y condilomas:

6, 11.

39. Cuáles son los serotipos de HPV considerados oncogénicos:

16 y 18

40. Vacunas: Bivalente: 6,11. Tetravalente: 6,11,16,18, Nonavalente: 6,11,16,18,31,33,45,52,58

41. Agentes mayormente implicados en la etiología de la Enfermedad Inflamatoria Pélvica:

Clamidia Trachomatis y Neisseria Gonorrea.

42. Factor de riesgo más frecuente para la Enfermedad Inflamatoria Pélviva:

Enfermedades de Transmisión sexual.

43. Cuáles fármacos disminuyen la incidencia de Enfermedad Inflamatoria Pélvica y por qué?

Anticonceptivos orales: porque aumentan moco cervical.

44. Tratamiento ambulatorio de Enfermedad Inflamatoria Pélvica:

Ceftriaxona 1 gramo, Intramuscular. Para gonococo

Doxicilina. 14 días, para Clamidia.

45. Tratamiento hospitalario de Enfermedad Inflamatoria Pélvica:

Cefoxitina IV, más doxicilina IV. Luego se continúa con Doxicilina vía oral.

46. Secuela más frecuente en Enfermedad Inflamatoria Pélvica:

Dolor pélvico crónico. Seguido de esterilidad de origen tubárico. Puede haber gestación ectópica.

47. Patología más frecuente a nivel de la vulva:

Liquen escleroso. Adelgazamiento de epidermis, engrosamiento de dermis.

48. Cáncer de vulva es más frecuente del tipo histológico:

Carcinoma Epidermoide (carcinoma Escamoso).

49. Síntoma principal de cáncer vulvar:

Prurito, lesiones se suelen localizar en labios mayores.

50. Las lesiones precancerosas del cuello uterino, normalmente se sitúan en:

La unión escamocolumnar, (oricio cervical externo), unión ectocérvix (epitelio plano poliestratificado) y endocérvix (epitelio cilíndrico).

51. La displasia cervical posee un tipo de epitelio:

Escamoso.

52. Clasificación de Displasia Cervical:

Leve, moderada, grave y Carcinoma in Situ. (Según Organización Mundial de la Salud)

53. La clasificación de Richart (Alteraciones Histológicas) habla sobre:

Neoplasia Intraepitelial Cervical (NIC),

Grado – NIC I: 1/3 de epitelio escamoso afectado.

SIL Bajo Grado

Grado – NIC II: 2/3

Grado – NIC III: La totalidad del espesor.

SIL Alto Grado

54. Clasificación de Bethesda (Alteraciones Citológicas):
Lesión Intraepitelial Escamosa. SIL. Diferencia alteraciones de epitelio escamoso con epitelio glandular.

55. Definición de ASCUS:
Células escamosas que no tienen aspecto normal pero tampoco son SIL, ni cáncer.

56. Definición de AGUS:
Células glandulares que no tienen aspecto normal pero tampoco son SIL, ni cáncer.

57. Clínica de Neoplasias Intracervicales Epiteliales (NIC):
Suelen ser asintomáticas.

58. Método más efectivo en Cribado de Cáncer Cervical:
Papanicoulao o Citología Cervicovaginal. En medio líquido es más sensible que la triple toma, **(vagina (Fondo de Saco Vaginal), ecto y endocérvix), y permite además el análisis de HPV.**

59. Tratamiento de NIC II y III:
Conización.

60. Tratamiento en NIC I:
Conducta expectante.

61. Factor de riesgo más importante para el desarrollo de cáncer de cérvix:
Infección por Virus del Papiloma Humano.

62. Cuál otro virus se relacionan con la aparición de Cáncer de Cérvix:
Herpes Simple tipo 2.

63. El tabaco es un factor de riesgo para el desarrollo de la Neoplasia Intraepitelial Cervical de grado:

NIC III.

64. Se considera un factor protector para Cáncer de Cérvix:
En un 50%; Dispositivo Intrauterino (DIU)

65. Tipo histológico más frecuente de Cáncer de Cérvix:
CARCINOMA EPIDERMOIDE, posee dos variantes, células grandes queratinizado, y células grandes no queratinizado.

66. Cuál es la característica de flujo serosanguinolento en Ca de Cérvix Avanzado:
Aspecto de lavar carne.

67. Síntoma principal en estadios precoces de Ca de Cérvix:
ASINTOMÁTICO. En etapas tardías, metrorragia y leucorrea. Luego se mezcla.

68. Prevención primaria más efectiva de cáncer de cérvix:
Vacuna contra cepas oncogénicas 16 y 18.

69. Características del cáncer de cérvix considerado quirúrgico:
Menor de 4 cms y que no afecte parametrios.

70. A qué se refiere el término braquiterapia:
Radioterapia local vaginal.

71. **Estadio y subclasificación que significa que CA de cérvix ha invadido a parametrio:**

II B

72. **A partir de cuál estadio se considera realizar quimioterapia y radioterapia en Ca de Cérvix:**
IB 2.

73. **Niveles de estadios considerados quirúrgicos en Ca de Cérvix.**
IA, IA 1, IA2, IB, IIA1

74. **Tumor más frecuente del tracto genital femenino:**
Miomas.

75. **Tumor benigno más habitual en la mujer:**
Miomas.

76. **Edad de mayor de incidencia de los miomas:**
35 a 54 años.

77. **Hormonas que aumentan el tamaño de los miomas:**
Estrógenos y progesterona.

78. **Clasificación de Miomas:**
Intramurales (más frecuentes),
50%, Subserosos (40%),
Submucosos 5-10 % (Más sintomáticos).

79. **Un mioma submucoso que se prolapsa por el oficio cervical, también denominados "pediculados" son considerados como:**
Mioma parido.

80. **Sintomatología más frecuente de miomas uterinos:**
Hemorragias uterinas, producidas por miomas submucosos aunque también pueden ser producidas por los intramurales.

81. **Tipos de miomas que son más palpables:**
Miomas subserosos.

82. **Medio diagnóstico que sirve además para tratamiento en miomas:**
Histeroscopía.

83. **Es un tipo enfermedad que al igual que en Síndrome de Ovarios Poliquísticos normalmente se da en mujeres con ciclos anovulatorios:**
Hiperplasia endometrial, existe mayor estímulo estrógenico y no existe acción de progesterona, por eso endometrio no se descama.

84. **Tipo de hiperplasia que presenta alteraciones en estructura glandular y quistes con aspecto de queso suizo:**
Hiperplasia Endometrial Simple.

Hiperplasia con atipias posee mayor riesgo de evolucionar a Carcinoma Endometrial. (Endometrioide) en un 80%.

85. **Clínica y tiempo de aparición en Hiperplasia Endometrial:**
Hemorragia perimenopaúsica y posmenopáusica. Engrosamiento de endometrio mayor de 3mm en posmenopáusicas.

86. **Diagnóstico de elección de hiperplasia endometrial:**
Histeroscopía – Biopsia

87. **Tipo de cáncer de endometrio más frecuente:**
Adenocarcinoma de endometrio.

88. **Carcinomas de peor pronóstico endometroides:**
Carcinoma de Células Claras y Seroso Papilar.

89. **Factores que inciden en la aparición de Carcinoma de Endometrio:**

Nuliparidad, obesidad, menarquia precoz, menopausia tardía, factores hormonales (administración de estrógenos).

90. Factores protectores de Carcinoma de Endometrio:

Anticonceptivos orales y tabaco.

91. Clínica de Carcinoma de Endometrio:

Metrorragia, leucorrea, en aspecto de **AGUA PARA LAVAR CARNE**, al igual que en Ca de Cérvix avanzado.

92. Segunda causa de muerte por cáncer ginecológico:

Ca de Ovario.

93. Primer signo clínico de CA de Ovario:

Aumento de Perímetro Abdominal

94. Factores protectores de Ca de Ovario:

Multiparidad, Sindrome de Ovarios Poliquísticos, Histerectomía

95. El citrato de Clomifeno es un fármaco de tipo:

Un antiestrógeno. Induce la ovulación.

96. El término anovulatorio significa:

Que el endometrio solo se encuentra bajo efecto estrogénico, es decir, proliferativo, sangrando. Sin acción de progesterona. **NO HAY OVULACIÓN.**

97. Polimenorrea significa que:

La paciente tiene ciclos cortos y sangrado más abundante.

98. El Levonorgestrel es un fármaco de tipo:

Gestágeno, tiene derivado de estradiol

99. Mecanismo de acción de estrógenos en anticonceptivos orales:

Disminuye o suprime la liberación de FSH. Previenen hemorragias.

100. Mecanismo de acción de progestágenos en anticonceptivos orales:

Suprime síntesis de LH y aumenta la densidad del moco cervical

101. La mayoría de progestágenos provienen de:

19 nortestoterona.

102. Cómo se le denomina al sangrado intermenstrual tras la suspensión de anticonceptivos orales:

Hemorragia por privación.

103. Efectos endocrinológicos con el uso de anticonceptivos orales:

Elevación de Tiroxina y proteína fijadora de Tiroides. Cortisol y Transcortina.

104. Los anticonceptivos orales tienen efecto protector con los siguientes cánceres:

Ovárico y endometrial

105. Los anticonceptivos orales tienen efecto dañino con el siguiente cáncer:

Displasia y Ca de Cérvix.

106. Razones por las que se coloca DIU en cuello uterino al finalizar menstruación?

Cuello uterino es más blando, conductos están más dilatados, se descarta que no hay embarazo.

107. Cómo se denomina la pinza que sostiene el labio anterior del cérvix para colocar los DIU?

Pinza de Pozzi

108. Dónde se produce la FSH y a través de cuál estímulo:

Se produce en la adenohipófisis o hipófisis anterior a través del estímulo de las hormonas reguladoras de Gonadotropinas en el hipotálamo.

109. Hormona que actúa en el ovario estimulando un grupo de folículos:

Hormonas Folículo Estimulante (FSH).

110. En cuál fase del ciclo menstrual ocurre el pico de estrógenos y progesterona:

A mitad de la fase secretora del ciclo.

111. **Cuál es la etiología del Síndrome de Ovario Poliquístico:**
Desconocida.

112. **Nombre clínico que se le otorga a los ciclos menstruales más largos, es decir una paciente con un ciclo que tarda más de 35 días en llegar:**
Oligomenorrea.

113. **Primer medida terapeútica en pacientes con Síndrome de Ovarios Poliquísticos:**
Pérdida de peso. Un 5 a 7% mejora la ovulación y resistencia a insulina.

114. **Tratamiento de oligomenorrea en pacientes con Síndrome de Ovarios Poliquísticos:**
Anticonceptivos orales ya que regularizan la regla de estas pacientes, frena además el exceso de síntesis de andrógenos.

115. **Término clínico utilizado para aquella pérdida excesiva de sangre en la mujer mayor de 30 días y de manera difusa:**
Menorragia. (Sangrado menstrual abundante)

116. **Término utilizado a la presencia de tejido endometrial en miometrio:**
Adenomiosis.

117. **Son las sustancias eicosanoides (20 carbonos):**
Prostaglandinas, Prostaciclina, Leucotrieno, Tromboxano AII

118. **Los métodos anticonceptivos más eficaces son los siguientes, en orden de mayor a menor:**
- Esterilización quirúrgica, masculino (vasectomía), femenino: bloqueo tubárico.
- DIU
- Preservativo, Diafragma
- Esponja
- Método del ritmo, coito interrumpido.

119. **El factor fundamental para la eficacia de los métodos anticonceptivos es:**
Adherencia al tratamiento. La clave de la adherencia es una buena consejería.

120. **El momento ideal para la colocación del DIU es:**
Durante la menstruación.
La primera regla luego de un aborto precoz.
La segunda regla o 6 semanas después de un parto o aborto tardío.

121. **Contraindicaciones del DIU:**
Infecciones pélvicas, tumoraciones, **Enfermedad de Wilson**, embarazo confirmado, hemorragia genital, endometriosis, distorsiones congénitas.

122. **Representa el principal efecto adverso del DIU de cobre y por tanto la principal causa de abandono:**
Sangrado abundante y dolor.

123. **El riesgo de presentar una Enfermedad Inflamatoria Pélvica tras el DIU se da en el siguiente período:**
Primeros 3 meses luego de la implantación.

124. **Principio activo de anticonceptivos hormonales compuestos por estrógeno:**
Etinilestradiol.

125. **Mecanismos de acción de los anticonceptivos hormonales:**
Disminuyen la liberación de GNrh.
Espesan el moco cervical.
Inhiben el pico LH y por ende la ovulación.
Alteran la motilidad de las trompas y contractilidad uterina.

Modifican la estructura endometrial e impiden la implantación.

126.   El principio activo de implantes subdérmicos es:

Etonogestrel. Tiene una duración de 3 a 5 años.

127.   La eficacia del anticonceptivo oral depende de la siguiente sustancia:

El gestágeno.

128.   Mencione efectos beneficiosos de la anticoncepción hormonal:

Disminuye riesgo de cáncer epitelial de ovario y endometrial, gestación ectópica, dismenorrea, sangrados menstruales abundantes, enfermedad benigna de mama (fibroadenoma y mastopatía fibroquística), quistes ováricos, acné, hirsutismo, y osteoporosis.

129.   Mencione efectos adversos de la anticoncepción hormonal:

Cáncer de Cérvix, Ca de Mama, IAM; Tromboembolismo, Trombosis Venosa, HTA. Adenoma hepático. Colelitiasis. Colestasis.

130.   Cuál otro nombre reciben los sangrados intermenstruales:

Spotting.

Se deben evitar los anticonceptivos orales combinados en la lactancia materna.

131.   Contraindicación absoluta con respecto a la edad para anticoncepción hormonal:

Fumadora mayor de 35, no fumadora mayor de 40 años.

132.   Se define como la incapacidad de un miembro de la pareja para concebir en un tiempo razonable:

Esterilidad.

133.   Incapacidad de conseguir una gestación espontánea desde el inicio de las relaciones sexuales, sin que, al menos, durante un año, se hayan utilizado métodos anticonceptivos:

Esterilidad primaria.

134.   Incapacidad para conseguir una gestación espontánea tras la consecución previa de un embarazo.

Esterilidad secundaria.

135.   Incapacidad para lograr un recién nacido viable tras al menos, haber logrados dos embarazos consecutivos:

Infertilidad.

136.   Incapacidad de conseguir una gestación espontánea en período superior de tiempo al de la media de la población:

Subinfertilidad.

137.   Principal causa de esterilidad femenina:

Alteraciones tubáricas consecuentes de infecciones, en la mayoría de los casos por Gonococo

138.   Una de las alteraciones anatómicas más frecuentes de esterilidad femenina son:

Adherencias.

139.   Causa más frecuente de esterilidad masculina:

Varicocele.

140.   Estudio que nos permite valorar la permeabilidad tubárica:

Histerosalpingografía.

141.   Qué nos permite estudiar el seminograma:

Número, movilidad y morfología de los espermatozoides.

142.   En patología tubárica, procedimiento de elección para lograr embarazo:

Fecundación In Vitro.

143.   Patología ginecológica caracterizada por la presencia y proliferación de tejido endometrial fuera de cavidad uterina:

Endometriosis.

144.   La endometriosis puede mejorar en las siguientes etapas de la vida:

Menopausia y gestación.

145. Un factor protector para la endometriosis puede ser:

El Tabaco

146. Factores que pueden incidir en el desarrollo de endometriosis:

Ciclos cortos, edad fértil, más menstruación, menarquia precoz.

147. El lugar más frecuente de endometriosis es en:

Ovario. Presencia de **Quistes Achocolatados.**

148. Es el síntoma más característico de la endometriosis:

DOLOR.

Dismenorrea que no mejora con la toma de anticonceptivos orales y dispareunia.

149. Al neumotórax espontáneo durante la menstruación se le conoce como:

Catamenial.

150. El diagnóstico de certeza de endometriosis se realiza a través de:

Laparoscopia.

151. Es considerado tratamiento de primera línea para endometriosis:

Diu-Levonorgestrel, induce a la amenorrea o hipomenorrea.

Además se pueden utilizar anticonceptivos orales y gestágenos.

152. El tratamiento quirúrgico de elección en endometriosis es:

Eliminar los quistes a través de Laparoscopia.

153. Paciente femenina de 19 años de edad, que llega a la consulta con flujo vaginal blanquecino grisáceo e intenso olor a pescado podrido, en cuál agente etiológico puede pensar:

Gardnerella Vaginalis.

154. La presencia de CLUE CELLS en un frotis de tinción de gram es característico de la siguiente patología:

Vaginosis por Garnerella Vaginalis

155. El tratamiento de vaginosis por Gardnerella Vaginalis puede ser:

Metronidazol vía vaginal por 5 días.

Metronidazol vía oral por 7 días.

Clindamicina vía oral por 7 días.

Clindamicina vía vaginal por 3 dias.

156. Tratamiento de elección en Candidiasis Vaginal en embarazadas:

Clotrimazol vía vaginal.

157. La Tricomonas Vaginalis suele asociarse a otros agentes infecciosos tales como:

Clamidia Trachomatis y Neisseria Gonorreae.

158. La clínica de las pacientes con Tricomonas Vaginalis suele ser:

Prurito vulvar y vaginal intenso, escozor, aumento de flujo vaginal de tipo leucorrea amarillo grisáceo, espumosa, y de mal olor. Disuria. Vagina enrojecida y punteado rojo.

159. Los genotipos más frecuentemente implicados en la formación de verrugas o condilomas en HPV son:

6, 11.

160. Es una infección de útero, trompas y ovarios debida a una infección bacteriana ascendente desde el tracto genital inferior:

Enfermedad Inflamatoria Pélvica.

161. El diagnóstico de la enfermedad inflamatoria pélvica se realiza a través de:

Clínica.

162. **El diagnóstico de certeza de la Enfermedad Inflamatoria Pélvica se realiza a través de:**
Laparoscopia.

163. **Patología infecciosa del aparato genital femenino que incrementa hasta 6 veces la probabilidad de embarazo ectópico:**
Enfermedad Inflamatoria Pélvica.

164. **Tratamiento de elección de Enfermedad Inflamatoria Pélvica asociada a DIU y absceso tuboovárico:**
Clindamicina + Gentamicina IV.

165. **Es una lesión premaligna que se caracteriza por placas blanquecinas y eritemasosas en los labios mayores de la vagina:**
Enfermedad de Paget.

166. **Lesión vulvar que se caracteriza por lesiones hiperqueratósicas e infiltrado inflamatorio.**
Liquen simple crónico. (hiperplasia escamosa)

167. **El diagnóstico de la enfermedad de Paget se realiza a través de:**
Biopsia.

168. **El tipo de cáncer en vulva más frecuente es:**
Epidermoide (Escamoso)

169. **Es considerado el segundo cáncer en frecuencia en la mujer a nivel mundial:**
Cáncer de Cérvix.

170. **La prevalencia de cáncer de Cérvix es en el siguiente rango etario:**
40-55 años

171. **Representan los factores de riesgo que aumentan la incidencia de Cáncer de Cérvix:**
- Promiscuidad sexual.
- Relaciones sexuales a temprana edad.
- HPV.
- Multiparidad.
- Tabaco.

172. **Tipo de anticoncepción hormonal que ha demostrado tener efecto protector en relación a Cáncer de Cérvix:**
Dispositivo Intrauterino.

173. **Síntoma más precoz característico de Cáncer de Cérvix:**
Metrorragia.

174. **A la extirpación del cuello uterino se le conoce como:**
Traquelectomía o cervicectomía.

175. **La edad de incidencia de los miomas va desde:**
35 a 54 años.

176. **Hormonas sexuales que pueden aumentar el tamaño de los miomas:**
Estrógenos y Progesterona.

177. **La degeneración roja de los miomas (necrosis por aumento súbito de los mismos) suele darse en la siguiente condición:**
Embarazo.

178. **Es un trastorno que consiste en la proliferación del endometrio por acción de los estrógenos sin acción de la progesterona:**
Hiperplasia Endometrial.

179. **El cáncer de endometrio es más frecuente en pacientes con edad de:**
Mayor de 50 años, con un pico de 70 años.

180. **Factores de riesgo para cáncer de endometrio:**

- Obesidad
- Nuliparidad
- Menarquia precoz
- Menopausia tardía
- SOP - Anovulación
- Diabetes
- Estrógenos aislados como Tamoxifeno

181. **El Estadiaje de Carcinoma de Endometrio se realiza a través de:**
Tomografía Axial Computarizada o Resonancia Magnética.

182. **Tratamiento de elección en Carcinoma de Endometrio:**
Quirúrgico.

183. **Representa la segunda causa de muerte por cáncer:**
Cáncer de Ovario. En incidencia es 3er o 4to.

184. **Principal causa de muerte por cáncer en mujer:**
Cáncer de pulmón.

185. **Tipo de cáncer de ovario más frecuente:**
Epitelial.

186. **La máxima incidencia del cáncer de Ovario se da en la siguiente edad:**
65-80 años.

187. **Factores de riesgo para cáncer de Ovario:**
- Nuligestas.
- Historia familiar.
- Mutaciones Brac1 Brac2
- Posmenopáusicas

188. **Factores protectores para cáncer de ovario:**
- Multiparidad – lactancia materna.
- Anticonceptivos orales.
- SOP.
- Histerectomía.
- Oferoctomía.

189. **Sintomatología de cáncer de ovario:**
Aumento perímetro abdominal (crecimiento tumor o ascitis), dolor abdominal o metrorragia.

190. **Medio diagnóstico de elección de CA de ovario:**
Biopsia, es **HISTOLÓGICO**.

191. **Marcadores tumorales de Ca de Ovario:**
CA 125, CA 199.

192. **Tratamiento de cáncer de ovario:**
Quirúrgico, a veces más quimioterapia.

193. **El ácido acético en lesiones del cérvix que sean positivas, sus características en cuanto al color serán:**
Blancas, acetoblancas.
Las zonas yodonegativas son sospechosas y se biopsian, las zonas normales, captan yodo.

194. **El tipo de clasificación más utilizada para búsqueda de lesiones a nivel cervical es:**
Bethesda.

195. **El carcinoma epitelial de Ovario deriva del epitelio de tipo:**
Celómico.

196. **El tumor maligno más frecuente de los tumores germinales del ovario es:**

Disgerminoma.

197. Se caracteriza por una alteración en la proliferación del estroma y el parénquima mamario, produciendo quistes y tumores palpables benignos:

Mastopatía fibroquística.

198. Es la patología benigna más frecuente de las mamas y sobre todo en mujeres premenopáusicas:

Mastopatía fibroquística.

199. Síntoma más frecuente de mastopatía fibroquística de mama:

Dolor.

200. Cuál otro nombre recibe la mastopatía fibroquística de mama:

Mastodinia.

201. Es la tumoración benigna más frecuente de las mamas:

Fibroadenoma.

202. El fibroadenoma de mama normalmente afecta a las mujeres de las siguientes edades:

15-35 años.

203. Prueba de elección para diagnóstico de fibroadenoma en mujeres jóvenes:

Ecografía.

204. Técnica de elección para diferenciar lesiones quísticas sólidas de líquidas:

Ecografía.

205. Criterios de extirpación quirúrgica en fibroadenoma:
-   Mayor de 2cms.
-   Cancerofobia.
-   Duda diagnóstica.
-   Si produce dolor.
-   + de 35 años

206. Ante una joven con telorrea serosanguinolenta, TUMOR NO PALPABLE y PAAF negativa se debe sospechar de:

Papiloma Intraductal.

207. El papiloma intraductal afecta a las mujeres de las siguientes edades:

3ra y 4ta década.

208. Tumor mamario más frecuente antes de la menopausia:

Fibroadenoma.

209. Representa el tumor maligno más frecuente en la mujer:

Cáncer de mama.

210. Etiología que parece ser el factor en más de 50% de cáncer de mama:

Genes BRCA1 Y BRCA2.

211. Factores de riesgo para cáncer de mama:
-   Genes BRCA1 Y BRCA2.
-   Nuliparidad
-   Menarquia Precoz
-   Menopausia tardía
-   Primer embarazo tardío
-   Lactancia corta
-   Adiposidad
-   Cánceres previos u otros cánceres

212. Actualmente es el método imprescindible en el diagnóstico precoz de cáncer de mama:

Mamografía.

213.   **Datos que sugieren malignidad en sospecha de cáncer de mama:**
- Calcificaciones agrupadas.
- Nódulo duro y espiculado.
- Edema de piel.
- Retracción del pezón.
- Numerosos ganglios afectados

214.   **Medio diagnóstico de elección en sospecha de cáncer de mama en mujeres jóvenes y mamas densas:**

Ecografía.

215.   **Representa el 80% de los carcinomas in situ de la mama NO INVASORES:**

Carcinoma Intraductal o ductal in situ.

216.   **Es el tumor de la mama NO INVASOR que suele ser bilateral en el 70% de los casos:**

Carcinoma Lobulillar in situ.

217.   **Representa el carcinoma de mama invasor más frecuente:**

Ductal infiltrante o canalicular invasor.

218.   **Carcinoma invasor de mama que tiende a presentarse bilateralmente con más frecuente:**

Carcinoma Lobulillar invasor.

219.   **Tipo histológico más frecuente de cáncer de mama:**

Carcinoma Ductal Infiltrante.

220.   **Localización más frecuente de Carcinoma Ductal Infiltrante:**

Cuadrante Superior y Externo.

221.   **Constituye la primera manifestación clínica en cáncer de mama:**

Presencia de tumor o induración.

222.   **La ginecomastia puede ser signo de cáncer de los siguientes órganos:**

Colon, hígado, estómago.

223.   **Principal vía de diseminación de cáncer de mama:**

Linfática.

224.   **Los primeros ganglios más afectados en diseminación de cáncer de mama son:**

Ganglios axilares homolaterales

225.   **Metástasis más frecuentes en cáncer de mama:**

Pulmonares.

226.   **Constituye la primera causa de metástasis en hueso, encéfalo y ojo:**

Cáncer de mama

227.   **El factor pronóstico más importante en cáncer de mama es:**

Número de ganglios linfáticos afectados.

228.   **Es el primer ganglio que recibe drenaje linfático en un tumor, por ejemplo cáncer de mama:**

Ganglio centinela.

229.   **El período comprendido entre 1 año antes y uno después de la última menstruación se denomina:**

Perimenopausia.

230.   **Es el período de meses o años que precede a la menopausia y que suele ir acompañado de alteraciones del ciclo en cantidad como en frecuencia:**

Premenopausia

231.   **Se le conoce como el cese de la menstruación:**

Menopausia.

232. Los síntomas de menopausia que ocurren en una mujer de 40 años, transitorios o no se conoce como:

Fallo Ovárico Precoz.

233. El cambio hormonal que predomina en la menopausia es:

Caída de estrógenos (estradiol)

234. Es considerada la modificación endocrina más precoz del climaterio:

Aumento de la FSH.

235. Cambios hormonales en la premenopausia:

FSH aumentada

LH normal o aumentada

Gnrh y estrógenos normales.

236. Para confirmar menopausia las pruebas de FSH y estradiol deben ser:

FSH mayor de 40 mU/ml y estradiol menor a 20pg/ml

237. Cambios hormonales en la posmenopausia:

Disminución estradiol

Aumento de FSH (predominante) y LH

238. Principal tipo de estrógeno en la posmenopausia:

Estrona.

239. El pico ovulatorio dado por "el efecto gatillo", se debe a la siguiente hormona:

Estrógeno

La LH estimula la producción ovárica de Andrógenos

240. Se considera el período de mayor facilidad para la recepción del blastoscisto:

Fase lútea.

241. Técnica más utilizada de fertilización en parejas infértiles:

Inseminación artifical conyugal.

242. Cantidad requerida de espermatozoides viables para lograr inseminación artificial conyugal:

Más de 3 millones.

243. En la fecundación in vitro, luego de lograr la ovulación en la paciente, cuántos embriones deben transferirse:

No más de 3.

244. Tipo de técnica de fertilización que puede provocar mayor cantidad de embarazos ectópicos y de abortos, no así malformaciones congénitas:

Fecundación In Vitro.

245. Técnica de fertilización que consiste en inyectar un único espermatozoide dentro del ovocito. Está indicada en casos de oligospermia grave, fallo de Fecundación In Vitro o de mala calidad de los ovocitos:

Microinyección espermática.

246. Esta técnica permite realizar un diagnóstico genético preimplantatorio en los embriones, seleccionando embriones cromosómicamente sanos o no afectados de enfermedades genéticas:

Microinyección espermática.

247. Se considera la complicación más grave de Enfermedad Inflamatoria Pélvica:

Infertilidad.

248. Los criterios diagnósticos para Gardnerella Vaginalis se denominan:

Criterios de Amsterl.

249. Estadio del cáncer de Cérvix que puede producir alteraciones renales:

Estadio III. Más específico. IIIB

250. **La asociación de cáncer de ovario, ascitis e hidrotórax se denomina:**
Síndrome de Meigs.

251. **Carcinoma de Mama que tiende a presentarse con más frecuencia bilateralmente:**
Carcinoma Lobulillar Invasor.

252. **Tipo de biopsia invasiva que permite la diferenciación entre formas invasoras o no invasoras de cáncer de mama:**
Biopsia por Aguja Gruesa.

253. **Los niveles de progesterona en mujeres menopáusicas se encuentran:**
Disminuidas.

254. **Se define como el sangrado menstrual excesivo asociado a ciclos regulares:**
Hipermenorrea.

Preguntas intrusas:

255. **Es el tipo más frecuente de todas las porfirias:**
Porfiria cutánea tardía

Obstetricia

1. **Día en que empieza a formarse la placenta:**
9no día postconcepcional
2. **La placenta logra su estructura definitiva en el siguiente mes:**
5to mes.
3. **Mecanismos de transporte que utiliza la placenta para intercambio de sustancias:**
Difusión simple, facilitada, transporte activo y pinocitosis. Fagocitosis.
4. **Mencione sustancias que no atraviesan la placenta:**
   Insulina, Inmunoglobulina M, y la Heparina.
5. **Hormona encargada de mantener en función al cuerpo lúteo las primeras semanas:**
Hormona Coriónica Humana.
6. **El pico máximo de la HCG se da a nivel de la siguiente semana:**
10ma semana
7. **Hormona sexual que también interviene como precursora de hormonas fetales:**
Progesterona.
8. **Es la hormona que asegura el suministro de glucosa fetal y prepara la glándula mamaria para la lactancia:**
   Lactógeno placentario.
9. **Sustancia útil como marcador de bienestar fetal:**
Estriol.
10. **El precursor del estriol, se sintetiza en los siguientes órganos:**
Hígado y glándula suprarrenal fetal.
11. **Nombre que se le otorga a encías hipertróficas e hiperémicas en embarazadas:**
Épulis.
12. **Cambios fisiológicos que se pueden evidenciar en el embarazo:**
   Aumento del volumen vascular.
   Disminuye la tensión arterial en primer y segundo trimestre, aumento en el tercero.
   Aumento de la presión venosa en pelvis y piernas.
   Disminuye resistencia vascular.
   Taquicardia.
   Ruido de galope.
   Desboblamiento del segundo ruido.
   Soplo sistólico.
13. **El mecanismo de producción de anemia durante el embarazo está provocado a través de:**
   Hemodilución.
14. **Tipo de anemia más frecuente en el embarazo:**
   Anemia ferropénica.
15. **Cuáles trastonos podemos observar en las analíticas de una paciente embarazada de manera fisiológica:**
Leucocitosis pero sin desviación a la izquierda, trastornos de la coagulación, trombocitosis, disminución de la actividad fibrinolítica.
16. **El filtrado glomerular en las pacientes embarazadas, se encuentra:**
   Aumentado.
17. **La manifestación digestiva fisiológica más frecuente en mujeres embarazadas es:**
Disminución de la contractilidad del músculo liso, lo que se va a caracterizar por estreñimiento, pirosis, reflujo gastrointestinal, hipotonía vesicular.
18. **El aumento de peso ideal durante el embarazo es el siguiente:**

1 kg de peso mensual.

19. El anabolismo en el embarazo se da con mayor frecuencia en:

En la primera mitad del embarazo.

20. Mencione algunos fármacos contraindicados durante el embarazo:

Anticoagulantes orales, talidomida, ketoconazol, tetraciclinas, quinolonas, tiazidas, retinoides (Vitamina A).

21. Hablamos de captación temprana en el embarazo cuando:

Lo diagnosticamos antes del primer trimestre (12 semanas).

22. Cuántas visitas prenatales son las ideales durante todo el embarazo:

Mínimo 6 visitas.

23. Los cambios fisiológicos que ocurren en los pulmones de una mujer embarazada son:

Aumento de la ventilación pulmonar, por lo que puede producir alcalosis respiratoria.

24. La duración de un embarazo normal es de:

280 días, 40 semanas.

25. Método diagnóstico precoz de embarazo:

BHCG en Sangre, a partir de la implantación, 3ra semana.

26. Método diagnóstico más utilizado para determinar embarazo:

Moléculas HCG en Orina. 4ta o 5ta semana.

27. La primer ecografía transvaginal se puede realizar a partir de:

4ta o 5ta semana.

28. Se considera un signo seguro de embarazo:

Percepción de partes fetales.

29. Constituye el medio diagnóstico de elección durante el embarazo:

Ecografía.

30. Las exploraciones ecográficas durante todo el embarazo se debe realizar en las siguientes semanas:

Primera ecografía: 8-12 semanas.

Segunda ecografía: 18-20 semana.

Tercera ecografía: 34-36

31. Parámetro más fiable para datar edad gestacional en ecografía de primer trimestre:

Logitud craneocaudal, craneo raquidea.

32. El latido cardíaco puede detectarse en la siguiente semana:

Vía Vaginal: 6 semanas.

Vía Abdominal: 7 semanas.

33. Principal marcador de cromosomopatías:

Translucencia Nucal mayor de 3,5 mm.

34. Aparición de Higroma Quístico sugiere que estamos frente al:

Síndrome de Turner.

35. Se considera el mejor momento para hacer un diagnóstico morfológico del feto:

Ecografía del segundo trimestre, 18-20 semanas.

36. La biometría fetal en el segundo trimestre se mide a través de:

Diámetro Biparietal, mejor parámetro.

37. Cuáles otros mecanismos se utilizan para medir la biometría fetal en el segundo trimestre del embarazo:

Longitud femoral y diámetro abdominal.

38. Malformaciones mejor diagnosticadas en el segundo trimestre:

Las de SNC.

39. Malformaciones peor diagnosticadas en el segundo trimestre del embarazo son:

Cardíacas y faciales.

40. Mejor método para medir la edad gestacional en tercer trimestre:
Longitud femoral.

41. Constituye la primera herramienta de diagnóstico y clasificación de fetos con sospecha de restricción de crecimiento:
Doppler.

42. Factores de riesgo para embarazo con Crecimiento Intrauterino Retardado:
Tabaquismo, alcohol, drogas, un embarazo previo con esta condición, trastornos hipertensivos del embarazo, desnutrición, edad avanzada, miomas, malformaciones uterinas.

43. La disminución de la tensión arterial durante los dos primeros trimestres del embarazo se debe a la siguiente hormona:
Progesterona.

44. La leucocitosis del embarazo puede estar más aumentada en las siguientes etapas:
Parto y puerperio inmediato.

45. Método de cribado bioquímico del primer trimestre que se encuentra elevado y es sugestivo de Síndrome de Down:
BHCG Libre.

46. Su disminución en el primer trimestre se asocia a Síndrome de Down.
Proteína A asociada a la placenta. PAPP-A.

47. Marcador bioquímico del segundo trimestre (a partir de las 14 semanas) que indica caso sugestivo de Síndrome de Down.
Disminución de Alfafetoproteína. Se mide en suero materno. Es producida por feto.

48. Niveles aumentados de AFP en suero materno sugieren en segundo trimestre del embarazo:
Defectos del tubo neural.

49. Cuál otra proteína específica de la gestación puede estar aumentada en Síndrome de Down:
Glucoproteína B1 específica de la gestación, SP1.

50. Método de cribado actual combinado:
Edad materna, BCHG, PAPPA, translucencia nucal.

51. Método invasivo diagnóstico más utilizado durante el embarazo:
Amnioscentesis.

52. A las cuántas semanas de gestación se puede realizar la primera amnioscentesis:
14 semanas

53. A las cuántas semanas de gestación se puede realizar la amnioscentesis tardía:
32 semanas.

54. Indican signos de madurez fetal en amnioscentesis a partir de la semana 32:
Presencia de fosfatidil glicerol, aumenta relación lecitina-esfingomielina.

55. Otras funciones de amnioscentesis tardía:
Medición de bilirrubina en caso de isoinmunización, evacuar líquido en polihidramnios o amnioinfusión.

56. Que otro nombre recibe la cordocentesis:
Funículocentesis.

57. Tipo de técnica utilizada a las 18 semanas de gestación con fines de obtener cariotipo fetal rápido, a través de vasos umbilicales:
Cordocentesis.

58. Tipo de técnica de diagnóstico invasivo que posee mayor pérdida fetal:
Biopsia corial.

59. Tipo de ténica que tiene menor porcentaje de abortos:
Amnioscentesis (obtiene líquido y fibroblastos).

60. Meconio de aparición reciente tiene color de tipo:
Verde.

61. Meconio de aparición tardía:
Sanguinolento o amarillo - dorado, sugiere presencia de bilirrubina.

62. Método de elección para visualizar liquido amniótico, coloración y cantidad a través del cérvix anteparto:
Amnioscopio, más de 37 semanas.

63. El registro cardiotocográfico puede emplearse a partir de la siguiente semana:
28 semanas.

64. El registro cardiotocográfico valora los siguientes parámetros:
Frecuencia Cardíaca Fetal, Variabilidad, Ascenso o Aceleraciones y Deceleraciones.

65. La causa fisiológica más frecuente de taquicardia fetal:
Fiebre materna.

66. La causa fisiológica más frecuente de bradicardia fetal:
Hiploglicemia y sueño fetal.

67. La variabilidad de la frecuencia cardíaca fetal de peor pronóstico es:
Sinusoidal, **2-5 ondulaciones por minuto.**

68. Tipo de variabilidad de la frecuencia cardíaca fetal que sugiere anemia fetal grave:
Tipo Sinusoidal

69. Las deceleraciones o DIPS suelen ser de una duración:
15-20 segundos. Y descenso mayor de 15 lpm.

70. Causas de DIPS tipo 1 (precoces).
Compresión de cabeza fetal y por ende, estimulación vagal.

71. . Causas de DIPS tipo 2 (tardías).
Indican acidosis fetal. Decalaje más de 20 segundos.

72. Deceleraciones variables o umbilicales indican patología en la siguiente estructura:
Cordón Umbilical.

73. Menor presión uterina entre dos contracciones:
Tono.

74. Tiempo de contracción del útero en registro cardiotocográfico se le denomina:
Duración

75. Se conoce como la mayor presión entre dos contracciones uterinas:
Intensidad

76. Es el tiempo transcurrrido entre la contracción uterina y el descenso de la frecuencia cardíaca fetal:
Decalaje

77. Se considera el objetivo principal intraparto:
Disminuir la morbimortalidad maternofetal.

78. Indica patrón o signo más fiable para finalización inmediata de gestación por pérdida de bienestar fetal:
Determinación de PH en cuero cabelludo fetal.

79. Método más adecuado para diagnóstico de sufrimiento fetal intraparto.
Microtoma fetal.

80. PH fetal normal:
7.25-7.45.

81. PH fetal Prepatológico:
7.20-7.24.

82. Pulsiooximetría fetal normal:

30-60%.

83. La muerte fetal precoz es aquella que se produce en las siguientes semanas:
24-30.

84. La muerte fetal tardía es aquella que se produce en las siguientes semanas:
28-40 semanas.

52. Signo clínico que representan los latidos aórticos de la madre producto de la reabsorción del líquido amniótico en muerte fetal:
Signo de Boero.

53. Signo clínico caracterizado por la Crepitación de cabeza fetal en muerte fetal se denomina:
Signo de Negri.

54. Acabalgamiento de parietales en ecografía:
Signo de Spalding.

55. Asimetría facial:
Signo de Horner.

56. Aplanamiento de bóveda craneana:
Signo de Spangler.

57. Halo pericraneal translúcido:
Signo de Damel o Deuel.
Corona de Santo

58. Caída de maxilar inferior:
Signo de Brakeman

59. Gas en el feto:
Signo de Robert.

60. En qué consisten el signo de Baldi y Margulies?
Secreción sanguinolenta vaginal luego de muerte fetal, indica que existe antigüedad en la muerte.

Signo de Apelotonamiento fetal en muerte fetal:
Signo de Hartley. Colapso completo de columna vertebral.

Es la terminación del embarazo antes de las 20 semanas:
Aborto.

61. Se considera como aborto precoz:
Aquel que sucede antes de las 12 semanas de gestación.

Tipo de aborto más frecuente en relación al momento de aparición:
Precoz.

Se considera como aborto tardío aquel que ocurre en las siguientes semanas:
12-20.

62. Causa más frecuente de aborto:
Alteraciones cromosómicas.

Alteración cromosómica más frecuente asociada a abortos:
Trisomía autosómica

Representa el cariotipo para síndrome de Turner:
45 X.

Alteración tiroidea asociada a riesgo de abortos:
Hipotiroidismo.

63. En qué consiste el Síndrome de Asherman:
Adherencias o sinequias intrauterinas poslegrado.

64. Etiología más frecuente de aborto tardío a repetición:
Incompetencia cérvico ístimica.

Paciente femenina de 28 años con 9 semanas de gestación por FUM, acude a emergencias por presentar dolor en hipogastrio leve y sangrado transvaginal leve, al tacto vaginal no se evidencia modificaciones en cuello uterino, en ecografía no existen alteraciones en feto, podríamos estar frente a:

Amenaza de Aborto.

La evidencia ecográfica del denominado "Huevo Huero", sin actividad cardíaca ni saco vitelino, podríamos estar en frente a:

Huevo Anembrionado - Aborto diferido.

Hablamos de aborto recurrente o habitual cuando:

Existen 3 o más abortos espontáneos, o 5 alternos.

Se considera el procedimiento más sencillo de evacuación uterina:

Legrado bajo anestesia general.

65. En caso de aborto séptico, la demostración del siguiente microorganismo es indicación de histerectomía?

Clostridium.

66. La aspiración manual endouterina (AMEU) (legrado manual), se realiza en los casos de:

Que tenga menos de 12 semanas, y menos de 2 cm de apertura cervical.

Dos de las características de la enfermedad trofoblástica en cuanto a su fisiopatología, son las siguientes:

Es quística y avascular.

La enfermedad molar realiza su metástasis a través de la siguiente vía:

Vascular.

El tipo Mola más frecuente es la siguiente:

Mola Completa.

La carga genética que predomina en la mola completa es la siguiente:

Origen paterno.

La carga genética que predomina en la mola parcial es la siguiente:

Es triploide, Genes maternos, fecundación de un óvulo por dos espermatozoides, 69, XXY.

El riesgo de Enfermedad Trofoblástica Persistente es mayor en la Mola de tipo:

Mola Completa.

Es el signo más habitual y principal motivo de consulta en Mola Hidatiforme:

Metrorragia.

Técnica diagnóstica de elección en embarazo molar:

Ecografía.

El diagnóstico de certeza de embarazo molar se realiza a través de:

Biopsia, luego de legrado.

Técnica de tratamiento más utilizada en embarazo molar:

Legrado por aspiración. En mujeres con deseos genésicos cumplidos es histerectomía.

Diagnosticamos embarazo molar persistente cuando:

BCHG en sangre persiste elevada 8 semanas luego de evacuación de mola.

Se define como curación a la ausencia completa de evidencia clínica de Mola Hidatiforme en una duración de al menos :

5 años.

Las metástasis más frecuentes de Enfermedad Trofoblástica son:

Pulmón, Vagina, Cerebro e Hígado.

Un embarazo heterotópico es aquel que:

Existe un embarazo ectópico y eutópico simultáneamente.

Es la localización más habitual del embarazo ectópico:

En las trompas de Falopio: específicamente en la porción ampular.

Es considerado el primer paso de la exploración diagnóstica en embarazo ectópico:
Ecografía transvaginal.

En un embarazo normal la HCG puede aumentar de la manera siguiente:
Se duplica cada dos días, y su máximo es en la décima semana.

El diagnóstico de embarazo ectópico se confirma luego de ecografía con:
Laparoscopía más biopsia.

El tratamiento médico de Embarazo ectópico se realiza con el siguiente fármaco:
Metrotexate asociado a Ácido Folínico

Es considerada la primera causa de hemorragia del tercer trimestre:
Placenta Previa.

Cuál es la clasificación de placenta previa en relación a su inserción con respecto al orificio cervical interno:
Oclusiva Total: Tipo I

Oclusiva Parcial: Tipo II.

Marginal: Tipo III.

Lateral: Tipo IV.

Son factores de riesgo asociados a Placenta Previa:
Multiparidad, cesárea anterior, embarazo múltiple, mujeres fumadoras (tabaquismo).

Constituye la mayor amenaza para el feto en caso de Placenta Previa:
Prematuridad.

Medio diagnóstico de elección en sospecha de placenta previa:
Sonografía abdominal o transvaginal.

Es una de las complicaciones posparto en placenta previa:
Hemorragia.

La causa más frecuente de desprendimiento prematuro de placenta es:
Rotura de vasos maternos en la decidua.

Es la cubierta uterina (endometrio), específicamente en embarazo, da origen a la porción materna de la placenta:
Decidua

Es el factor de riesgo mayor relacionado con desprendimiento de placenta:
Hipertensión arterial.

Son considerados factores de riesgo para Desprendimiento Prematuro de Placenta:
Multiparidad

Edad mayor de 35 años.

Preeclampsia

Traumatismos.

Nutricional

Tóxicos

El útero de Couvaliere es una complicación hemorrágica que puede verse en la siguiente patología:
Abruptio Placentae Masivo.

Constituye la causa más frecuente de alteraciones en la coagulación en el embarazo:
Desprendimiento Prematuro de Placenta

Infiltraciones hemorrágicas en el miometrio que producen una hipotonía en el mismo con incapacidad para contraerse de forma efectiva, y que puede producir una hemorragia postparto importante, es una complicación de Abruptio Masivo:
Útero de Couvaliere.

Se considera la patología hemorrágica menos frecuente del tercer trimestre:

Rotura de Vasa Previa.

Cuál otro nombre recibe la Vasa Previa:

Inserción velamentosa. (El cordón umbilical se inserta en la bolsa amniótica)

Cuál es la causa más frecuente de Rotura Uterina:

Deshicencia de una cicatriz de cesárea previa.

En la siguiente patología hemorrágica del tercer trimestre es posible la palpación de partes fetales:

Rotura Uterina.

Patología hemorrágica del tercer trimestre relacionada con mayor porcentaje de muerte fetal:

Rotura de Vasa Previa

La arteria umbilical única es un trastorno que se asocia con frecuencia a:

Madres diabéticas, embarazos múltiples, malformaciones digestivas y genitourinarias.

El cordón umbilical mide:

45 – 60 cms.

Los nudos del cordón umbilical son engrosamientos de la siguiente estructura:

Gelatina de Warthon.

Los circulares del cordón se localizan con mayor frecuencia en:

Cuello del feto.

Los circulares del cordón se asocian con mayor frecuencia a:

Polihidramnios y larga longitud del cordón.

70. Consiste en un descenso del cordón umbilical a través del estrecho superior sin sobrepasar la presentación.

Procidencia o laterocidencia del cordón

71. Tratamiento de prolapso del cordón umbilical:

Terminación inmediata del embarazo.

72. Inserción normal de placenta es en:

Endometrio (decidua)

73. Placenta acreta:

Inserción a nivel del miometrio.

74. Placenta increta:

Dentro del miometrio.

75. Placenta que sobrepasa endometrio y llega a peritoneo:

Placenta percreta.

76. Alteraciones patológicas en las que suele haber poliurea fetal:

Anaencefalia y Diabetes Materna, Déficit de Adh.

Hablamos de Polihidramnios cuando la cantidad de líquido amniótico es:

Mayor de 2,000 ml.

78. Oligoamnios:

Menos de 500 mililitros.

79. Causa más frecuente de oligoamnios:

Alteraciones renales. Hipoplasia pulmonar. Retraso de Crecimiento Intrauterino

80. Secuencia de Potter.

FEHO.

fascie arrugada, extremidades en flexión, hipoplasia pulmonar, Oligoamnios,

Síndrome de Potter: se le agrega agenesia Renal.

Si la división ocurre en 3 dias el tipo de embarazo gemelar será:

Bicorial biamniótica.

81. Tipo de división más frecuente en embarazo gemelar:

Monocorial biamniótica. División de 4 a 8 días.

82. Si la división ocurre pasado los 8 días se tratará de:

Monocorial monoamniótica.

83. Si la división ha pasado los 13 días:

Los gemelos siameses.

84. Son las características de embarazos dicigóticos o bivitelinos:

Fecundados por dos óvulos con dos espermatozoides, dos hermanos cualesquiera. Siempre tienen dos placentas y dos sacos.

85. Qué tipo de gestación gemelar es más frecuente:

Dicigóticas.

El riesgo de aborto en embarazo gemelar es más frecuente en:

Gemelos monoamnióticos.

86. Feto en momificación puede llamarse además:

Feto papiráceo.

87. Origen más probable de Hipertensión en Embarazo en gestación múltiple:

Aumento del líquido intravascular.

La causa principal de morbimortalidad fetal en embarazo gemelar es la siguiente:

Prematuridad.

88. El crecimiento discordante entre ambos gemelos es más frecuente en:

Monocigotos.

89. El prolapso del cordón es más frecuente en el tipo de gestación:

Gestaciones monoamnióticas.

90. Tipo de presentación más frecuente en embarazo múltiple como indicación para parto vaginal:

Primer y segundo cefálico.

91. Cómo es la característica de dinámica uterina en amenaza de parto prematuro:

Regular.

92. Hablamos de prematuridad leve cuando las semanas de gestación son las siguientes:

32-36 semanas.

93. Principal causa de parto pretérmino:

Espontánea o idiopática.

94. Cuáles son las funciones del tapón mucoso:

Actividades antimicrobianas y antiproteolíticas.

95. Contracciones necesarias para hablar de amenaza de parto pretérmino:

4 en 20 o 30 minutos u 8 en 60 minutos. Con 30 segundos de duración

Las contracciones de Braxton Hicks aparecen en el siguiente trimestre de gestación:

Tercer Trimestre.

Método más utilizado para la valoración del cuello uterino en Amenaza de Parto Pretérmino:

Tacto Vaginal por Test de Bishop

Parámetros que valora el Test de Bishop:

Consistencia de cérvix, posición, borramiento, dilatación, presentación.

96. Fenómeno del embudo que sugiere inminencia a parto pretérmino se puede visualizar mediante:

Ecografía.

La función de los fármacos tocolíticos es la siguiente:

Inhibir las contracciones

97. Tratamiento empírico utilizado en rotura prematura de membranas:

Ampicilina y eritromicina.

98. En tocólisis, el Atosibán es un antagonista de los efectos de:

Oxitocina.

99. Una de las complicaciones de Nifedipina o antagonista de calcio en Amenaza de Parto Prematuro es:

Rubor facial e hipotensión.

Fármacos utilizados en tratamiento de amenaza de parto prematuro:

Tocolíticos: Atosibán.

Betamiméticos: Ritodrine

Nifedipino

Indometacina.

Fármaco que se debe suministrar para la neuroprotección fetal en Amenaza de Parto Prematuro:

Sulfato de Magnesio.

100. Causas de embarazo prolongado.

Desconocida.

101. Método más fiable para datar la gestación

Longitud corono rabadilla en primer trimestre vía vaginal

102. Se considera un cérvix maduro cuando el índice de Bishop se encuentra por encima de:

5.

104. Es el mejor método para facilitar el parto en Cérvix inmaduro:

Prostaglandinas E2 intracervical.

105. Fármaco más eficaz para facilitar el parto cuando cuello es muy maduro:

Oxitocina

Maniobra que consiste en despegar las membranas mediante un masaje intracervical para favorecer la liberación de prostaglandinas:

Maniobra de Hamilton

106. Los planos de Hodge son elementos imaginarios que localizan la cabeza fetal con respecto a:

La pelvis.

Los planos de Hodge se distribuyen de la siguiente manera:

Hodge I: Línea imaginaria desde el borde superior del pubis hasta promontorio del sacro.

Hodge II: Línea imaginaria desde el borde inferior del pubis

Hodge III: Espinas ilíacas. (Ciáticas)

Hodge IV: Extremo del coccix.

El diámetro del conjugado obstétrico es el siguiente:

10,5 - 11 cms.

107. Los planos de Lee relacionan:

Vértice de la presentación con líneas paralelas de las espinas.

Se miden en centímetros y son negativas por encima de las espinas y positivas por debajo.

El plano 0 de Lee, coincide con Hodge III, plano +3 de Lee coincide con plano IV de Hodge.

La relación del feto con la vertical uterina, puede ser longitudinal, transversa u oblicua, a eso se le conoce como:

Situación

Parte fetal que está en relación con la pelvis materna, puede ser cefálica o (pelviana) podálica, se conoce como:

Presentación

Orientación del feto o dorso del mismo con respecto a la pelvis materna. Derecha o izquierda, anterior o púbica, posterior o sacra.

Posición

A la relación entre sí de las distintas partes fetales se le conoce como:

Actitud.

112. El parto inicia cuando:

El cérvix ha dilatado dos centímetros. 50% de borramiento, y 2 contracciones en diez minutos.

113. El momento idóneo para hacer una episiotomía es:
Cuando el feto corona la vulva.

114. Fases del parto:
Dilatación, expulsivo y alumbramiento.

El tipo de rotura de membranas que ocurre antes del comienzo de parto se denomina:
Rotura Prematura de Membranas.

Tipo de rotura de membranas que ocurre desde el inicio del trabajo hasta la dilatación completa del cuello:
Rotura precoz. (Más frecuente)

Cuando la rotura de membranas ocurre cuando existe dilatación completa, durante el expulsivo, se denomina:
Rotura tempestiva.

115. Sustancia que aparece en líquido vaginal que nos sugiere rotura prematura de membrana:
Fosfolípidos.

116. Que es la rotura de membranas oportuna:
Es aquella que ocurre en el período de dilatación, engloba la precoz y tempestiva.

117. Los instrumentos para el parto solo se pueden utilizar en las siguientes circunstancias:
Dilatación completa y presentación cefálica.

Medidas que permiten acelerar el trabajo de parto una vez está iniciado:
Estimulación

Las espátulas se utilizan en el siguiente plano de Hodge:
IV.

118. Es el instrumento ideal en caso de sufrimiento fetal:
Fórceps. **III plano de Hodge.**

Las maniobras de Leopold examinan lo siguiente:
I: Fondo vaginal.
II: Situación y posición.
III: Altura de la presentación.
IV: Presentación y altura.

Tipo de instrumentación del parto que es menos traumática:
Ventosa.

119. Qué es la versión cefálica externa:
Conjunto de maniobras realizadas para cambiar posición podálica a cefálica en fetos.

120. Que es el Puerperio :
Periodo comprendido desde el parto hasta primera menstruación.

Cuál es la duración aproximada del puerperio:
40 días.

121. Puerperio inmediato.
Primeras 24 horas.

Durante el alumbramiento, la pérdida fisiológica de sangre es de aproximadamente:
300-500 ml

Constituye la principal causa de transfusión posparto:
La pérdida durante el alumbramiento.

122. Útero tarda en involucionar:
6 semanas.

123. Síndrome de Sheehan:
Necrosis hipofisaria postparto.

124. Causas de sangrado postparto; 4t
Atonía, trauma canal genital, tejidos placentarios restos, alteraciones en trombina.

125. Agente exógeno más frecuente de Infección puerperal: 2 a 10 días postparto.
Enterococo.

Factor de riesgo más importante para endometritis:
Cesárea.

La causa más frecuente de Mastitis postparto es:
Infección por Stafilococos Aureus.

126. La subida de la leche brusca tras el parto se debe a las siguientes sustancias:
Descenso de progesterona y lactógeno placentario.

Es la inmunoglobulina presente en secreciones corporales y macrófagos:
IgA.

La leche materna carece de la siguiente vitamina importante para la coagulación:
Vitamina K.

127. Tiempo de duración del calostro:
4 días.

128. Fármaco que inhibe secreción de leche materna:
Cabergolina

El mecanismo de acción de la cabergolina es el siguiente:
Agonista dopaminérgico que inhibe la producción de prolactina.

Es el fármaco betabloqueante que puede producir crecimiento intrauterino retardado:
Atenolol

Se considera la principal alteración metabólica asociada a embarazo:
Diabetes Mellitus.

El riesgo de transmisión fetal de Toxoplasmosis es mayor cuando:
Se adquiere más tarde.

El riesgo de severidad fetal de Toxoplasmosis es mayor cuando:
Se adquiere más temprano.

Son los componentes de la Tétrada de Sabin:
Coriorretinitis Convulsiones, Calcificaciones Cerebrales e Hidrocefalia. (CCCH)

El diagnóstico fetal de toxoplasmosis se realiza a través de la siguiente prueba:
IgM, PCR o Cultivos por amnioscentesis.

El tratamiento materno de Toxoplasmosis en el embarazo es el siguiente:
Espiramicina.

La frecuencia y gravedad de afectación fetal por Rubeola es mayor cuando:
Se adquiere más temprano.

La manifestación clínica de la Rubeóla en el feto viene dada por:
COCO:
C: Cabeza - Microcefalia
O: Ojo: Cataratas.
C: Corazón (DAP).
Oído: Sordera Neurosensorial

Organismo más frecuentemente implicado en infecciónes congénitas:
Citomegalovirus.

Corresponde a la sintomatología de infección congénita por Citomegalovirus:
CMV

Coriorretinitis, Microcefalia, Calcificaciones Periventriculares. Puede existir también sordera neurosensorial.

La infección del citomegalovirus durante el embarazo se da con mayor frecuencia en el siguiente periodo:
Segunda mitad de la gestación, cursa asintomático.

La transmisión de Sífilis Congénita ocurre con mayor frecuencia en el siguiente período del embarazo:
Tercer trimestre.

La sífilis primaria tiene un riesgo de transmisión al feto de:
70%

La SÍFILIS SECUNDARIA tiene un riesgo de transmisión al feto de:
90-100%.

La sífilis latente temprana tiene un riesgo de transmisión al feto de:
30%.

La sífilis latente tardía tiene un riesgo de transmisión al feto de:
20%.

La triada de Hutchison consiste en, y se presenta en el tipo de Sífilis:
Queratitis, hipoacusia y alteraciones dentarias, y se presenta en Sífilis Congénita Tardía.

Otros signos clínicos que se presentan en sífilis congénita tardía (más de 2 años)
Tibia en Sable y Tabes Juvenil

Las pruebas no treponémicas son las siguientes:
VDRL, RPR.

Las pruebas treponémicas son las siguientes:
FTA Abs, TPHA.

El mayor riesgo de transmisión de Varicela durante el embarazo es en el siguiente periodo:
Si la madre se infecta 5 días antes y 2 después del parto.

En un recién nacido hijo de madre con Virus de Hepatitis Positivo se suele administrar la inmunoblobulina y vacuna para Hepatitis B a las siguientes horas:
Antes de 12 horas de vida, en este caso, lactancia materna no está contraindicado si se vacuna.

Tratamiento retroviral en VIH contraindicado en paciente embarazada:
Efavirenz, es teratogénico.

Tratamiento antiretroviral indicado durante el parto vaginal en paciente VIH positiva:
Zidovudina IV.

Criterios para parto indicación parto vaginal en paciente con VIH:
CD4 mayor de 200.
Carga viral menor de 1,000
TAR controlado
Gestación a término
Bolsa rota menor de 4 horas.

Causa más frecuente de infección bacteriana neonatal:
Estreptococo Betahemolítico del Grupo B

La profilaxis para disminuir el riesgo de infección por estreptococo betahemolítico del grupo B al neonato es la siguiente:
Penicilina o Ampicilina intraparto

Son las vacunas que pueden administrarse durante la gestación:
Tétanos, Tos Ferina, Hepatitis B, Gripe.

Son las vacunas que no pueden administrarse durante la gestación:
Sarampión, Rubéola, Parotiditis, Varicela.

Es aquella mujer portadora de factores que pueden presentarse en el embarazo, que aumentaría a su vez la posibilidad tanto para ella como para su hijo de sufrir enfermedad, lesión o muerte:
Riesgo reproductivo.

Número de muertes maternas por cada 100,000 nacidos vivos:
Mortalidad Materna.

Es el número de muertes en menores de 1 año por cada 1,000 nacidos vivos:
Mortalidad Infantil.

Tasa de mortalidad infantil en República Dominicana en año 2017:
18,1 muertes/1.000 nacimientos

Tasa de mortalidad neonatal en República Dominicana:
20 por cada 1,000 nacidos vivos
Otros dicen 25 por cada 1,000

Tasa de mortalidad materna en República Dominicana:
92 muertes / 100.000 niños nacidos vivos

Tasa de fecundidad en República Dominicana:
100,6 por 1,000 mujeres de 15 a 44 años.
Fertilidad, 2,4 por mujer

La glándula suprarrenal fetal tiene un máximo tamaño en la siguiente periodo de gestación:
Cuarto mes.

Los parámetros cardiotocográficos se pueden evaluar a partir de la siguiente semana:
28 semanas.

La cubierta del blastoscisto es:
Trofoblasto.

La coloración violácea de la vulva y la vagina como signos presuntivos de embarazo, suele aparecer en la siguiente semana de gestación:
4ta semana.

Ante una metrorragia en una mujer joven, la prueba de diagnóstico es:
Sonografía transvaginal.

Tamaño normal del útero es:
8x6x4 cms.

La técnica AMEU (Legrado Endouterino Manual), se realiza en los siguientes tipos de aborto:
Aborto incompleto, menor de 12 semanas, con dilatación cervical menor de 2cms.

En una paciente diagnosticada con placenta previa en la que no hay contracciones ni sangrado, cuál es el manejo:
Igual que embarazo normal.

Los corticoides además de inducir el desarrollo y maduración pulmonar en el feto, también puede implicar desarrollo en el siguiente sistema:
Digestivo.

La bacteriuria asintomática debe ser siempre tratada en la embarazada.

En el estrecho inferior, es el diámetro biisquiático más pequeño:
Conjugado obstétrico.

La preeclampsia puede aparecer antes de las 20 semanas, llamada precoz, debido a las siguientes patologías:
Mola Hidatiforme, Hidrops y embarazo gemelar.

La manifestación más frecuente en rubéola congénita es que el feto presente:
Retraso del Crecimiento Intrauterino.

El tipo de crecimiento intrauterino asimétrico que se da por encima de las 32 semanas, su etiología más frecuente es:
Insuficiencia Placentaria.

Hematología

La anemia ferropénica y la sideroblástica se dan por un defecto en la siguiente estructura de la hemoglobina:
Hem.

Las talasemias se dan por un defecto en la siguiente estructura de la hemoglobina:
Globina.

Cuando disminuyen los depósitos de hierro del organismo la siguiente sustancia disminuye:
Ferritina.

Es el dato que orienta a anemia de origen ferropénico a primera instancia en anemias microcíticas:
Ferritina. Además traduce los depósitos de hierro corporales.

El folato (B9) y la B12 son necesarias para:
La división del núcleo y síntesis de ADN.

Pertenecen a los tipos de anemias microcíticas:
Ferropénica (disminución de hierro), talasemias (disminución de globinas) y disminución de porfirinas (anemia sideroblástica).

Pertenecen a los tipos de anemias macrocíticas:
Megaloblásticas, síndromes mielodisplásicos, enfermedades sistémicas (hepatopatías – hipotiroidismo), tóxico (alcohol, fármacos).
Todas son hipoproliferativas.

Pertenecen a los tipos de anemias normocíticas:
Aplasia medular, trastornos crónicos (debido a secuestro de Hierro)

Se consideran anemias hiperproliferativas:
Anemias por pérdida aguda de sangre, anemias hemolíticas, y normocíticas.

Término que se refiere a ocupación de la médula ósea:
Mieloptisis.

Células en forma de lágrima:
Dacriocitos. Por reacción leucoeritroblástica.

Es una sustancia que promueve la adhesión plaquetaria:
Ristocetina.

Proteína implicada en la adhesión de plaquetas:
Gp Ib

Proteína implicada en la agregación de plaquetas:
Gp IIb, IIIA.

Anticoagulante que actúa sobre la vía intrínseca:
Heparina. Potencia acción de antitrombina III.
Lo evaluamos mediante TTPA. Tiempo de tromboplastina parcial. Factor X aumenta con tratamiento de heparina.

Anticoagulantes orales actúan sobre la vía:
Extrínseca, con efecto antagónico de vitamina K. Inhiben síntesis de factores II, VII, IX Y X. Tiempo de **protrombina** aumenta. También se utiiliza INR.

Primer factor de coagulación que se agota en tratamiento con anticoagulantes orales:
VII.

Factores de coagulación que participan en vía intrínseca:
VIII, IX, XI, XII.

Factores de coagulación que participan en vía extríseca:
III, VII.

Factores de coagulación que participan en vía común:

X, V, II, I. **(1,251)**

La trombogénesis está dada en la mayoría de los casos por:

Triada de Virshow. Hiperviscosidad. Daño del endotelio y Estasis.

La formación de los trombos están limitados gracias a:

Antitrombina III y proteína C (potenciada por la proteína S)

Soplo sistólico panfocal indica anemia

Anemia que se produce debido a acortamiento de vida media eritrocitaria:

Hemolítica

La icteria de anemia hemolítica es de tipo :

Acolúrica.

Ictericia Colúrica: Bilirrubina directa en orina, no se refiere color.

La hemoglobina fetal está constituida por:

2 cadenas alfa – 2 gamma.

En el rasgo Alfa talasémico está contraindicado el hierro.

La producción de eritrocitos en el feto en hígado, bazo y médula ósea ocurre:

A partir del 4to mes, antes en saco vitelino.

Cada hemoglobina posee:

4 grupos hemo, 4 cadenas de globina.

El metabolismo de los eritrocitos se da gracias al siguiente proceso metabólico:

Glicólisis.

El término eritrocateresis se refiere a:

Muerte de eritrocitos (+ - 120 dias)

Lugar donde se encuentra almacenada la ferritina:

Hígado y Médula Ósea.

La intoxicación por plomo en hemograma lo podemos evidenciar como:

Anemia Microcítica Hipocrómica.

Causa más frecuente de anemia normocítica normocrómica:

Anemia de enfermedades crónicas.

Se consideran precursores de hematíes:

Reticulocitos. Valores normales: 1 -2%.

El término miedodesopsia se refiere a:

Visión de moscas o alteraciones visuales.

La pérdida diaria de hierro es de aproximadamente:

1 mg.

La ingesta diaria de hierro es de:

10 – 30 mg.

Existe mayor solubilidad del hierro en su forma:

Hémica.

El hierro es transportado a través de:

Transferrina en forma férrica. (La absorción se realiza en forma ferrosa o reducida)

Otra forma de transporte del hierro también es:

Ferritina.

La capacidad ligadora del hierro a la transferrina es de:

33%. Una de cada tres moléculas de transferrina transporta hierro en un determinado momento.

El hierro no se utiliza para hematopoyesis.

El hierro se almacena en los macrófagos en forma de:

Ferritina y hemosiderina.

Efecto adverso más frecuente de suministración de hierro por vía oral:

Intolerancia gástrica.

Reactante de síntesis hepática responsable de anemia de enfermedad crónica:
Hepcidina.

Representa la segunda causa de anemia:
Anemia megaloblástica.

Otro dato de laboratorio que podemos encontrar en anemia megaloblástica:
Pancitopenia.

Otro dato de laboratorio que podemos encontrar en anemia ferropénica:
Trombocitosis.

Causa más frecuente de malabsorción de Vitamina B12
Anemia perniciosa.

Cómo se realiza el diagnóstico diferencial de carencias de vitamina B12 y ácido fólico:
Prueba de orina en búsqueda de aumento de Ácido Metimalónico que en deficiencia de ácido fólico no aparece. En sangre, se busca homocisteína y dicho ácido.

El test de Shilling se utiliza para el diagnóstico de:
Anemia perniciosa, consiste en la observación de absorción de vitamina B12, al añadir Factor Intrínseco.

Tiempo al que se le da tratamiento con Vitamina B12 a pacientes con Anemia Perniciosa:
De por vida.

Se considera la causa más frecuente de anemia megaloblástica:
Deficiencia de ácido fólico (folatos depósitos duran unos 3-4 meses en hígado).

Son fármacos inhibidores de la folato reductasas:
TRIMETROPRÍN, Metrotexate, Barbitúricos, Triamtereno, Hidantoínas.

Cuál otro nombre recibe la anemia perniciosa:
Enfermedad de Addison Biermer.

La hemólisis extravascular predominantemente ocurre en la siguiente localización:
Bazo.

Triada clínica de anemia hemolítica:
Anemia, icteria y esplenomegalia.

Es la anemia hemolítica congénita más frecuente:
Esferocitosis hereditaria. (Enfermedad de Minkowski Chauffard)

Causa más frecuente de mortalidad en niños con Anemia Falciforme:
Sepsis neumocócica.

Causa más frecuente de anemia hemolítica enzimopática:
Déficit de Glucosa 6 fosfato Deshidrogenasa. **(Herencia ligada al cromosoma X)**

Las talasemias poseen una herencia:
Autosómica recesiva.

Los esquitocitos normalmente los podemos ver:
En traumas eritrocitarios.

Valores normales de la ferritina:
20 ug – 200 ug.

Anemia asociada a manchas en piel "café con leche", hipoplasia del pulgar, malformación del radio
Anemia de Fanconi. Es también una etiología de **anemia aplásica.**

Causa más común de Anemia Sideroblástica:
Intoxicación por plomo.

Forma de leucemia más frecuente en ancianos:
Leucemia Linfática Crónica

En qué consiste el síndrome de Evans:
Anemia y trombocitopenia de origen inmunológico.

Se consideran síntomas B en Leucemia Linfática Crónica:
Fiebre sin infección, pérdida de peso, sudoración nocturna.

Una de las leucemias de la que cursa con pancitopenia y las células poseen aspecto peludo:
Tricoleucemia.

Tipo de leucemia más frecuente en población infantil:
Leucemia Linfoblástica Aguda, 2-3 años.

Los bastones de Auer en una prueba Mieloperoxidasa positiva nos sugiere que estamos frente a:
Leucemia Aguda de estripe mieloide.

La fisiopatología de las leucemias consiste en:
Un intercambio de tejido hematopoyético normal por células inmaduras (blastos) en médula ósea.

La coagulación intravascular diseminada se puede dar con más frecuencia en el siguiente estadio de Leucemias Agudas:
Promielocítica (M3), a veces en M5.

Las alteraciones neurológicas ocurren en : M4 y M5

En qué consiste la Leucemia Aleucémica:
Hemograma con cambios leves y sin presencia de blastos en médula ósea.

Otros datos de laboratorio positivos en leucemias agudas:
Aumento de LDH y ácido úrico.

La célula de Reed Stenberg (células en ojo de búho) suele ser característica de:
Linfoma de Hodking.

Virus asociado a la etiopagenia de Linfoma de Hodking (pico bimodal 20-30 – 60):
Virus de Epstein Barr.

Variedad histológica más frecuente de Linfoma de Hodking según OMS:
Esclerosis Nodular.

Variedad histológica con mejor pronóstico de Linfoma de Hodking según OMS:
Linfocitaria.

La estadificación de Linfoma de Hodking se da por el siguiente sistema de Clasificación:
Sistema de Ann – Arbor – Costwolds.

El linfoma de No Hodking afecta a las siguientes células:
B (más frecuente), T, NK

Subtipo más frecuente de Linfoma No Hodking:
Difuso de Células B grandes, seguido del folicular.

La imagen de cielo estrellado puede verse en la siguiente patología:
Linfoma de Burkitt. (Representa la forma más agresiva del Linfoma)

Linfoma asociado a retrovirus (HTLV-I):
Linfoma de células T, más agresivo luego de Burkitt.

Síntoma más frecuente de Mieloma Múltiple:
Dolor óseo.

La proteinuria de Bence Jones está relacionada a:
Afectación renal por Mieloma Múltiple.

Inmunidad a la que afecta el Mieloma Múltiple:
Humoral.

El factor de Von Willebrand es sintetizado en:
Endotelio

Gluproteína que ayuda a la unión de plaquetas con colágeno subendotelial:
Ib.

Las plaquetas se activan gracias a la siguiente sustancia:
Trombina.

El tromboxano A2 se forma a partir de:
Ácido araquidónico
La hemostasia secundaria también es llamada:
Plasmática.
La vitamina K es imprescindible para la carboxilación de la siguiente sustancia:
Ácido glutámico.
Factores dependientes de Vitamina K:
II, VII, IX, X, proteínas C y S.
Factores sensibles a trombina:
Fibrinógeno (I), V, VIII, XI, XIII, proteína C. **1,581,113**
La fibrinólisis se da gracias a:
Plasminógeno activado.
Sustancias asociadas a la activación del plasminógeno:
T-PA, calicreína, quinina, factor XII activado.
El inhibidor fisiológico más importante de la coagulación:
Antitrombina III.
Cuando las proteínas C y S se unen, inactivan los siguientes factores:
V y VIII. Aumentan liberación tpA.
Causa más frecuente de trastorno hemorrágico:
Trombopenia.
Es la causa más frecuente de prolongar el tiempo de hemorragia:
Trombopenia.
Mide la actividad del fibrinógeno:
Tiempo de trombina.
Hablamos de plaquetopenia cuando niveles se encuentran por debajo de:
100.000
La plaquetas miden:
2-4 micras.
Receptores para fibrinógeno:
Gp IIb, GP IIIA.
Receptor para factor de Von Willebrand (co-factor de Ristocetina):
Gp IB.
Se considera la diátesis hemorrágica hereditaria más frecuente:
Enfermedad de Von Willebrand. Su presentación clínica es sangrado ORL, equimosis.
Se considera la diátesis hemorrágica hereditaria más frecuente dentro de las carencias de factores de coagulación:
Hemofilia A, herencia ligada al cromosoma X, al igual que la Hemofilia B.
Tratamiento de coagulación intravascular diseminada:
Tratar la causa, plasma en fase aguda, y si es crónica, heparina de bajo peso molecular, contraindicada en fase aguda.
La hemorragia como efecto secundario por uso excesivo de heparina suele tener una localización:
Retroperitoneal.
Antídoto de heparina:
Sulfato de protamina. 1 gramo por cada 100 unidades de heparina recibida.
El mecanismo de acción de las heparinas de bajo peso molecular es:
Actúan sobre factor X, inhibiéndolo, a diferencia de las no fraccionadas que actúan sobre antitrombina III, por eso las primeras producen menos sangrado.
Las heparinas de bajo peso molecular se puede utilizar en embarazadas a partir de:

3er trimestre de embarazo, se administran vía subctutánea. **Las no fraccionadas vía endovenosa en perfusión continua.**

Efecto más prominente de heparina de bajo peso molecular a diferencia de la no fraccionada:
Hipoaldosteronismo

Los pacientes RH – solo pueden recibir sangre RH –

Se encuentra en cromosoma 1, ABO en cromosoma 9

Una unidad de Sangre contiene:
450 militritos.

Un concentrado de hematíe aumenta los niveles de hemoglobina y hematócrito respectivamente.
1 gramo y 3%.

Por debajo de 7 gramos, se considera a los pacientes transfundibles.

Causas más frecuentes de complicaciones transfusionales:
Error transfusional.

Reacción hemolítica más grave postransfusional:
ABO.

Reacción transfusional más frecuente:
Reacción febril no hemolítica.

Es la causa más frecuente de mortalidad por transfusión:
Lesión pulmonar.

Causa más frecuente de macrocitosis:
Alcohol

Niveles del CHCM en talasemias:
Normal

Anticuerpos frios:
IgM

Anticuerpos calientes:
IgG

El síndrome Mielodisplásico se caracteriza por:
Anemia y VCM normal o elevado.

Son inhibidores importantes de coagulación:
Antitrombina III. Proteínas C y S.

Principal causa de trombofilia (produce muchos coágulos):
Factor V Leiden (Hipercoagulabildidad) (resistencia a proteína C).

El déficit de la siguiente sustancia se considera la más peligrosa:
Antitrombina III.

Los síndromes mielodisplásicos presentan un riesgo elevado de presentar:
Leucemia Mieloide Aguda.

En los síndromes mielodisplásicos existe una hiperplasia de médula ósea con células:
Con maduración anómala (Inmaduras)

Sexo al que afecta con mayor frecuencia los síndromes mielodisplásicos:
Varones. Mayores de 70 años.

En los sindromes mielodisplásicos existe hematológicamente:
Citopenias, anemia y VCM normal o aumentado, al inicio suele indolente y progresivo.

Cuando existe una anemia con aumento de hierro en sangre y saturación de transferrina, pensamos en;
Síndrome Mielodisplásico

Se considera el síndrome mielodisplásico más benigno:
Anemia Refractaria con Sideroblastos en Anillo (ARS)

Tipo de síndrome mielodisplásico que posee peor pronóstico:
Anemia Refractaria con Exceso de Blastos en Transformación (AREBt).
En la policitemia vera, el elemento hematológico que predomina es la serie:
Roja.
En la Leucemia Mieloide o granulocítica crónica predomina:
La serie blanca.
Mutación genética relacionada con Policitemia Vera:
Gen Jak2
Se ha visto la mutación del siguiente gen en la etiología de Enfermedad de Budd Chiari:
Gen Jak2.
El cromosoma de Philadelphia, traslocación 9,22, se ha visto relacionada en el 90-95% de los casos de:
Leucemia Mieloide Crónica (LMC)
Los niveles de eritroproyetina en policitemia vera están disminuidos a diferencia de la Poliglobulia Secundaria
Vitamina aumentada en sangre en trastornos mieloproliferativos:
Vitamina B12.
Se considera la principal causa de muerte por policitemia vera:
Trombosis
Es el fármaco citostático de elección en pacientes con alteración hematológica:
Hidroxiurea.
La manifestación más frecuente de trombocitosis o trombocitopenia esencial es:
Eritromialgia (dolor en manos, pies y dedos por oclusión microvascular)
Los síndromes mieloproliferativos, policitemia vera, mielofibrosis primaria y trombocitopenia esencial pueden predisponer o avanzar hacia Leucemia Aguda.
La Leucemia Mieloide Crónica está relacionada con el marcador citogenético:
9.22 (Cromosoma Philadephia)
Etapas madurativas de glóbulos blancos:
Promielocitos, mielocitos y metamielocitos (están aumentadas en Leucemia Mieloide Crónica)
Es una de las fases de Leucemia Mieloide Crónica en la que se convierte a Leucemia Aguda:
Fase blástica.
Cuando la transformación de la leucemia ocurre fuera de la médula ósea los tumores suelen llamarse:
Sarcomas granulocíticos o Cloromas.
Tipo de célula que afecta con mayor frecuencia la Leucemia Linfocítica Crónica:
Linfocitos B.
Causa más frecuente de Leucemia en Ancianos:
Leucemia Linfocítica Crónica.
La transformación más frecuente y de peor pronóstico de Leucemia Linfocítica Crónica ocurre a:
Prolinfocítica.
Cuando la leucemia linfocítica crónica se transforma a otra entidad, como linfoma de célula grande, se denomina:
Síndrome de Ritcher.
En el diagnóstico de Leucemia Linfocítica Crónica se observa:
Linfocitosis y Leucocitosis, pequeño pero morfología normal
La característica citológica de las células de la Leucemia Linfocítica crónica se denomina:
Manchas de Grumprecht.
Las tricoleucemias o leucemia de células peludas habitualmente afecta a las células tipo:
B.
Posible complicación de Tricoleucemia:

Neumonía por Legionella.

Tipo de Leucemia que se asocia a vasculitis:

Tricoleucemia.

Dónde se sintetiza la lactoferrina:

Neutrófilos

El tipo de hierro que se encuentra en los fagocitos se denomina:

Peroxidasa.

Tipo de hierro que se encuentra en las mitocondrias:

Aconitasa.

Patologías infecciosas

La romboencefalitis (afectación pares craneales bajos) es una de las manifestaciones clínicas del siguiente tipo de agente etiológico:
Listeria Monocitogenes.

El tipo de meningitis ocasionada por trauma craneoencefálico en los servicios de neurocirugía, los siguientes agentes etiológicos pueden estar implicados:
Stafilococo Aureus y Pseudomona Aeruginosa.

El tipo de meningitis asociada a derivación de LCR con catéter suele estar relacionada al siguiente agente causal:
Stafilococo Epidermidis.

El tipo de meningitis asociada a fístulas de LCR suele estar relacionada al siguiente agente causal:
Streptococo Pneumoniae

El tipo de Meningitis que puede producir Mycobacterium Tuberculosa es la siguiente:
Subaguda o Crónica

Única enfermedad bacteriana a nivel del Sistema Nervioso Central que no produce consumo de glucosa:
Leptospirosis

Se considera como la menor concentración del antibiótico para inhibir la multiplicación bacteriana:
Concentración Mínima Eficaz.

Es definida como la menor concentración del antibiótico capaz de matar una bacteria:
Concentración mínima bactericida.

Tipo de coco grampositivo coagulasa positivo:
Stafilococo Aureus.

Tipo de coco grampositivo coagulasa negativo, manitol positivo:
Stafilococo Saprophyticus.

Tipo de coco grampositivo coagulasa -, manitol negativo:
Stafilococo Epidermidis

Los cocos grampositivos catalasa positivos son los siguientes:
Estafilococos.

Los cocos grampositivos catalasa negativos son los siguientes:
Estreptococos

Corresponden a los cocos grampositivos alfahemolíticos:
Streptococo Pneumoniae y Streptococo Viridans.

Corresponden a los cocos grampositivos betahemolíticos:
Streptococo Pyogenes y Streptococo Agalactiae.

Corresponde a los cocos grampositivos gammahemolíticos:
Enterococo

Corresponden a las bacterias coco gramnegativas aerobias o facultativas:
MACN
Moraxella
Acinectobacter
Campilobacter
Neisseria

Corresponden a las bacterias coco gramnegativas anaerobias:
Clostridium, Lactobacilo.

Corresponden a los gérmenes bacilos grampositivos aerobios o facultativos:
Listeria, Corynebacterium, Mycobacterium, Bacilus, Erisipelotrix.

Corresponden a los gérmenes bacilos grampositivos anaerobias:
Clostridium, Lactobacilo.
Corresponden a los gérmenes bacilos gramnegativos:
E. Coli,
Klebsiela
Proteus
Salmonella
Yersinia
Pseudomonas
Legionella
Brucela
Vibrio
Hemophilus
HACEK
Helicobacter.
Corresponde a los bacilos gramnegativos anaerobios:
Bacteroides, Fusobacterium.
Las bacterias son microorganismos o células de tipo:
Procariota.
Las bacterias grampositivas tienen en su pared celular las siguientes sustancias:
Peptidoglicano y ácidos teicoicos.
Las bacterias gramnegativas tienen en su pared celular:
Lipoproteínas, liposacáridos, peptidoglicanos.
Bacterias ácido alcohol resistentes posee en su estructura:
Ácido Micólico
Son aquellas bacterias que tienen la capacidad de crecer en bajas concentraciones de oxigeno:
Microaérofilas.
Solemos encontrar las bacterias anaerobias en los siguientes sistemas o tractos:
Tracto genital femenino, colon y cavidad oral.
La serología de un germen se considera una técnica de tipo:
Indirecta.
Tipo de bacteria que solemos encontrar en abscesos:
Anaerobias.
Tipos de bacterias que pueden crecer muy bien con o sin oxigeno:
Aerobia y anaerobia facultativa.
Qué es la desescalada antibiótica:
Consiste en elegir el antibiótico con menor espectro eficaz luego de saber a cuál es sensible el microorganismo.
Cuáles antibióticos administrados por vía oral pudiesen encontrarse en una biodisponilidad de un 100%:
QUIMECLI
Quinolonas, Metronidazol, Clindamicina, Linezolid,
Es la parasitosis más frecuente del ser humano:
Paludismo (Malaria)
El proceso en el Paludismo, en el que los esporozoitos una vez en el hígado se transforman a merozoitos se denomina:
Fase preeritrocitaria.
Las formas del paludismo que invaden los hematíes se denominan:

Trofozoitos.

Microorganismos que se encuentran a nivel intracelular:

CLEB

Clamidias, Legionela y Brucella.

Órganos o localizaciones del cuerpo a los que los fármacos no logran penetrar bien:

LCR, ojo, próstata, vegetaciones cardíacas, o secreciones broncopulmonares.

Antibióticos que pueden combatir microorganismos intracelulares:

MACOQUITE.

Macrólidos, Quinolonas o Tetraciclinas (cuidado con administrarse conjuntamente con alimentos).

Antibióticos que no penetran a la célula:

BEVA.

Betalactámicos, Vancomicina, Aminoglucósidos.

Antibióticos BACTERIOSTÁTICOS que inhiben la síntesis proteica a través de alteración en el ribosoma subunidad 50s.

Macrólidos, Anfenicoles, Lincosaminas, Linezolid, **(MALL).**

Antibióticos BACTERIOSTÁTICOS que inhiben la síntesis proteíca a través de alteración en el ribosoma subunidad 30S.

Tetraciclinas.

Pertenecen a los antibióticos BACTERIOSTÁTICOS que inhiben la síntes de folato:

Sulfamidas.

Antibióticos bactericidas que inhiben la síntesis de la pared bacteriana:

Betalactámicos y Glucopéptidos.

Antibióticos BACTERICIDAS que alteran el ADN. (Lesión)

(RIQUIN).

Rifampicina, Quinolonas, Nitroimidazoles

Antibióticos BACTERICIDAS que inhiben subunidad 30 y 50S.

Aminoglucósidos.

Principio activo de penicilina V, utilizada por vía oral:

Fenoximetil-penicilina.

Penicilinas sensibles a Penicilinasa:

Penicilinas G: Procaínica y Benzatínica.

Penicilinas resistentes a Penicilinasa:

Cloxacilina, Nafciclina, Oxacilina.

La amoxicilina pertenece al subgrupo de penicilinas denominada:

Aminopenicilina.

Representan los betalactámicos de mayor espectro:

Carbapenémicos.

Fármaco que pertenece al grupo de los monobactámicos:

Aztreonan.

Grupo farmacológico al que se encuentra asociado el Síndrome de Hombre Rojo:

(Glucopéptidos) Vancomicina.

Corresponden a los efectos adversos más frecuentes visualizados en pacientes que utilizan macrólidos:

Gastrointestinales.

Grupo farmacológico al que pertenece la clindamicina:

Lincosaminas

Único fármaco carbapenémico que no tiene efectos antipseudomónicos:
Ertapenem.

Fármaco con mayor grado de nefrotoxicidad del grupo de los aminoglucósidos:
Gentamicina. (Puede ser reversible)

Fármaco con mayor grado de ototoxicidad del grupo de los aminoglucósidos:
Estreptomicina.

El mejor fármaco del grupo de los aminoglucósidos con acción frente a Pseudomona:
Amikacina.

Los anfenicoles pueden causar dos tipos de alteración en la médula ósea:
Pancitopenia y Anemia Aplásica.

Único fármaco de la familia de las tetraciclinas que puede utilizarse en Insuficiencia Renal:
Doxicilina.

Complicaciones o efectos adversos del uso de Trimetropín Sulfametosaxol:
Agranulocitosis, Necrólisis Epidérmica Tóxica, Síndrome de Steven Jhonson e Hiperpotasemia (inhibe secreción renal de potasio).

En pacientes que no han sido vacunados con BCG (Bacilo de Calmette y Guérin) el grado de induración en prueba de Mantoux es positiva cuando el diámetro es:
Mayor de 5mm.

Cuál otro nombre recibe la Colistina:
Poliximina E.

Antibiótico de amplio espectro con amplia acción en Gramnegativos como Neumococo y Meningococo:
Rifampicina.

Efectos adversos más importantes de Metronidazol:
Gastrointestinales

Fármaco antibiótico que cuyos efectos adversos se relacionan con neuropatía óptica y trombocitopenia:
Linezolid.

Antibiótico relacionado con la Toxicidad Muscular:
Daptomicina. (Pertenece a los lipopéptidos)

Es aquel tipo de fiebre con una temperatura mayor a 38,3 °c, mayor de 3 semanas y que no se ha objetivado un diagnóstico después de una semana de estudio hospitalario:
Fiebre de origen desconocido.

Aquel tipo de fiebre de origen desconocido tras tres días de estudio o tres visitas a la consulta:
Fiebre de Origen Desconocido Clásica.

Aquel tipo de fiebre de origen desconocido en el que el paciente tiene 3 días hospitalizado pero no ingresó con ella ni tampoco estaba incubando:
Fiebre de Origen Desconocido Nosocomial.

Puede constituir la primera manifestación clínica en una neoplasia:
Fiebre.

Medio diagnóstico que suele ser clave en búsqueda de etiología en Fiebre de Origen Desconocido:
Hemocultivo.

Representan los criterios para diagnóstico de Respuesta Inflamatoria Sistémica:
Pco2 menor de 32 mmg/hg
Frecuencia cardíaca mayor de 90 l/m
Frecuencia respiratoria mayor de 20 r/m
Temperatura mayor de 38 °c o menor de 36°c,
Leucocitosis mayor de 12,000 o menor de 4,000

Se considera un Síndrome de Respuesta Inflamatoria ocasionado por un profeso infeccioso:
Sepsis.

Agente microbiano implicado en shock tóxico:
Stafilococo Aureus.

Corresponden a los gérmenes mas frecuentemente aislados en pacientes con Sepsis:
E. Coli, S. Aureus, Streptococo Neumoniae y Stafilococo Epidermidis.

Los pacientes con una hipofunción del bazo presentarán un deterioro en la inmunidad de tipo:
Humoral

Así se denominan los criterios utilizados para diagnóstico de enfermedad de Still (artritis) del adulto:
Criterios de Cush.

Se consideran las principales causas de Fiebre de Origen Desconocido:
Infección (Tuberculosis, más frecuente en ancianos), Neoplasias (Leucemias o Linfomas), tumor sólido más frecuente es **Cáncer de Colon**, Conjuntivopatías o Vasculitis (Arteritis de Células Gigantes), Misceláneas.

Para hablar de SEPSIS debemos cumplir los siguientes criterios en signos vitales:
TAS: Menor de 90 mm/hg. TA Media menor de 70 mm/hg.

El QUICK SOFA valora los siguientes criterios:
Glasgow menor de 13
TAS menor de 100
Frecuencia Respiratoria mayor de 22.

Se consideran los tipos de agentes productores de sepsis y bacteriemia en la mayoría de los casos:
Gramnegativos.

Los pacientes esplenectomizados tienen mayor riesgo de infección por gérmenes capsulados principalmente por:
Neumococo, Hemophilus Influenzae y Meningococo.

Marcador de evolución específico en Sepsis que se puede utilizar como guía y respuesta al tratamiento:
Perfusión tisular.

Tipo de germen no cultivable:
Treponema Pallidum.

Los falsos positivos en una prueba también son conocidos como, y pueden ser debidos a:
Contaminaciones

Constituye la medida que más aumenta negativamente la supervivencia en Sepsis:
Retraso en tratamiento antibiótico

Principales causas de infección nosocomial:
Infección de vías urinarias. (E. Coli).
Infección de la herida quirúrgica (E. Aureos.)
Infección por Catéter (S. Eperdimidis).
Neumonía.

Infección nosocomial de mayor mortalidad.
Neumonía.

La patogenia de la Tuberculosis se puede dividir en :
Exposición, Infección y Enfermedad.

Agente etiológico que supone la mayor causa de endocarditis infecciosa:
Stafilococo Aureus.

Es el agente etiológico más frecuente en endocarditis protésica precoz:
Stafiloco Epidermidis.

Agente etiológico implicado en la endocarditis subaguda:
Streptococo Viridans.

Agente etiológico más frecuente a lo largo de primer año de cirugía:
Stafilococo Epidermidis

Tipo de microorganismo implicado en endocarditis infecciosa en pacientes con manipulación gastrointestinal o genitourinaria:
Enterococo

Cuáles tipos de Haemophylus forman parte de grupo HACEK:
Parainfluenzae y Aprophilus.

Es el agente productor de Fiebre de las Trincheras:
Bartonella Quintana.

Agente etiológico implicado en endocarditis en usuarios de drogas por vía parenteral:
Stafilococo Aureus.

Tipo de endocarditis infecciosa en la que no se requiere de una valvulopatía previa o cardiopatía para su instauración:
Endocarditis Aguda.

Tipo de endocarditis infecciosa que puede producir embolia séptica con más frecuencia:
Endocarditis Aguda.

Constituye el signo más característico de endocarditis infecciosa:
La presencia de soplo cardíaco.

Los fenómenos embólicos en endocarditis infecciosa asentada en válvula mitral normalmente se localizan en:
Sistema Nervioso Central.

Representan manifestaciones de embolismo periférico caracterizadas por lesiones maculopapulosas eritematosas en palmas y plantas por endocarditis infecciosa:
Lesiones de Janeway.

Corresponde al tratamiento de Endocarditis Infecciosa con afectación tricuspídea, típica en pacientes Usuarios de Drogas por Vía Parenteral:
Cloxacilina + Gentamicina por dos semanas.

Tipo de abordaje ecocardiográfico que tiene mayor sensibilidad para diagnóstico de endocarditis tricuspídea:
Trans**TORÁCICO**.

Corresponden a los criterios mayores de Duke para diagnóstico de Endocarditis Infecciosa:
Hemocultivo positivo con gérmenes como grupo HACEK, Staf Aureus, Viridans.
Serología positiva con **Coxiella Burneti**
Ecocardiografía con vegetaciones, Abscesos, Deshicencia Valvular.

Corresponden a los criterios menores de Duke para diagnóstico de Endocarditis Infecciosa:
Fiebre mayor de 38°C
Manchas de JaneWay, Nódulos de Osler, Manchas de Roth
Datos ecocardiográficos sin ser criterios mayores
Datos serológicos sin ser criterios mayores.
UDVP, cardiopatía predisponente.

Cómo se realiza diagnóstico definitivo utilizando los Criterios de Duke para Endocarditis Infecciosa:
Dos criterios mayores
Un criterio mayor y 3 menores
Cinco criterios menores.

En el caso de Endocarditis Infecciosa producidas por S. Epidermidis, cuál es el tratamiento:
Vancomicina + Gentamicina. **O Rifampicina.**

Cuál es la causa más frecuente de muerte en pacientes con Endocarditis Infecciosa:
Insuficiencia Cardíaca.

Causa más frecuente de indicación quirúrgica en endocarditis infecciosa izquierda:
Insuficiencia cardíaca refractaria al tratamiento.

Causa más frecuente de indicación quirúrgica en endocarditis infecciosa derecha:
Persistencia de infección a pesar de tratamiento.

El Virus de la Rabia en el Sistema Nervioso Central se replica con mayor frecuencia en las siguientes regiones:
Ganglios de la base y tronco cerebral.

La prevención primaria para la Rabia es:
Usar ropa que cubra las extremidades.

Constituyen las fases de la rabia:
Fase prodrómica (náuseas, vómitos, mialgias, cefalea)
Fase de encefaltitis VÍRICA (agitación, alucinaciones, confusión)
Fase de encefalitis RÁBICA (afectación tronco cerebral) (hidrofobia, hipersalivación)
Muerte o recuperación

Es el virus que posee forma de proyectil de bala:
Virus de la Rabia

Es un neurotransmisor que actúa fisiológicamente inhibiendo la actividad de la motoneurona y es el afectado en el Tétanos:
GABA.

Así se le denomina a la toxina producida por Clostridium Tetani:
Tetanospasmina

En el caso de Endocarditis Infecciosa producidas por grupo HACEK, cuál es el tratamiento:
Ceftriaxona, en caso de alergia Fluoroquinolonas.

Período de tiempo en el que M. Tuberculosis puede replicarse en el alveolo pulmonar:
14 a 21 días.

Los macrófagos forman parte de cuál tipo de inmunidad:
Innata o inespecífica.

Los linfocitos T forman parte de cuál tipo de inmunidad:
Específica o adquirida

El crecimiento del M. Tuberculosis suele verse inhibido gracias a los siguientes factores:
PH ácido y baja concentración de oxigeno.

Representa la expresión radiológica del período de infección en Tuberculosis:
Co mplejo Primario de Ghon. (Neumonitis, Linfadenitis, Adenitis)

Principal factor de riesgo para Tuberculosis:
Infección por VIH.

Cuál tipo de enfermedad se considera la Tuberculosis en Sida según CDC:
Tipo C

La enfermedad tuberculosa luego de la primoinfección suele manifestarse a partir del siguiente periodo:
2 años.

Principal sistema defensivo en infección por Tuberculosis:
Linfocitos T. Inmunidad Celular.

La prueba de Tuberculina también es denominada:
Intradermorreacción de Mantoux.

Prueba que se considera más específica que la prueba de la Tuberculina:
Interferón Gamma.

Cuál otro nombre recibe el período de ventana en Tuberculosis:
Fase prealérgica.

El diagnóstico definitivo de Tuberculosis se hace a través del cultivo específico llamado:
Lowenstein Jensen o Midlebrook.

Mejor método para toma de muestra en niños en sospecha de Tuberculosis:
Aspirado gástrico matutino.

La primoinfección tuberculosa suele afectar con más frecuencia a los siguientes lobulos del pulmón:
Lóbulos medios e inferiores.

La reactivación tuberculosa suele afectar con más frecuencia a los siguientes lóbulos del pulmón:
Lóbulos apicales, posteriores y porción superior de lóbulos inferiores.

Se considera una lesión patognomómica en Tuberculosis Miliar o Diseminada:
Tubérculos en Coroides visualizados a través de fondo de ojo.

La Radiografía de Tórax en pacientes con Tuberculosis Miliar puede tener el patrón de:
Patrón Micronodular en Granos de Mija.

Constituye la afectación extrapulmonar más frecuente de tuberculosis?
Ganglionar (Adenitis), luego genitourinaria.

Qué es escrófula:
Infección de Ganglios Linfáticos del cuello por tuberculosis que puede supurar.

Qué es el mal de Pott:
Osteomielitis tuberculosa que afecta columna dorsal.

La fase intensiva del tratamiento antituberculoso consiste en:
2 meses de Isoniacida, Pirazinamida, Rifampicina y Etambutol, y 4 meses de **Isoniacida y Rifampicina.**

En caso de que el paciente con Tuberculosis además presente Silicosis o una Infección por VIH, el tratamiento se debe prolongar hasta qué tiempo:
9 meses

En caso de que el paciente con Tuberculosis además presente Meningitis Tuberculosa, Osteoarticular y Miliar, el tratamiento se debe prolongar hasta:
12 meses.

Fármaco más importante de primera línea antituberculosa:
Isoniacida.

Cuál es el efecto adverso más importante de la Isoniacida:
Neuropatía periférica por disminución de Piridoxina.

Tipo de fármaco de primera línea antituberculosa que como efecto adverso puede producir orina naranja:
Rifampicina.

Único fármaco tuberculostático que además como efecto adverso produce neuritis óptica:
Etambutol.

Tratamiento de Tuberculosis en infección Latente:
Isoniacida, durante 6 meses.

La celulitis suele afectar los siguientes planos:
FASCIA Y TEJIDO CELULAR SUBCUTÁNEO, sin afectación muscular.

Tipo de Celulitis que es típica de manipuladores de carnes y pescados:
Erisipeloide.

Cuál es el agente causal de Erisipeloide:
Erysipelotrix Rushipatiae.

Fascitis Necrotizante suele afectar al siguiente plano:
Plano Fascial Superficial.

El tratamiento de desbridamiento es a veces más importante que el antibiótico.

El arañazo por perro puede provocar infección gracias a los siguientes microorganismos:
Pasteurella Multocida, Stafilococo Aureus, Estreptococo.

Cuál es el agente causal más importante en el arañazo por gato:
Bartonella Hensellae.

Las mordeduras humanas normalmente se pueden complicar con:
Osteomielitis o Artritis.

Los linfocitos T son activados a través del siguiente tipo de célula:
Célula presentadora de Antígeno.

Corresponde al tipo de células T citotóxica:
Linfocitos T - CD8

Corresponde al tipo de células T (Helper o Colaboradora):
Linfocitos T - CD4

Síndrome caracterizado por la diseminación perihepática de Gonorrea luego de Enfermedad Pélvica Inflamatoria.
Síndrome de Fitz Hugh Curtis

Para la visualización de Neisseria Gonorreae se requiere de un medio de cultivo específico denominado:
Thayer Martin

Período de incubación de Sífilis:
21 días.

Tiempo de duración de sífilis primaria:
2 a 6 semanas.

Lesión que predomina y caracteriza la sífilis primaria:
Chancro duro.

El período asintomático en Sífilis, luego de la primaria: tiene una duración de:
6 a 8 semanas.

Tiempo de duración de sífilis secundaria:
2 a 6 semanas.

Lesión que caracteriza Sífilis Secundaria:
Lesiones maculoeritematosas que afectan palmas y plantas.
Collarete de Venus.
Depapilación en pradera segada.
Alopecia parcheada.

CONDILOMA PLANO (MÁS CARACTERÍSTICO) Suelen afectar zonas de pliegue, axilar, submamario, escroto, inguinal).

Se considera Sífilis Terciaria cuando:
Afectación de SNC, Neurosífilis.

El período de latencia (caracterizado por falta de síntomas, y LCR limpio) procede luego de:
Sífilis secundaria.

Periodo de latencia Precoz: Menos de un año.

Periodo de latencia Tardío: Más de un año.

La infección terciaria de sífilis puede tardar en aparecer en cuántos años:
20 – 30 años.

La lesión característica de Sífilis terciaria es:
El Goma.

Son otras alteraciones características de Neurosífilis o Sífilis Terciaria:
Tabes dorsal, articulaciones de Charcot, Pupila de Argyl Robertson.

Cuáles son las lesiones más infectivas en Sífilis:
Chancro Duro y Condiloma Plano.

Características de pruebas No Treponémicas (VDRL RPR), son las últimas en positivizarse.
Muy sensibles y poco específicas.

Método de elección en búsqueda de Treponema Pallidum en LCR (Constituye el parámetro más sensible de respuesta al tratamiento):
VDRL.

Fase preeritrocitaria por picadura mosquito anópheles?
Merozoito.

Tipos de virus del Paludismo que pueden permanecer en forma latente (hipnozoito):
P. Vivax y Ovale. Por lo que facilitan recaídas.

Tipo de Paludismo asociado a Nefropatía Crónica:
P. Malariae.

La sepsis como complicación de Paludismo grave es característico del siguiente microorganismo:
Salmonella.

Cuál es la forma infectante encontrada para el diagnóstico de Paludismo en frotis en fresco periférico:
Forma asexuada.

Cuando plasmodium Falciparum es resistente a Cloroquina (tiene efecto esquizonticida) utiliza:
Quinina y Doxiciclina. En niños y embarazadas se utiliza con Clindamicina.

Que otro tratamiento se utiliza adherido con P. Vivax y Ovale.
Primaquina. (Tiene efecto gametocida)

Tratamiento quimioprofiláctico de Paludismo en embarazo:
Azitromicina en primer trimestre.

Son parásitos intracelulares obligados que usan la síntesis celular para replicar la partícula infectante:
Virus

La primoinfección de virus del herpes simple tipo 1 lo hace con mayor frecuencia de la siguiente forma clínica:
Gingivoestomatitis y faringitis.

La reactivación del virus del herpes simple tipo 1 lo hace a través de:
Herpes facial

Es el factor precipitante más importante para el desarrollo del Eritema Multiforme Minor:
Infección de virus Herpes simple

Causa más frecuente de Encefalitis Viral:
Virus Herpes Simple

Cuál es el lugar de afectación más frecuente de encefalitis viral:
Lóbulo temporal

Es el virus que con mayor frecuencia afecta a los pacientes con trasplante de órganos:
Citomegalovirus.

En un paciente con VIH infectado con citomegalovirus, cuál es la manifestación clínica más frecuente:
Retinitis.

Virus responsable de Exantema Súbito:
Herpes Simple tipo 6.

Virus responsable de Sarcoma de Kaposi y Linfoma de Cavidades:
Herpes Simple tipo 8.

El virus del Epstein Barr, pertenece a la siguiente familia:
Lymphocryptovirus.

Constituye el agente etiológico de Mononucleosis Infecciosa con anticuerpos heterófilos positivos:
Virus de Epstein Barr.

A cuál tipo de cáncer se ha relacionado el virus del Epstein Barr:
Linfoma de Burkit

A cuál patología de VIH - SIDA se ha relacionado el Virus del EPSTEIN BARR:
Leucoplasia Oral Vellosa.

Cuál tipo de linfocito es el afectado en virus del Ebstein Barr:
Linfocito B

Son otras patologías con anticuerpos heterófilos negativos que pueden producir síndrome mononucleósico:
Citomegalovirus, Toxoplasmosis, Rubeola, Hepatitis Virales, Leucemias, Linfomas, Primoinfección por VIH.

El virus del dengue (Arbovirus) y fiebre amarilla pertenecen a la familia:
Flaviviridae

Las medidas más importantes para la prevención del dengue son:
Control del vector, uso de mosquiteros y repelentes.

Enfermedad transmitida por vector que también se le denomina Fiebre quebranta huesos:
Dengue

Una de las manifestaciones clínicas más importantes del dengue grave (antes hemorrágico):
Derrame pleural.

Clínica que caracteriza al Virus del Zika:
Conjuntivitis no Supurativa.

El virus del Ébola pertenece a la familia:
Filoviridae.

En nuestro medio el tipo de Leishmania mas frecuente es:
Leismania Infantum

Es la parasitosis que con más frecuencia produce Síndrome de Malaabsorción y diarrea crónica:
Giardia Lamblia.

Fase infectante de Giardia Lamblia:
Quistes.

Tratamiento de Giardia Lamblia:
Metronidazol o Tinidazol

Tratamiento en embarazadas de Giardia Lamblia:
Paramonicina. Sobretodo en primer trimestre de embarazo.

En cuál localización suele asentarse la Giardia Lamblia:
Duodeno e intestino proximal

Tipo de diarrea infecciosa asociada a déficit de vitaminas liposolubles (A, D,E, K):
Giardia Lamblia.

Tipo de anemia asociada a Giardia Lamblia:
Anemia Megaloblástica, puede ser por hierro también

El signo de Romaña es caracteristico de la siguiente patología:
Enfermedad de Chagas. (Tripanozoma Cruzy)

Representa la causa más frecuente de miocarditis infecciosa a nivel mundial:
Enfermedad de Chagas (Trypanosoma Cruzy)

La Taenia Solium se puede adquirir con la ingesta del siguiente tipo de carne:
Carne de Cerdo.

La Taenia Saginata se puede adquirir con la ingesta del siguiente tipo de carne:
Carne de Vaca (Bovino)

Es la parasitosis más frecuente de la edad pediátrica:
Oxiuriasis (Enterobius vermicularis).

Tratamiento de Cisticercosis (Teniasis):
Praziquantel y Albendazol.
La mayor parte de la flora intestinal está habitada por bacterias de tipo:
Anaerobias (Bacteroides en la mayoría de los casos)
Medio diagnóstico utilizado para Oxiuriasis:
Test de Graham.
Tratamiento de Oxiuriasis:
Pamoato de Pirantel, Mebendazol, Albendazol.
Tratamiento de Áscaris Lumbricoides:
Albendazol, Piperazina.
Cuál otro nombre recibe la Trichiuriasis:
Tricocefalosis.
Cuál es el tratamiento de Trichiuriasis:
Mebendazol o Ivermectina.
Lesión más específica o característica de Escabiasis:
Surco Acarino
Cómo se le denomina a la Larva de Tenia Solium:
Cysticercus Cellulosae.
Únicas Cefalosporinas que tienen actividad frente a Anaerobios:
Cefoxitina y Cefofetán
El síndrome de la Bilis Espesa es un cuadro clínico que se da por la ingestión del siguiente antibiótico:
Ceftriaxona.
Antibiótico que se asocia a crisis comiciales y deterioro neurológico?
Imipenen. Se debe asociar o combinar con Cilastatina.
Ototoxicidad en Aminoglucósidos por Estreptomicina es irreversible a diferencia de nefrotoxicidad por gentamicina.
Aminoglucósidos están contraindicados en pacientes con la siguiente patología:
Miastenia Gravis.
Único aminoglucósido que se utiliza por via oral:
Paramonicina
Principal toxicidad de los glucopéptidos:
Nefrotoxicidad.
Daptomicina, fármaco que pertenece al grupo de:
Lipopéptidos.
Única quinolona que actúa frente a Pseudomonas:
Ciprofloxacino.
Pacientes alcohólicos, en la mayoría de los casos pueden desarrollar una neumonía por el siguiente microorganismo:
Klebsiella Pneumoniae. Abombamiento de fisura. (Signo clásico)
El tipo de endocarditis que se asocia a cáncer de colon es dada por el microorganismo:
Streptococo Bovis.
Tipos de endocarditis que pueden producir grandes vegetaciones:
HACEK y Candidiásicas.
Las endocarditis provocadas por el grupo HACEK normalmente afectan a la válvula:
Aórtica.
Los estigmas de piel, tales como: nódulos de Osler, manchas de Janeway, y manchas de Roth son típicas de la endocarditis:
Subaguda.

Microorganismo que con mayor frecuencia puede cursar con hemocultivo negativo en endocarditis infecciosa:
Coxiella Burnetti

Los hongos son microorganismos de tipo:
Eucariotas.

La pared celular de los hongos posee en su estructura:
Quitina y celulosa.

Unidad funcional de los hongos:
Talo.

Hongo encargado de producir la Tiña Versicolor:
Malassezia Furfur.

El agar de Saboraud, para diagnosticar diversos hongos en micosis crece en temperatura de:
25 -30 °c

Hablamos que un hongo es dimórfico cuando:
Producen esporas en forma sexuada (meiosis) y asexuada (mitosis)

Tipo de micosis subcutánea que se da por el pinchazo con un rosal:
Esporotricosis. **Sporotrix Schwenky.**

Órgano al que frecuentemente afectan las micosis sistémicas:
Pulmón.

Se visualiza como una estructura radiológica pulmonar redondeada que cambia de lugar con los movimientos:
Aspergiloma (Aspergillus Fumigatus).
Aspergilosis Pulmonar Invasora (Signo del Halo).

Es el antígeno del Aspergillus Fumigatus:
Galactomanano.

Tipo de cándida que se asocia a infección del catéter y endocarditis:
C. Parapsilosis.

Tipo de cándida que no forma hifas ni pseudohifas:
C. Glabatra.

Para el diagnóstico de Meningitis en pacientes con SIDA, es importante realizar cuál tipo de tinción:
Tinción por tinta china.

Germen que no tiene motilidad:
Klebsiella.

La mayoría de los casos de Cólera están causados por el subtipo:
O1. Posee dos biotipos (Clásico y Tor)

Causa más frecuente de diarrea en niños:
Rotavirus

Agente causal más frecuente en Diarrea del Viajero:
E. Coli enterotoxigénica

Cuál otro nombre recibe la Toxina Shiga responsable de Disentería:
Verotoxina.

Cuáles bacterias citotoxigénicas se asocian a Síndrome Urémico Hemolítico:
Verotoxina, E. Coli O157/H7, Shigella Dysenteriae Tipo 1

El diagnóstico de Pseudocolitis Membranosa se realiza a través de la detección de:
Enterotoxina A y Citotoxina B en heces mediante ELISA

En cuál capa del intestino delgado se localizan las placas de Peyer:
Submucosa.

Cuál es el agente etiológico de Diarrea Enterotoxigénica más frecuente:

Vibrio Cholerae

Bacterias productoras de Neurotoxinas:

Bacillus Cereus (Arroz frito) y Stafilococos Aureus (Pasteles, mayonesa, crema).

Productores de enterotoxinas:

Vibrio Cholerae, E. Coli, Clostridium Perfrigens, Campilobacter, Shiguella, Giardia, Entamoeba, Cyclospora, Salmonella.

Es el microorganismo mayormente asociado a diarrea nosocomial:

Clostridium Difficile.

Antibiótico que puede producir pseudocolitis membranosa y a la vez sirve para su tratamiento:

Vancomicina. La que mayormente producen este cuadro son las **Cefalosporinas** de Tercera Generación y **Fluoroquinolonas.**

Microorganismos resonsables de la infección de fiebre Tifoidea:

Salmonella Tiphy y Paratiphy. Yersinia enterocolítica.

Medio diagnóstico más sensible para Fiebre Tifoidea en primera semana:

Hemocultivo. Tratamiento: **Cefalosporina de 3ra generación y Fluoroquinolonas.**

Puede ser necesario mantener tratamiento por durante un año.

La Coxiella Burnetti se considera un microorganismo intracelular por lo que en medios de cultivo para endocarditis siempre será negativo por lo que debe diagnosticársele a través de serología.

Utilizando la Daptomicina como tratamiento en endocarditis, como complicación puede producir:

Rabdomiólisis.

La fiebre en procesos diarreicos es más frecuente con los tipos de gérmenes:

Enteroinvasivos.

Tipo de meningitis subaguda o crónica más frecuente:

Tuberculosa.

Virus que produce mayormente meningitis:

Enterovirus.

Seguido de Herpes simple tipo 2. Meningitis Vírica.

Virus que produce Encefalitis con mayor frecuencia:

Herpes Simple tipo 1.

Meningitis por Leptospirosis no produce hipoglucorraquia.

Enfermedad de Behcet

Crisis comiciales

Representa el signo más característico de leptospirosis:

Hemorragia conjuntival.

La reacción adversa producida en espiroquetas como Leptospirosis, cuando se utiliza Penicilina para su tratamiento, se denomina:

Reacción de Jarish Herxheimer.

Otras alternativas en el tratamiento de Leptospirosis si el paciente es alérgico a Penicilina:

Tetraciclina y Eritromicina.

90-95% de las leptospirosis se manifiestan como:

Leptospirosis Anictérica.

El tipo de hipersensibilidad que se da en pacientes con primoinfección de tuberculosis es:

Hipersensibilidad tipo IV.

Se considera un tipo de bacteriemia por Micobacterium Tuberculosis:

Tuberculosis Miliar.

La prueba del Mantoux debe ser leída a las siguientes horas luego de la inoculación:

48-72 horas

Cuando ya se ha vacunado el paciente con BCG, se realiza diagnostico de Tuberculosis cuando induración en prueba de Mantoux pose un diámetro de:
15 mm
PPD: Derivado proteico purificado.
La Prueba de Mantoux sirve para el diagnóstico de Tuberculosis en la siguiente etapa:
Latente.
En pacientes inmunocomprometidos como VIH se acepta como positiva la prueba de Mantoux cuando induración posee un diámetro de:
Cualquier grado de induración de la prueba.
En la inmunidad adquirida, qué tiempo tarda en presentarse los Linfocitos T:
4 – 8 semanas.
Los linfocitos T de Memoria Específicos que se ven en Tuberculosis son:
CD45RO.
Ventajas de Interferón Alfa sobre Prueba de Tuberculina:
Que el primero es más específico para Micobacterium Tuberculosis.
Pero es menos sensible, y más en pacientes con VIH.
Medio de cultivo de tinción directa más específico que la tinción directa de Zielh Nielsen para diagnóstico de Tuberculosis:
Auramina - Rotamina
Otros medios diagnósticos que se utilizan para Tuberculosis:
Bactec (cultivo en medio líquido), y PCR (ADN)
El derrame pleural por primoinfección de Tuberculosis afecta con más frecuencia al siguiente grupo poblacional:
A niños y jóvenes adultos. Unilateral y brusca. Puede poseer un exudado de predominio linfocitario.
La tuberculosis genitourinaria se caracteriza clínicamente por presentar:
Piuria ácida estéril.
Lugar de predilección de tuberculosis intestinal:
Ileo.
Tipo de mycobacterium que produce tuberculosis intestinal:
Mycobacterium Bovis.
En pacientes con tuberculosis en sistema nervioso central el tratamiento suele prolongarse desde:
12-18 meses.
Fármaco al que es resistente Mycobacterium Bovis:
Pirazinamida.
Forma de predominio en la infancia de primoinfección tuberculosa:
Neumonía con adenopatía parahiliar. De manera general cursa de forma asintomática o paucisintomática (pocos síntomas).
Cuando existe reactivación tuberculosa el paciente debe dejarse en aislamiento al menos:
Dos semanas desde el inicio del tratamiento.
Dentro de la clínica de la Tuberculosis Miliar puede prevalecer:
Síntoma constitucional y fiebre, e incluso puede comportarse como una fiebre de origen desconocido.
Es una forma de enfermedad poco contagiosa de Tuberculosis:
Tuberculosis Miliar o Diseminada. Cuando todas las pruebas son negativas: biopsia hepática.
La meningitis Tuberculosa con normalidad afecta a los pares craneales:
Oculomotores.
La tuberculosis genital masculina suele afectar la siguiente estructura:
Epididímo.
La tuberculosis genital femenina suele afectar:

Trompas. Pudiendo ocasionar esterilidad.

La espondilodiscitis por Brucella afecta fundamentalmente la columna:

Lumbar.

La adenitis Tuberculosa es más frecuente en:

Niños y en px adultos con VIH.

Localizaciones más frecuentes de Tuberculosis Intestinal:

Ileon Distal y Ciego.

En la disentería amebiana a diferencia de la bacteriana en los productos patológicos no exiten leucocitos.

Complicaciones de cloroquina:

Puede producir discrasias sanguineas.

Puede incrementar Intervalo QT.

Retinopatías.

En caso de profilaxis se suministra una por semana, una semana antes de viajar hasta 4 semanas después de haber llegado del viaje.

Sindrome de Loffler se da en parasitosis como:

Ascaris y Strongyloides, Uncinarias. Eosinofilia, Tos.

Tipos de parásitos que cursan con anemia ferropénica:

Ancyclostoma Duodenal, Necator Americanus (Ambas Uncinarias)

Agente implicado en diarreas nosocomiales

Clostridium Difficile.

La transmisión por VIH que más frecuentemente se da es:

Relaciones Heterosexuales

Trichuris Trichiura es un microorganismo de tipo:

Nemátodo.

Período de incubación de Leptospirosis:

10 días.

Período de incubación dengue:

10 a 15 días.

Signo clínico más carácterístico de Leptospirosis:

Hemorragia Conjuntival.

Quinina y Quinidina pueden producir hipoglicemia en Paludismo ya que:

Estimulan la producción de insulina.

Complicación de peor pronóstico y que eleva la mortalidad en Malaria Grave:

Edema Agudo de Pulmón, 80% en mortalidad.

Los abscesos amebianos son de contenido de tipo:

Achocolatado.

Uncinaria encargada de producir anemia ferropénica con la diarrea:

Ancyclostoma Duodenalis.

Tiempo de incubación de toxina producida en Cólera:

8 -16 horas.

Período de incubación de fiebre Tifoidea:

10-15 días.

A partir de 3ra semana de Fiebre Tifoidea, el diagnóstico de elección:

Coprocultivo.

Tratamiento de Salmonella:

Ciprofloxacino 500 mg cada 12 horas por 4 semanas.

El subtipo de VIH tipo 1 que se ha pandemizado con más frecuencia es el:

N. (Subtipo A es más frecuente)

Cuál otro nombre recibe la enzima transcriptasa inversa del virus VIH:

Retrotranscriptasa.

T-20, inhibidor de fusión, único antiretroviral que no se administra por vía oral

Correceptores unidos a proteína G120 necesarios para penetrar virus VIH a la célula:

CCR5 (Monocitos y Macrófagos), CXR4 **(LINFOCITOS T CD4)**. Actúan como receptores de citoquinas.

El período asintomático en VIH tiene una duración media de:

5 años.

Particularidad de Pneumocystis Jirovecii.

No se cultiva, no crece en medio de cultivos habituales.

En cuáles casos no se puede utilizar el Cotrimoxazol:

En déficits de Glucosa 6 Fosfato.

Fármaco antituberculoso asociado a hiperuricemia:

Rifampicina

En el tratamiento de Sulfadiazina y Pirimetamina para Toxoplasma Gondii se debe administrar concomitantemente además:

Ácido folínico para evitar toxicidad hematológica.

La Leishmania se diagnostica mediante detección directa de parásito en:

Médula ósea: **Amastigotes.** Formas sin flagelo. En cultivos se ven **Promastigotes.** (Formas flageladas).

Tratamiento de Leishmania y Criptococo Neoformans:

Anfotericina B Liposomal.

Características de Sarcoma de Kaposi:

Afecta generalmente miembro inferior, unilateral, máculas que luego se papulizan, afecta mucosas (más frecuente tracto digestivo) y vísceras. Su tratamiento es antiretroviral si son pequeños. Si son grandes o en zonas antiestéticas, sería intralesional con Interferón Alfa. En Vísceras, como en pulmones (peor pronóstico), quimioterapia.

Herpes humano 8 produce además:

Linfoma primario de Cavidades o Serosas

Enfermedad de Castleman multicéntrica.

Agente causal que produce Leucoplasia oral vellosa:

Virus Epstein Barr.

En caso de alergias a cotrimoxazol (3 veces por semana) en Neumocystis, cuál otro tratamiento dar:

Pentamidina Inhalada o Dapsona.

Cryptococos Neoformans profilaxis secundaria:

Fluconazol.

Profilaxis de Citomegalovirus:

Valganciclovir.

Mycobacterium Avium, proxilaxis:

Macrólido, claritromicina.

Grupo de fármacos antiretrovirales que no se pueden utilizar en embarazadas:

Inhibidores transcriptasa inversa No análogos

Inhibidores de la proteasa intervienen en el metabolismo:

Citocromo P450

Tenofovir. Lamivudina. Emtricitabina. También actúan frente a Hepatitis B y VIH

Abacavir puede producir:

Reacción de hipersensibilidad.

Se relaciona con reacciones adversas como sueños vívidos (pesadillas), teratogenecidad:

Efavirenz. Interacciona con Metadona.

Zidovudina se relaciona con:
Anemia y alteraciones mitoncodriales.

Nefrourología

1- Causa más común de hematuria microscópica en pacientes mayores de 55 años:
Hiperplasia benigna de próstata.

2- Hablamos de hematuria microscópica cuando existen:
5 o más hematíes por campo.

3- Hematuria macroscópica:
Más de 50 hematíes por campo.

4- Hablamos de Piuria cuando:
Existen más de 10 leucocitos por campo.

5- Qué es el síndrome miccional?
Polaquiuria, disuria y urgencia miccional.

6- Causa más frecuente de incontinencia urinaria en niñas:
Uréter ectópico.

7- Causa más frecuente de incontinencia urinaria en pacientes con antecedentes quirúrgicos:
Fístula urinaria.

8- Tumor que se asocia a hematuria macroscópica en pacientes fumadores:
Tumor urotelial.

9- Escape de orina debido a sobredistensión vesical, se da en pacientes con hipertrofia de próstata:
Incontinencia urinaria paradójica.

10- Pérdida de orina exclusivamente durante el sueño:
Enuresis, si el niño es mayor de 6 años debe ser estudiado.

11- Principal causa de hematuria con coágulos en mujeres:
Cistitis Hemorrágica.

12- Principal causa de hematuria en paciente fumador:
Tumor urotelial.

13- Es la proteína más pequeña:
Albúmina.

14- Datos del laboratorio que encontramos en Síndrome Nefrótico:
Proteinuria de más de 3 gramos por día, hipoproteinemia, edema, hipogammaglobulinemia, hipercoagulabilidad, hiperlipidemia.

15- Datos clínicos característicos que encontramos en Síndrome Nefrítico:
Hematuria, oliguria, proteinuria, hipovolemia, hipertensión arterial, edemas, insuficiencia cardíaca.

16- El edema del Síndrome Nefrítico se da por:
Aumento de retención de agua y sal.

17- El edema del Síndrome Nefrótico se da por:
Disminución de presión oncótica. Hipoproteinemia.

18- En el síndrome nefrótico la aldosterona se encuentra:
Aumentada.

19- En el síndrome nefrítico la aldosterona se encuentra:
Suprimida.

20- En una nefropatía diabética podemos observar el síndrome de tipo:
Nefrótico.

21- En una glomerulonefritis postestreptococica podemos observar el síndrome:
Nefrítico.

22- La recuperación de la función renal suele tardar:
7 y 20 días.

23- Hablamos de oliguria cuando:
Orina es menor de 500 ml en 24 horas.

24- Es la clínica resultante del acúmulo de sustancias tóxicas, anemia, acidosis y acúmulo de productos fosfocálcicos:
Uremia

25- Tipos de cilindros que encontramos en insuficiencia aguda pre rrenal:
Hialinos.

26- La proteinuria se da por alteraciones en:
Membrana basal y podocitos.

27- Cuando existe hematuria es porque podemos hallar una alteración en:
Mesangio.

28- Reinfección se da por diferentes gérmenes. (Más frecuente)

29- Recividiva con mismo gérmen

30- Principal causa etiológica de infección de vías urinarias:
E. Coli.

31- **Segundo germen más frecuente de infección de vías urinarias en mujeres:**
Staphylococo Saprophyticus

31- Diagnosticamos piuria cuando.
Existe más de 10 leucocitos / mm3, por campo

32- Germen que se ha relacionado con ITUS y mujeres jóvenes sexualmente activas
Staphylococo Saprophyticus .

33- **Germen más habitual en prostatitis:**
E. Coli.

34- **Germen que se elimina a través de la orina y que en pacientes con SIDA se asocia a Prostatitis:**
Cryptococus Neoformans. Hongo encapsulado.

El cryptococus Neoformans lo diagnosticamos en pacientes con SIDA se elimina del organismo a través de:
La Orina.

35- **En prostatitis no bacteriana, en la que posiblemente los agentes sean M. Hominis U. Urealyticum, el tratamiento suele ser:**
Doxicilina y Eritromicina

36- **Tipos de cálculos de acuerdo a su composición más frecuentes:**
Oxalato Cálcico. Infectivos y Ácido Úrico, Cistina.

37- **Tipo de cálculo más frecuente en la mujer.**
Infectivos. (Estruvita)

38- **Únicos cálculos producidos por fármacos que no son radiopacos en radiografía:**
Producidos por Xantina, Sulfamidas e Indinavir.

39- Causa más frecuente de disfunción eréctil:
Orgánica, (vascular).
40- Enfermedad endocrina más frecuente asociada a disfunción eréctil:
Diabetes Mellitus.
41- Tratamiento farmacológico de elección en disfunción eréctil:
Citrato de Sildenafilo.
42- Principal sustancia química responsable de la vasodilatación:
Óxido Nítrico.
43- La glomerulonefritis es un proceso de origen:
Inmunitaria.
44. Tipo más frecuente de Insuficiencia Renal Aguda:
Insuficiencia Renal Aguda Prerrenal.
45. Los niveles de la Presión Venosa Central en la Insuficiencia Renal Aguda prerrenal se encuentra:
Disminuida.
46. Única situación en la que se suministra líquidos en Insuficiencia Aguda Prerrenal:
Pacientes con falla cardíaca derecha.
47. Fármacos que con mayor frecuencia producen Insuficiencia Renal Aguda parenquimatosa:
Contrastes Yodados, Antibióticos, Aminoglucósidos.
48. Fase más grave de Necrosis Tubular Aguda:
Fase de mantenimiento.
49. Se conoce como la fase tóxica - isquémica de la Necrosis Tubular Aguda:
Fase de instauración. Duración breve – 1 a 3 días -.
50. La causa más frecuente de enfermedad renal aguda postrenal:
Origen prostático, hiperplasia o adenocarcinoma
Pregunta intrusa:
Fármaco más nefrotóxico:
Gentamicina
Fármaco más ototóxico:
Estreptomicina.
El prurito en Enfermedad Renal Crónica se da por la siguiente sustancia:
Aumento de PTH. También bloquea receptores de la EPO.
Causa más frecuente de muerte en pacientes con Insuficiencia Renal Crónica:
Cardiovascular
Complicación más frecuente de Enfermedad Renal Crónica:
Hipertensión Arterial.
Alteración funcional más frecuente en Insuficiencia Cardíaca por enfermedad renal crónica:
DISFUNCION Diastólica
El carcinoma de próstata normalmente se localiza en:
Zona periférica.
La hiperplasia benigna de próstata suele localizarse en:
En zona periuretral o transicional.
La próstata en la edad fetal cuenta con los siguientes lóbulos:
Anterior, medio, posterior y laterales.

Tratamiento médico de Hiperplasia Benigna de Próstata:
Inhibidores de 5 ALFA REDUCTASA.
Tumor maligno más frecuente en aparato genital masculino
Adenocarcinoma de próstata.
Segundo en general luego de CA pulmonar.
Los carcinomas ductales de próstata se localizan en:
Conductos prostáticos.
La escala de estadificación que se utiliza en Adenocarcinoma de Próstata, se denomina:
Escala de Gleason
Marcadores tumorales de CA de próstata:
Fosfatasa Ácida Prostática y PSA.
Se debe biopsiar próstata cuando niveles de PSA se encuentren:
Mayores a 10 ng.
Las primeras metástasis de CA de próstata se dan en:
Ganglios linfáticos de cadenas obturatrices e hiliares.
Las metástasis del CA de próstata a hueso suelen ser de tipo:
Osteoblástica (generan hueso) por ello se ven mejor en radiografía simple.
Única técnica terapéutica que ha disminuido mortalidad cáncer específica en próstata:
Prostatectomía radical.
Método aislado más eficiente, con la ventaja de que elimina la necesidad de medicación permanente en CA de próstata:
Castración quirúrgica.
Cómo se denomina la capa que recubre al riñón:
Capa de Gerota.
El sistema colector de los riñones está dado por la siguiente estructura:
Los cálices.
La vejiga posee una ubicación respecto al peritoneo:
Extraperitoneal.
Es la fascia que se encuentra entre próstata y recto:
Fascia de Dennoviliers.
Son los principales cuerpos eréctiles del pene:
Cuerpo cavernoso.
La capa externa del cuerpo cavernoso se denomina:
Túnica albugínea.
El cuerpo del pene que rodea la uretra se denomina:
Cuerpo esponjoso.
Fascia que rodea 3 cuerpos del pene:
Fascia Dartos, la más interna se denomina Fascia de Buck
Nervios responsables de la erección proceden del plexo:
Hipogástrico.
El escroto está compuesto por:
Testículo y epidídimo.
Género al que afecta frecuentemente la Pielonefritis:
Femenino.

Principal causa de infección intrahospitalaria:
Infección de vías urinarias.

Agente ureasa positivos relacionados con infección de vías urinarias:
Proteus, Klebsiela, Serratia. **Pueden producir litiasis.**

Únicas enfermedades que cursan con Insuficiencia Renal Terminal de manera irreversible y que son tratadas con trasplante renal:
Glomerulonefritis y Diabetes Mellitus.

La diálisis renal a futuros pacientes receptores de trasplante se dan antes o después:
Antes.

Se consideran indicaciones de trasplante renal:
Poliquistosis renal,
Nefroesclerosis hipertensiva.
Enfermedad de Alport.
Nefritis Intersticial.
Lupus.
Nefroesclerosis.
Pielonefritis.
Uropatía obstructiva.

En un paciente trasplantado con riñón como complicación puede ocasionar hipertensión arterial por toxicidad del siguiente fármaco:
Ciclosporina.

Tipo de glomerulonefritis que recidiva con mayor rapidez posttrasplante renal:
Glomerulonefritis Focal y segmentaria idiopática.

Tipo de glomerulonefritis que recidiva con mayor frecuencia posttrasplante renal:
Glomerulopatías C3. (especialmente depósitos denso s)

En las complicaciones renales crónicas el tratamiento suele ser:
Solo controlar la Hipertensión Arterial.

Se define como el trastorno de concentración de la orina:
Isostenuria.

Sintomatología más frecuente de trastornos túbulo intersticiales:
Poliuria, nicturia, polidipsia.

La disfunción del túbulo proximal en trastornos túbulo intersticiales puede dar lugar a alteraciones en:
La reabsorción. (Acidosis Tubular Tipo II)
La piuria en trastornos túbulo intersticiales normalmente no son infecciosas.

Es el tipo de nefritis túbulo intersticial más frecuente:
Inmunoalérgica.

Triada clásica de nefritis túbulo intersticial inmunoalérgica:
Fiebre, exantema cutáneo y eosinofilia.

Tipo de nefropatía más frecuente en mujeres:
Nefropatía Intersticial crónica por analgésicos. **Signo patognomónico:** signo del anillo. *Necrosis Papilar.*

En la nefropatía por ácido úrico agudo existe depósito a nivel de túbulos de:
Ácido úrico.

En la nefropatía por ácido úrico crónica o gotosa (puede haber hipertensión arterial) existe depósito a nivel de parénquima renal de:

Cristales de ácido úrico y sales de urato monosódico

Principal lesión estructural producida por hipercalcemia:

Degeneración de los epitelios renales. Colectores, distales, asa de Henle.

Principal característica clínica de hipercalcemia:

Diabetes Insípida Nefrogénica.

Suele ser el episodio final de una estenosis progresiva de la arteria renal por arteriosclerosis:

Trombosis de la arteria renal.

El embolismo de arteria renal en la mayoría de los casos proviene de:

Cavidades cardíacas izquierdas.

Prueba sérica que con mayor frecuencia se eleva en tromboembolismo de arteria renal:

LDH. También se eleva TGO.

Cuadro característico de dolor lumbar o en flanco, que se comporta como cólico nefrítico y se acompaña de elevación de LDH.

Tromboembolismo arterial renal.

Única forma de solucionar estenosis de arteria renal

Revascularización

Tratamiento más utilizado en estenosis de arteria renal:

Angioplastia intraluminal percutánea con colocación de endoprótesis

La rotura de placas de ateroma en ateroembolias normalmente suelen suceder en:

Aorta ascendente, cayado o descendente

Vasos a los que frecuentemente afectan las ateroembolias renales.

Arterias arcuatas e interlobulares.

Manifestación extrarenal más frecuente de ateroembolias:

Cutánea. (lívedo reticularis)

Las placas de Hollenhorst la podemos observar en pacientes con ateroembolia renal en:

Fondo de ojo.

Neumología

Peso de pulmones:
900 a 1,100 gramos.
La carina se divide a nivel de:
T4.
La longitud de la tráquea es de:
25 cms. Diámetro 2 cms. Tiene 20 anillos cartilaginosos en forma de "C" que se unen con el músculo traquealis.
La zona de conducción del aparato respiratorio va desde:
Tráquea hasta bronquiolos terminales.
Es la estructura anatómica constituida por un bronquiolo terminal y sus divisiones:
Acino.
Son los divertículos terminales del árbol bronquial:
Alveolos. **Allí ocurre el intercambio gaseoso.**
Segmentos de pulmón derecho: 10 segmentos.
Lóbulo superior: Apical, anterior y posterior.
Lóbulo medio: Lateral y medial.
Lóbulo inferior: basal medial, basal lateral, basal anterior y basal posterior.
Segmentos de pulmón izquierdo:
Lóbulo superior: Apicalposterior, apical, lingular superior y lingular inferior.
Lóbulo inferior: Apical, basal medial, basal lateral, basal anterior y basal posterior.
La tráquea y los bronquios poseen un epitelio de tipo:
Ciliado pseudoestratificado.
Constituye el principal mecanismo de defensa del aparato respiratorio:
Aparato mucociliar.
Células que cuya principal función es la difusión de gases entre el aire alveolar y la sangre capilar:
Neumocitos tipo I.
Sustancia o célula que disminuye tensión de paredes alveolares para evitar colapso del pulmón:
Neumocitos tipo II.
Las pleuras parietal y visceral están irrigadas por :
Arterias bronquiales.
El tipo ocupacional (laboral) se ve relacionado en neumología con el tipo de enfermedades:
Intersticiales.
La disnea como síntoma representa un tipo de sensación:
Subjetiva.
Cuando se presenta cianosis la hemoglobina se encuentra en estado:
Reducida.
Las acropaquias suelen aparecer en:
Casos pulmonares crónicos. Enfermedades intersticiales, bronquiectasias, tumores.
Los gérmenes que se encuentran mayormente implicados en broquiectasias son de tipo:
Anaerobios.
A la auscultación los ruidos agudos que implican la estrechez de vías aéreas de pequeño calibre:
Sibilancias.
Un ruido ronco inspiratorio nos indica:
Obstrucción de vía aérea superior.
Ruidos de secreciones que suelen modificarse con la tos a nivel de vía aérea inferior:
Roncus.

Los "estertores secos" podemos ausculatarlos en:
Enfermedades intersticiales.

Los estertores húmedos podemos ausculatarlos en:
Neumonía y Edema Agudo de Pulmón.

Medio diagnóstico que ha permitido gran avance en neumología:
Broncoscopía. (el más utilizado es la fibrobroncoscopía)

Medio diagnóstico utilizado en neumología que nos permite tomar muestras con pequeñas incisiones:
Mediastinocospia y toracoscopia.

Qué es la presión transpulmonar:
Diferencia entre presión interna y externa.

Es el cambio de volumen que se produce por los cambios de presión:
Distensibilidad (Está disminuida en procesos intersticiales)

Volúmenes estáticos medibles en pulmón:
Volumen Residual, Volumen Corriente, Volumen de Reserva Inspiratoria, Volumen de Reserva Espiratoria.

Capacidades estáticas medibles en pulmón:
Capacidad Pulmonar Total, Capacidad Vital, Capacidad de Reserva Inspiratoria, Capacidad Residual Funcional.

Los siguientes volúmenes y capacidades no se pueden medir con espirometría:
Volumen Residual, Capacidad Residual Funcional y Capacidad Pulmonar Total. **Se hacen con dilución de Helio o Pletismografía corporal.**

Cantidad de aire que no participa en el intercambio gaseoso se conoce como:
Espacio muerto anatómico.

El espacio muerto anatómico es de:
150 ml.

El espacio muerto anatómico comprende:
La nariz hasta bronquiolos terminales.

Es el aire contenido en los alveolos no perfundidos, en personas sanas casi es despreciable:
Espacio muerto alveolar.

Es el espacio muerto fisiológico:
Espacio muerto anatómico y alveolar.

Es el volumen de aire que participa en el intercambio gaseoso por unidad de tiempo:
Ventilación alveolar.

Gas que contienen los pulmones en máxima inspiración:
Capacidad Pulmonar Total (CPT), 5600 ml.

Gas espirado tras una inspiración máxima:
Capacidad Vital (CV), 4600 ml.

Volumen tras espiración máxima:
Volumen Residual (VR), 1200 ml.

Volumen movilizado en resposo (inspiración y espiración normal):
Volumen corriente (VC), 500 ml.

Volumen que se espira tras una espiración normal:
Volumen de Reserva Espiratoria, (VRE), 1,100 ml.

Volumen que se inspira tras una inspiración normal:
Volumen de Reserva Inspiratoria (VRI), 3000 ml.

Volumen máximo inspirado:
Capacidad inspiratoria, CI, 3500.

Volumen de los pulmones tras espiración normal:

Capacidad Residual Funcional (CFR), 2300.

Es el volumen que se espira en una espiración forzada y se evalúa mediante espirometría:
Capacidad Vital Forzada (CF)

Es el volumen espirado en primer segundo de una espiración forzada:
FEV1.

A la relación existente entre CVF y FEV1 se le conoce como:
Índice de Tiffeneau. Menor de 0.7, indica obstrucción de vía aérea.

Las alteraciones pulmonares obstructivas se deben a:
Trastornos en vaciado pulmonar (trastornos de salida).

Las alteraciones pulmonares restrictivas se deben a:
Dificultad en el llenado. *La capacidad pulmonar total y la vital, están disminuidas.*

Para diagnosticar alteraciones pulmonares restrictivas, el patrón de referencia es:
Capacidad Pulmonar Total, por debajo de 80%.

El diafragma es exclusivamente inspiratorio, a diferencia de los músculos intercostales que participan en ambos (inspiratorio y espiratorio).

En el patrón obstructivo, los niveles de la capacidad pulmonar total:
Se encuentra elevada

La presión pulmonar media es de:
15 mm/hg. Es menor que en circulación sistémica.

En bipedestación, la presión hidrostática es mayor en bases, por ello es mejor perfundida

El intercambio gaseoso se da gracias a los mecanismos:
Ventilación, Difusión (membrana alveolo capilar) y Perfusión (unidades alveolares de intercambio)

Es el volumen total movilizado en un minuto por las respiraciones:
Ventilación total.

La ventilación alveolar resulta de:
(Volumen corriente – espacio muerto anatómico) : 350 ml por respiraciones por minuto (12-16 respiraciones por minuto en reposo).

Principal parámetro para determinar estado de ventilación.
Presión parcial de CO2, además es el principal mecanismo de regulación a nivel bulbar

La hipercapnia equivale a hipoventilación.

La difusión de la PCO2, es 20 veces mayor que la PO2.

Es lo que determina la Pco2 y Po2, en sangre:
Ventilación / perfusión, V / Q. Lo normal es que sea igual a 1. Si no está ventilada, tiende a 0, si no está perfundida a infinito.

El intercambio gaseoso se mide a través de :
Gases arteriales, pulsioximetría y método más específico como Capacidad de Difusión de CO.

Hablamos de hipoxemia cuando valores se encuentran:
Por debajo de 80 mm / hg.

Principal causa de hipoxemia e hipercapnia:
Alteraciones en la relación V/Q.

Las alteraciones en la difusión solo pueden producir:
Hipoxemia.

Las alteraciones de la ventilación normalmente producen:
Hipercapnia.

Es una insuficiencia respiratoria global:
Po2 menor de 60, Co2 mayor de 50 mm / hg.
Si es solo Po2 menor de 60, se habla de Insuficiencia Respiratoria Hipoxémica Pura.

Tos aguda: menos de 3 semanas

Tos subaguda: de 3 a 8 semanas.

Tos crónica: Más de 8 semanas.

Principal causa de hemoptisis:

Bronquiectasia.

Cardiopatías relacionada con hemoptisis:

Estenosis Mitral.

Un cultivo hemoptoico de acuerdo al PH alcalino nos orienta que es de origen:

Respiratorio. A diferencia de si es ácido, que proviene el sistema digestivo.

Síntomas característicos de Asma:

Sibilancias, Disnea, opresión torácica y tos.

Hablamos de reversibilidad en asma cuando:

Con tratamiento broncodilatador de acción corta (beta adrenérgico), FEV1 aumenta mayor o igual a un 12%.

El asma es una enfermedad inflamatoria crónica que se caracteriza por:

Reversibilidad e hiperreactividad.

Consiste en la disminución del FEV1 por al menos 20% de su valor basal, tras una prueba de broncoconstricción (histamina, metacolina, ejercicio):

Hiperreactividad

Fármacos relacionados con obesidad que aumentan el riesgo de asma bronquial:

Leptinas

Sexo al que afecta el Asma con mayor frecuencia en la infancia:

Masculino. En la etapa adulta, se invierte. Harrison dice (es igual en ambos sexos)

Virus al que se asocia la etiología del Asma:

Virus Sincitial Respiratorio.

La fisiopatología del asma radica en el evento final:

Disminuye el calibre de la vía aérea.

La clínica del ASMA se define por la triada clásica:

Disnea, Sibilancia (normalmente espiratorias) y Tos.

Se conoce como Equivalente Asmático:

Paciente con Asma que solo manifiesta tos escasamente productiva.

Prueba de elección para diagnóstico de Asma:

Espirometría, con prueba broncodilatadora.

En la radiografía de tórax de un paciente con Asma podemos encontrar:

Datos de hiperinsuflación en crisis graves. Pero típicamente es normal.

Formas clínicas del asma:

Asma Intermitente, Asma Persistente Leve, Asma persistente Moderado, Asma Persistente Grave.

Los principales efectos adversos del uso de Beta Adrenérgicos en Asma son los siguientes:

Taquicardia e Hipopotasemia.

Método más eficaz en asma para medir exhacerbaciones de crisis:

PEF (Peak Flow)

Son aquellos fármacos utilizados en asma que proporcionan una broncodilatación significativa, lo que reduce los ingresos hospitalarios. Están indicados en crisis moderadas graves:

Corticoides Inhalados.

Enfermedad prevenible y tratable que se caracteriza por una limitación al flujo aéreo no totalmente reversible:

Enfermedad Pulmonar Obstructiva Crónica.

Es considerado el principal factor de riesgo de Enfermedad Pulmonar Obstructiva Crónica:

Tabaco.

Qué es el índice paquete año:

Número de paquetes al día por años fumando.

Son los gérmenes más frecuentemente implicados en exhacerbaciones de Enfermedad Pulmonar Obstructiva Crónica:

Rinovirus. Las **bacterias** son más frecuentes en casos de reagudización.

Infecciones infantiles por el Virus Sincitial Respiratorio puede predisponer a EPOC en la etapa adulta.

Enfermedad genética asociada a EPOC:

Déficit de Alfa 1 Antitripsina, afectación en cromosoma 14. **Inhibe elastasa de Neutrófilos. Los efectos de destrucción de paredes alveolares, ocurren con mayor frecuencia en campos pulmonares inferiores a diferencia de la fisiopatología que no es debida a este, que se dan en campos pulmonares superiores.**

En la EPOC: *Disminuye la capacidad inspiratoria, aumenta la capacidad residual funcional.*

El cor Pulmonare también es conocido como:

Insuficiencia Cardíaca Derecha.

Los fenotipos de EPOC son:

Azul abotargado o blue bloates **(Bronquitis Crónica)**

Soplador Rosado o Pink Puffer: **(Enfisema)**

Tipo de enfisema que se relaciona con ruptura de bulas y jóvenes:

Acinoso distal o paraseptal, afecfa región subpleural, campos superiores.

El EPOC panacinar suele afectar:

Campos inferiores. Se debe a déficit de Alfa I antitripsina.

El EPOC centroacinar suele afectar a:

Campos superiores.

Sintomas mas frecuentes en EPOC:

Tos, expectoración y disnea.

Principal causa de hemoptisis en la actualidad:

Bronquitis Crónica (Revisar)

En el EPOC de predominio bronquítico, la tos suele aparecer:

Antes de la disnea, a diferencia de predominio enfisematoso, que es después.

En el EPOC enfisematoso la radiografía de tórax suele mostrar:

Aplanamiento de hemidiafragmas. (hallazgo más frecuente)

La clasificación del EPOC se realiza a través de:

Valores del FEV1 postbroncodilatador en grados I, II, III, IV. Leve, moderado, grave y muy grave.

Mejores criteriores para predecir supervivencia en pacientes con EPOC:

Edad y valor del FEV1.

Es la medida terapéutica más importante y más eficaz para tratar el EPOC:

El abandono del tabaco. Otra es la oxigenoterapia crónica domiciliaria, PO2 menor de 55-59 mm / hg.

Tratamiento farmacológico de elección en EPOC:

Anticolinérgicos. Bromuro de Ipatropio y Tiotropio. Acción corta y larga respectivamente.

Constituye la causa más frecuente de trasplante pulmonar:

EPOC.

Microorganismos principales que causan reagudización de EPOC:

Bacterias en 75%. Haemophilus Influenzae, S. Neumoniae, Moraxalella Catarralis.

Los ácaros responsables de Asma: Dermatophagoydes Pteronysinus.

Es el principal factor de riesgo para desarrollar Asma:

Atopia.

Asma que normalmente se manifiesta en adultos, y que suele ser más agresivo:

Intrínseco.

Las bronquiectasias afectan a los bronquios:
Proximales.

Virus relacionados con la etiología de bronquiectasias:
Adenovirus, Influeza, Sarampión y Rubeola.

Causa más frecuente de obstrucción endobronquial en niños:
Aspiración de cuerpo extraño.

Causa más frecuente de obstrucción endobronquial en adultos:
Carcinoma Pulmonar.

La secreción bronquial normal es:
Menos de 100 ml por día.

Sintomatología clínica de bronquiectasia:
Tos productiva cronica (**característica clínica por excelencia**). Broncorrea productiva **matutina**. Hemoptisis. Existe secreción bronquial por encima de 150 ml por dia.

Enfermedad hereditaria recesiva más frecuente y letal en la raza caucácica:
Fibrosis Quística

Características radiográficas de Bronquiectasia:
Anillo de sello, raíl de Tranvia, Nido de Golondrina

Las complicaciones en un paciente con bronquiectasia pueden ser:
Neumonía, empiema, absceso, neumotórax, cor pulmonale

Principal causa de enfermedad respiratoria severa en niños:
Fibrosis quística.

Se considera origen importante de insuficiencia pancreática exógena en edades tempranas:
Fibrosis quística. Alteración en gen que codifica proteína CFTR (funciona como Canal de Cloro). Brazo largo, cromosoma 7.

El test del sudor, es una prueba diagnóstica que se realiza en búsqueda de:
Fibrosis quística.

La patogenia de fibrosis quística consiste en:
Alteraciones en canales iónicos lo que se traduce en aumento de viscosidad de secreciones en distintas parte del cuerpo, lo que produce obstrucciones en diferentes órganos (hígado, vesícula biliar, aparato genitourinario)

Complicaciones más frecuentes de Fibrosis Quística:
Neumonías por Sobreinfección, Aspergilosis.

Donde se encuentra el espacio intersticial:
Se encuentra entre membrana basal del epitelio alveolar y el endotelio capilar.

Es una característica radiográfica de Fibrosis Pulmonar Idiopática:
Aspecto de vidrio esmerilado o deslustrado. En etapas finales aparece el **Pulmón en panal.**

Es la enfermedad del parénquima pulmonar que se produce por la inhalación y el depósito de polvo del carbón:
Neumoconiosis.

Las alteraciones radiográficas de la neumoconiosis suele afectar a:
Lóbulos superiores. Al igual que silicosis.

Las adenopatías hiliares, calcificadas en cáscara de huevo son características de:
Silicosis

La silicosis es un trastorno de tipo:
Fibrótico.

La aspergilosis broncopulmonar alérgica corresponde al tipo de Neumonía:
Eosinofílica.

Agente responsable de Aspergilosis:

Aspergillus Fumigatus.

Característica radiográfica que sugiere Aspergilosis:
Signo del dedo de guante.

Patología que radiológicamente da imagen de negativo de Edema Agudo de Pulmón:
Neumonía Eosinófila Crónica.

Hablamos de Hipertensión Arterial Pulmonar cuando niveles se encuentran por encima de:
25 mm / Hg.

Síntoma más común de Hipertensión Pulmonar Primaria:
Disnea Progresiva.

Puede considerarse la primera manifestación clínica ante Hipertensión Pulmonar Primaria:
Síncope.

La muerte por Hipertensión Pulmonar Primaria suele ser por:
Falla cardíaca derecha o muerte súbita.

Pleura parietal cubre las siguientes estructuras:
Mediastino, pared torácica, pericardio y diafragma.

Los músculos primarios de la respiración son:
Músculos intercostales y diafragma.

Músculos extrínsecos del tórax:
Pectorales mayores y menor, cervicales, serrato anterior, dorsal ancho, (escalenos y esternocleidomastoideo),

Corresponden a los músculos secundarios de la respiración:
Esternocleidomastoideo, serrato posterior y elevadores de las costillas.

El esternón es un tipo de hueso:
Plano

Único anillo cartilaginoso completo de la tráquea:
Cartílago Cricoides.

Los pulmones inician su desarrollo a partir de:
21-28 días de gestación.

Representan un 50% de todo el volumen pulmonar:
Alveolos.

Desde el punto de vista embriológico la lingula representa;
Lóbulo medio derecho.

Se considera el estado de hipercoaguabilidad hereditario más frecuente como etiología de Tromboembolismo Pulmonar:
Factor V Leiden. (Resistencia a proteína C activada)

Es la causa más habitual de muerte tras un Tromboembolismo Pulmonar:
Fracaso Ventricular Derecho.

Síntoma que nos sugiere estamos frente a Tromboembolismo Pulmonar:
Disnea súbita seguida de dolor pleurítico.

Sintomatología constante en Tromboembolismo Pulmonar:
Taquicardia y Taquipnea.

Signos radiográficos característicos de Tromboembolismo Pulmonar:
Signo de Westermark y Joroba de Hampton.

En qué consiste en Signo de Westermark en Tromboembolismo Pulmonar:
Hipertransparencia pulmonar.

En qué consiste el signo de la Joroba de Hampton en Radiografía de Tromboembolismo Pulmonar:
Condensación Parenquimatosa Triangular en base Pleural.

Prueba de elección para diagnóstico de Tromboembolismo Pulmonar:

AngioTac.

Gold estándar para diagnóstico de Tromboembolismo Pulmonar:

Angiografía Pulmonar.

Consiste en la medida terapéutica más importante para tratamiento de Enfermedad Tromboembólica Venosa:

Tratamiento de Anticoagulante.

Se considera la medida terapéutica de elección en TEP masivo:

Trombólisis.

Patrón radiológico más característico de derrame pleural:

Menisco de Damoisseau (opacidad en base en base pulmonar con una línea cóncava superior)

Patrón radiológico más frecuente en derrame pleural:

Borramiento de ángulo costofrénico posterior en radiografía de tórax lateral.

Mejor forma de localizar un derrame pleural loculado (derrame que no tiene movilización al cambiar de posición el paciente):

Ecografía torácica

Causa más común de derrame:

Insuficiencia cardíaca (Trasudado)

Principal causa de exudado:

Derrame paraneumónico

En el estudio citológico de derrames pleurales, si existe la aparición de linfocitos con niveles que superan el 50% podría estar en frente de:

Origen tumoral o tuberculoso.

Consiste en el cese de flujo aéreo por al menos 10 segundos:

Apnea.

En la apnea de origen obstructivo, dicha obstrucción se localiza con mayor frecuencia:

Vía aérea superior. Existe utilización de músculos toracoabdominales para la respiración, a diferencia de la apnea de origen central, (trastorno se debe a falta de estímulo).

Factores que predisponen a apnea del sueño:

Macroglosia, hipertrofia de amigdalas, obesidad.

Es el síntoma más común de Síndrome de Apnea del Sueño:

Somnolencia Diurna.

En el Síndrome de Apnea del sueño existe una alteración en relación á este en las ondas:

Lentas.

Número de microdespertares necesarios para realizar diagnóstico de Apnea del sueño:

5.

Estudio realizado para diagnóstico de Síndrome de Apnea del Sueño:

Polisomnografía

El tratamiento de elección del Síndrome de Apnea del sueño es:

CPAP. (Presión Positiva continua en vía aérea)

Criterios diagnósticos para Síndrome de Distrés Respiratorio del Adulto:

Paciente con Disnea, Insuficiencia Respiratoria (taquipnea, cianosis central, uso de músculos accesorios), infiltrados alveolointersticiales bilaterales, hallazgo de patología desencante.

Fisiopatología de Síndrome de Distrés Respiratorio del Adulto:

Edema debido al aumento de la permeabilidad alveolocapilar, lo que produce una alteración en la relación ventilación – perfusión.

Primera sintomatología al aparecer en un paciente con Síndrome de Distrés Respiratorio del Adulto:

Taquipnea.

Principal causa de trasplante bipulmonar:

Fibrosis Quística.

Principal causa de trasplante unipulmonar:

EPOC. Seguido de Fibrosis Pulmonar Idiopática.

Síndrome caracterizado por aumento en las presiones pulmonares:

Eisenmenger.

Principal causa de trasplante cardiopulmonar:

Hipertensión Pulmonar Primaria.

Principal causa de muerte tardía en trasplante de Pulmón:

Rechazo crónico

Principal causa de muerte en primer año en pacientes con trasplante pulmonar:

Infecciones. Más frecuentes: virales: Citomegalovirus, hongos: Aspergilus.

Causa más frecuente de exhacerbación en Epoc:

Infecciosa.

Enfermedad Intersticial más característica:

Fibrosis Pulmonar Idiopática.

Es un cuadro típico de varones jóvenes fumadores que puede cursar con neumotórax:

Histiocitosis X.

Los quimiorreceptores centrales obedecen el estímulo gracias a:

Hipercapnia

Los quimiorreceptores periféricos obedecen el estímulo gracias a:

Hipoxemia.

El proceso de difusión en la membrana Alveolocapilar es un tipo de difusión:

Simple, no consume energía.

En un paciente enfisematoso existe una disminución de la difusión.

El momento en el que se igualan las presiones alveolar y capilar, se dneomina difusión.

Los pacientes con hemorragia alveolar Good Pasteur, Hemosiderosis, lo que aumenta la vascularización, aumenta la difusión.

Manifestación más frecuente de alteración en difusión:

Hipoxemia.

La capacidad inspiratoria resulta de la suma de:

Volumen corriente y volumen de reserva inspiratoria.

La capacidad residual funcional resulta de:

Volumen de reserva espiratoria y volumen residual.

La capacidad pulmonar total resulta de:

Capacidad Vital y Volumen Residual.

Volumen residual nos indica atrapamiento aéreo.

Patologías obstructiva, alteraciones en patrones de flujo.

Restrictivas, patrones de capacidades.

Capacidad pulmonar total nos indica hiperinsuflación pulmonar.

Triada Asa se da en pacientes con :

Asma Extrínseca (adultos)

Asma, Poliposis Nasal, Intolerancia a AAS.

Existe eosinofilia periférica.

La variabilidad en pacientes en búsqueda de diagnóstico de ASMA lo hacemos a través de:

Peak Flow de un mes por mas de 20%.

Enfisema más frecuente en EPOC:

Enfisema Centroacinar.

Agente bacteriano que con mayor frecuencia se ve en casos de reagudización de EPOC:

Haemophilus Influenzae.

Sintomatología clínica en paciente con derrame pleural:

Disnea y Dolor Torácico.

Derrame Pleural Hemático:

3T.

1 a 50% de hematócrito en Líquido PLEURAL. Tumor (más frecuente), Trauma, Tromboembolismo Pulmonar

Si es más de 50% es hemotórax.

Mejor marcador inflamatorio de patología pleural:

LDH.

Tumores que pueden provocar derrame pleural:

Mama, Linfoma, Pulmón, O Mesotelioma

Neurología

Trastorno específico de la articulación del lenguaje en el que las bases del mismo (gramática, comprensión y elección de las palabras) están intactos:
Disartria.

Trastorno en las inflexiones y ritmos del habla, resultando un discurso monótono:
Disprosodia.

Pérdida o deterioro del lenguaje, con integridad de estructuras neuromusculares:
Afasia.

Las funciones lingüísticas de una persona diestra (derecha) se encuentran en el hemisferio:
Izquierdo.

Las funciones lingüísticas de una persona zurda se encuentran en el hemisferio:
Ambos hemisferios, alteraciones suelen ser más leves.

El área anterior o de producción lingüística se conoce como:
Área de Brocka

El área posterior o de comprensión lingüística se conoce como:
Área de Wernicke

Mencione los 5 tipos de afasia existentes:
- Afasia Motora o de Broca
- Afasia Sensitiva o de Wernicke
- Afasia de Conducción
- Afasia Transcortical Motora
- Afasia Transcortical Sensitiva.
  En ningunas existe nominación.

Organización anómala de las frases:
Agramatismo.

Producción verbal durante la conversación:
Fluencia.

Invención de palabras:
Neologismo.

Sustitución de palabras por otras:
Parafasias.

Lenguaje del todo ininteligible:
Jergafasia.

Las afasias no fluentes se deben en la mayoría de los casos a una alteración:
Anterior a la cisura de Rolando.

Las afasias fluentes se deben en la mayoría de los casos a una alteración:
Posterior a la cisura de Rolando.

Es la incapacidad del paciente para reproducir los nombres de los objetos, se presenta en todas las afasias:
Nominación.

La repetición se conserva en el tipo de afasia:
Transcortical.

En la afasia de broca existe una lesión en la siguiente localización:
Área de broca. Lóbulo frontal dominante. Puede presentar hemiparesia.

Paciente que no comprende, presenta aumento fluencia, verborrea, parafasias, no es consciente de su problema lingüístico, poseen peor pronóstico:
Afasia de Wernicke.

La afasia de conducción se da por una lesión en la siguiente localización:
Fascículo Arcuato.

Es el tipo de afasia relacionada con anoxia secundaria a parada cardiorespiratoria, estenosis de arteria carótida e intoxicación por monóxido de carbono:
Afasia transcortical.

Es la forma más grave y frecuente de afasia:
Afasia Global. Lesiones pueden deberse a oclusiones de arteria carótida interna o arteria cerebral media.

Es la incapacidad para reconocer un estímulo visual, táctil o auditivo cuando no hay defectos en las sensibilidades primarias visuales, sensitivas o auditivas:
Agnosia.

Incapacidad para reconocer rostros humanos:
Prosopagnosia.

Imposibilidad para localizar un estímulo táctil:
Atopognosia.

Incapacidad para reconocer una determinada figura trazada sobre la superficie corporal:
Agrafoestesia.

Incapacidad del paciente para reconocer su enfermedad:
Anosognosia.

Es el tipo de apraxia más común:
Apraxia **IDEOMOTORA**. (lesiones en áreas frontales y parietales izquierdas)

La apraxia del vestido está relacionada con las lesiones:
Parietooccipitales derechas o bilaterales.

Apraxia relacionada con la incapacidad de realizar una acción continua:
Apraxia Ideatoria.

El signo de Lhermitte consiste en:
Sensación de **descarga eléctrica descendente**, con la flexión del cuello, por lesión en cordones posteriores, por ejemplo: neurosífilis.

Causa más frecuente de Coma sin focalidad:
Trastornos Metabólicos.

Estado de conciencia de uno mismo y del medio que le rodea:
Vigilia.

Estado patológico de inconciencia resistente a estímulos importantes:
Coma.

El período de hiperventilación con pausas de apnea cada vez más cortas se trata del tipo de respiración:
Cheyne Stokes.

Patrón respiratorio hiperventilatorio rítmico y con respiraciones profundas o batipnea:
Kusmaul.

Nervios implicados en reflejo corneal:
Trigémino (primera rama) aferente
Facial (eferente)

Áreas relacionadas con movimientos voluntarios:
Motora y premotora.

La cuadrantopnosia homónima superior afecta al lóbulo:

Temporal. Afecta radiaciones ópticas inferiores.

La cuadrantopnosia homónima inferior afecta al lóbulo:

Parietal. Afecta radiaciones ópticas superiores.

Incapacidad para leer y escribir música:

Amusia.

Causa más frecuente de lesión a Nervio Ocular Motor Común:

Mononeuropatía Diabética.

Nervios que discurren por la fisura orbitaria superior:

III, IV, VI y V1, Vena Oftálmica.

Principal causa de afectación unilateral de IV par craneal:

Traumática, seguida de isquemia de pequeños vasos (Vasculitis, Diabetes)

En qué consiste el Síndrome de Gradenigo:

Parálisis VI par craneal, sordera, dolor facial ipsilateral.

Es el par craneal más largo y delgado:

IV. El único que abandona el encéfalo por su parte posterior

Par craneal asociado a lesiones por causas de aumento de presión intracraneal:

VI. Por su recorrido en el espacio subaracnoideo

Manifestación clínica más frecuente de lesión de nervio Trigémino:

Dolor de hemicara ipsilateral. Causa más frecuente, **infección por Herpes Zóster.**

Estructura que inerva a las glándulas lagrimales, sublinguales y submandibulares:

Nervio Facial.

El signo de la Cortina de Vernet lo podemos apreciar en la alteración de la siguiente estructura nerviosa:

IX par craneal.

Par craneal que inerva músculos constrictores superior de la faringe y estilofaríngeo, su alteración produce disfagia leve:

IX par craneal.

El área 4 de Brodman representa la:

Corteza Motora Primaria.

Son los componentes del sistema piramidal:

Haz corticoespinal, haz corticonuclear (Fascículo Geniculado)

Las fibras de la primera motoneurona desciende por la siguiente estructura:

Cápsula Interna.

Es el encargado del control voluntario de la musculatura inervada por los pares craneales:

Fascículo Geniculado (Corticonuclear)

Contribuyen a planificar y regular los patrones complejos de movimiento muscular, controlan la intensidad:

Ganglios basales.

Regula la postura y equilibrio de músculos, secuencian actividades motoras y las corrigen:

Cerebelo.

Forman parte de la vía motora indirecta:

Cerebelo y ganglios basales.

Tanto el signo de Babinski como la parálisis espástica se da por lesiones en la:

Primera Motoneurona.

El signo de Romberg, lo podemos ver en:

Ataxia Sensitiva, paciente se cae si cierra los ojos.

Meduloblastoma en niños puede ser causa de:

Ataxia Cerebelosa.

La sensibilidad que conduce la columna dorsal – lemnisco medial se denomina:
Epicrítica.

La sensibilidad que conduce la columna anterolateral se denomina:
Protopática.

Es el vaso más frecuentemente afectado en Ictus Isquémico:
Arteria Cerebral Media.

Representa la base de infartos lacunares:
Lipohialinosis. El factor de riesgo más importante es la Hipertensión Arterial.

La arteria cerebral anterior es rama de :
Arteria carótida interna.

Principal factor asociado a enfermedad vascular cerebral hemorrágica:
Hipertensión arterial.

Tipo de Enfermedad Vascular Cerebral más frecuente:
Isquémico 80%.

Déficit neurológico que dura más de 24 horas y es causado por la disminución de flujo en un territorio:
Ictus o Stroke.

Un Ictus Maligno que curse con edema cerebral puede ser debido a:
Afectación en Arteria Cerebral Media

Los infartos aterotrombóticos dan sintomatología de bajo gasto.

Un infarto cerebral de origen cardioembólico PROBABLEMENTE afecte con más frecuencia:
Arteria Cerebral Media, luego Arteria Cerebral Anterior.

Un paciente que cursa con Alexia y Agrafia la afectación suele ser:
Arteria Cerebral Media.

Un paciente que cursa con Alexia solamente la afectación suele ser:
Arteria Cerebral Posterior.

Diagnóstico de Infarto Cerebral relacionado a sintomatología:
Arteria Cerebral Anterior: Paciente con Hemiparesia – **crural**- y sin Hemianopsia.
Arteria Cerebral Media: Hemiparesia – **braquiofacial**- y Hemianopsia.
Arteria Cerebral Posterior: Hemianopsia con respeto **macular.**

La mayor irrigación del tálamo proviene de la arteria:
Cerebral Posterior.

Representa el síndrome lacunar más frecuente:
Ictus Motor Puro. Afecta brazo posterior de cápsula interna.

Estudio diagnóstico de elección para diferenciar ACV isquémico de hemorrágico:
TAC.

Estudio diagnóstico de elección para patologías de fosa posterior:
Resonancia Magnética, también se utiliza para infartos lacunares. Luego de TAC.

TAC visualiza mejor la sangre.

Durante las primeras 24-72 horas, lesiones isquémicas suelen no apreciarse en TAC.

El riesgo de desarrollar ictus luego de infarto agudo al miocardio es mayor:
Primer mes posinfarto (30%)

El ácido acetil salicílico actúa de manera irreversible sobre:
Ciclooxigenasa y Tromboxano A2

Tratamiento de pacientes con estenosis carotídea:
Menor de 50% de obstrucción antiagregar.
Mayor de 70%, endarterectomía, 100% antiagregar.

La sintomatología más común de Trombosis Venosa es:
Cefalea.

El signo de la Delta vacía por afectación a Seno Longitudinal Superior lo solemos encontrar en la siguiente patología:
Trombosis Venosa Cerebral.

Localizaciones anatómicas más frecuentes de Hemorragia Focal Hipertensiva:
Putamen, Cerebelo, Tálamo, Protuberancia.

Segunda causa de hemorragia intracerebral espontánea:
Malformaciones Vasculares.

Malformación vascular asintomática más frecuente:
Angioma Venoso.

Causa de hemorragia intracerebral espontánea en ancianos:
Angiopatía Amiloide o Congófila.

La metástasis cerebrales con mayor tendencia a sangrado es:
Melanosis, seguida de coriocarcinoma, pulmón, riñón, tiroides. (Copuriti)

Es el único hematoma profundo a nivel encefálico que puede evacuarse:
Cerebeloso

Es la causa más frecuente de hemorragias subaracnoideas:
Traumatismos.

Los aneurismas que con mayor frecuencia producen hemorragias subaracnoideas espontáneas se localizan a nivel de:
Arteria comunicante anterior.

Los aneurismas de mayor riesgo son los que se encuentran localizados en:
La arteria basilar, comunicante anterior y comunicante posterior.

Los aneurismas fusiformes asociados a aterosclerosis normalmente se localizan en:
Arteria Basilar.

Cefalalgia en dias previos a ruptura de aneurisma se denomina:
Cefalalgia Centinela.

Método utilizado para diferenciar Hemorragia Subaracnoidea de Punción Lumbar Traumática:
Prueba de los 3 tubos.

El diagnóstico etiológico de aneurisma se realiza a través de:
Angiografía de 4 vasos.

La complicación médica más frecuente de hemorragia subaracnoidea:
Hiponatremia

Complicaciones neurológicas más frecuentes de Hemorragia Subaracnoidea:
Hidrocefalia, Resagrando, Vasoespasmo (principal causa de muerte) - Nimodipina – profilaxis, terapia triple H, (hemodilución, hipertensión, hipervolemia).

Constituye la principal causa de incapacidad en la tercera edad:
Demencia.

Principal efecto cognitivo de la demencia:
Olvido.

El dato histológico más característico de Alzheimer es:
Placas amiloides. (Seniles o neuríticas)

La causa de muerte en pacientes con Alzheimer suele ser provocada por:
Infecciones.

Es el trastorno mental más frecuente en personas ingresadas en un hospital:
Delirium.

Trastorno mental que se caracteriza de un deterioro del nivel de conciencia y alteraciones en la atención concentración:
Delirium

El estado de ánimo en un paciente diagnosticado con Delirium oscila entre:
Ansioso y Depresivo.

Tratamiento de Delirium:
Haloperidol, vía parenteral.

Tratamiento Delirium Tremens:
Benzodiacepinas.

Crisis repetidas entre las cuales el paciente no recupera la conciencia y que duran más de 30 minutos:
Estatus Epileptico.

La mayor parte de crisis epilépticas afecta al siguiente lóbulo:
Temporal.

Tipo de parálisis asociada a una debilidad en área afectada luego de crisis parcial simple:
Parálisis de Todd.

Es el tipo de crisis convulsiva más frecuente en niños y adolescentes:
Crisis de ausencia, pequeño mal.

En las crisis parciales complejas existe período posconfusional, a diferencia de las crisis de ausencia.

Tipo de crisis convulsiva más frecuente por alteraciones metabólicas:
Tónico Clónicas Generalizadas. Se acompañan de confusión.

Tipos de crisis convulsivas que se asocia a período confusional
Parciales complejas. Tónico clónicas (Generalizadas)

Son las entidades o diagnósticos diferenciales más frecuentes de Epilepsia:
Síncope y Pseudocrisis.

Tratamiento de tipos de Epilepsia:

Crisis parciales: Carbamazepina

Ausencia: Etoxusimida.

Atónicas: Valproico.

Los tipos de crisis convulsivas cuya etiología es febril son:
Generalizadas.

Epilepsia que se da en primera infancia:
Síndrome de West (Hipsarritmia Interictal – Espasmos Infantiles – Detención desarrollo psicomotor).
Afecta a niño menores de un año.

Epilepsia que se da en segunda infancia:
Síndrome de Lennox Gastaut. 2-4 años. 1 a 7 años. Convulsiones tónicas, más frecuentes.

En las pacientes embarazadas, los antiepilépticos pueden ser:
Valproato o Carbamazepina. Siempre asociar con Ácido Fólico.

La cefalea por Hemorragia Subaracnoidea suele acompañarse de la sintomatología:
Rigidez de Nuca, náuseas y vómitos.

Es el tipo de Cefalea que empeora por la mañana y puede despertar al paciente del sueño, aumenta con tos y vómitos:
Cefalea por Hipertensión Craneal.

Cefalea de tipo hemicraneal que afecta a pacientes mayores de 60 años, existe polimialgia reumática, claudicación mandibular:
Arteritis de la Temporal

Subtipo clínico de migraña más frecuente:
Migraña Sin Aura. (75%)

Tipo de sintomatología "Aura" más frecuente:
Alteraciones visuales, (escotomas centellantes, visión borrosa, hemianopsia).

La migraña crónica se define como aquella:
Más de 15 crisis al mes, por más de 3 meses.

Más de 72 horas de migraña sin importar el tratamiento:
Estado Mal Migrañoso.

Cuadro clínico caracterizado por persistencia del aura migrañoso más allá de la duración de la cefalea:
Migraña complicada o infarto migrañoso. Diagnosticado por imagen.

Tipos de fármacos utilizados en Migraña:
AINE, Triptanes, Betabloqueantes, Calcioantagonistas, Antidepresivos Triciclicos, Antagonistas de Serotonina.

Se considera la cefalea primaria más frecuente:
Cefalea tensional (Afecta región bifrontal), se relaciona con estrés.

Las ataxias congénitas pueden darse por afectación en:
Vermis del Cerebelo, hemisferios cerebelosos y tronco encefálico.

Se considera el tipo más frecuente de Ataxia hereditaria:
Ataxia de Friedrich.

La hiporeflexia es una alteración de:
2da motoneurona.

El signo de Babinski es una alteración de:
1era motoneurona.

Es la enfermedad neurológica progresiva que afecta a las motoneuronas con más frecuencia:
Esclerosis Lateral Amiotrófica.

Si en la enfermedad de motoneuronas hay afectación de la segunda, la manifestación clínica:
Atrofia Muscular Espinal.

Representan signos y síntomas de afectación de primera motoneurona:
Debilidad, espasticidad, hiperreflexia y signo de Babisnki.

Representan signos y síntomas de afectación de segunda motoneurona:
Debilidad, amiotrofia y fasciculaciones.

Causa responsable de muerte en pacientes con Esclerosis Lateral Amiotrófica:
Debilidad muscular respiratoria.

Debilidad muscular progresiva, inicio asimétrico y distal, afectación de pares craneales bajos, y poca afectación de músculos extraoculares:
Se trata de Esclerosis Lateral Amiotrófica.

Su déficit puede producir degeneración nerviosa y ataxia:
Vitamina E.

Tratamiento de Esclerosis Lateral Amiotrófica:
Riluzol. Inhibe la liberación de Glutamato.

Presencia de oscilaciones rítmicas de una parte del cuerpo, secundarias a contracciones alternantes o sincrónicas en grupos musculares opuestos:
Temblores.

El temblor específico de Enfermedad de Parkinson:
Temblor de Reposo, aunque también puede ser Postural.

Hemibalismo:
Movimientos espásticos involuntarios que suelen afectar a la extremidad superior en la mitad del cuerpo, se puede dar por afectación en **núcleo subtalámico**

Es la forma más común de temblor sintomático y trastorno del movimiento más frecuente:
Temblor esencial. Se exhacerba con estrés, ansiedad y fatiga. **Mejora con alcohol.**

Representa el síndrome parkinsoniano más común:
Enfermedad de Parkinson Idiopática.

Factor de riesgo más importante para parkinsonismo:
Edad avanzada.

Característica anatomopatológica de Enfermedad de Parkinson:
Cuerpos de Lewy en la Sustancia Negra.
Manifestación clínica más incapacitante de la Enfermedad de Parkinson:
Bradicinecia.
La marcha que se da en pacientes con Parkinsonismo se denomina:
Marcha Festinante.
El temblor en reposo se trata con:
Anticolinérgicos
El temblor postural se trata con:
Propanolol
Representa la causa más frecuente de discapacidad neurológica en adultos jóvenes tras traumatismos:
Esclerosis Múltiple.
En las esclerosis se supone que su fisiopatología afecta a las células:
Oligodendrocitos.
Forma más frecuente de esclerosis múltiples:
Forma Remitente en brotes (RR).
Sintomatología más frecuente en Esclerosis Múltiple:
Síntomas Sensitivos (de manera global más frecuente), **parestesias,** hipoestesias (más frecuente) que se relacionan con calor
Segunda manifestación clínica más frecuente de Esclerosis Múltiple:
Neuritis Óptica
La lesión de la vía piramidal afecta a la primera motoneurona.
En el líquido Céfalo Raquídeo de un paciente con Esclerosis Múltiple podemos observar:
Linfocitosis, aumento proteínas totales, inmunoglobulinas.
Principal causa de incapacidad en pacientes mayores de 45 años:
Dolor lumbar.
Es la patología neuroquirúrgica más frecuente:
Hernia discal.
Localización más frecuente de hernias discales lumbares:
L4-L5. L5-S1. (Sobre todo esta última)
Las hernias discales cervicales más frecuentes son:
C5-C6, C6-C7, más frecuente, suelen ser posterolaterales.
Causa principal de mielopatía en pacientes mayores de 55 años:
Espondilosis Cervical.
Causa más frecuente de claudicación neurogénica en extremidades inferiores:
Raquiestenosis, estenosis del canal lumbar. Estos pacientes poseen una postura de carrito de supermercado
Paraplejia:
Parte inferior del cuerpo queda paralizada, por alteración por debajo de D1.
Tetraplejia:
Parálisis total. Por afectación por encima de C4.
Representan los tipos de sección medular incompleta:
Síndrome Espinal Anterior, Síndrome Espinal Posterior, Síndrome de Brown Sequard, Síndrome Centromedular.
El shock neurogénico se asocia a lesiones a nivel:
Cervical y torácico alto.
Principal causa de pérdida de conocimiento:
Traumatismo Craneoencefálico

Principal factor de riesgo de Epilepsia en población de 18 a 35 años:
Traumatismo Craneoencefálico.
Parámetro de valor mayor en Escala de Glasgow:
Respuesta Motora.
Principal factor pronóstico de Trauma Craneoencefálico:
Nivel de conciencia.
Un trauma que afecte el clivus debemos pensar que existe lesión en el siguiente par craneal:
VI.
Es la lesión traumática cerebral más frecuente:
Conmoción cerebral.
Localizaciones más frecuentes de hemorragias por contusión craneal:
Frontal, occipital y temporal (basal)
Un paciente que curse con niveles bajos de conciencia, postrauma craneo encefálico y TAC normal, pensar en:
Daño Axonal Difuso.
La primera motoneurona se encuentra en la capa:
5ta de la corteza.
La segunda motoneurona se encuentra en:
Asta anterior de médula espinal.
Las atrofias de la siguiente motoneurona es más pronunciada:
Segunda.
Esclerosis Lateral Amiotrófica; afecta la siguiente motoneurona:
Primera y segunda motoneurona.
Cordones posteriores:
Propioceptiva, vibratoria, táctil fina (epicrítica)
Lugar donde se decusan las fibras:
Bulbo Bajo.
Sistema anterolateral:
Térmica, analgésica y protopática (tacto grueso)
Una lesión caracterizada por ptosis de aparicion brusca y exotropia, diplopía, desviación de uno de los globos oculares hacia afuera, pensar en:
Lesión del 3er par craneal (diplopia central). (Isquemia del nervio, más frecuente), si es progresivo en patología obstructiva (tumor)
Segundo nervio más afectado en neuropatía isquémica:
VI par. Primero III.
Paciente con diplopía, ptosis, y que uno de los globos oculares no completa a campo visual de la izquierda:
Lesión VI par craneal (diplopia horizontal). (Isquemia), si es progresivo, pensar en proceso expansivo, Hipertensión Intracraneal.
El núcleo del VI par craneal se encuentra:
Protuberancia.
Núcleo de III par craneal se encuentra en:
Mesencéfalo.
Oftalmoplejía internuclear: Afectación de VI par contralateral con III ipsilateral para formar mirada conjugada. Infarto de **Fascículo longitudinal medial, conduce ambos.**
Pacientes mayores, diplopia, nistagmo, Isquémica.
Si son pacientes jóvenes, diplopía, Esclerosis Múltiple.
Causa más frecuente de afectación del IV par craneal (diplopia vertical):

Traumatismo craneoencefálico

Tratamiento Neuralgia del Trigémino:

Carbamacepina, Gabapentina.

Rama del nervio facial encargada de la sensibilidad de los 2/3 anteriores de la lengua:

Cuerda del Tímpano.

Lesión nuclear periférica del Nervio Facial:

Hemiparesia cara. Frente y cara. **Parálisis de Bell** (se producen de manera espontánea).

Lesión supranuclear

Parálisis solo hemifacial a nivel de la cara y no frente.

Disgeusia:

Sabor metálico por afectación cuerda del tímpano.

El reflejo nauseoso es responsabilidad de:

Nervio vago. Sensibilidad faríngea (visceral)

Una alteración de nervio espinal suele producir:

Desviación de cabeza a lado contrario por afectación músculo Esternocleidomastoideo.

Su déficit puede producir disartria y desviación de la lengua hacia lado afecto:

Hipogloso, XII.

Pares craneales cuyos núcleos se encuentran en protuberancia:

V, VI, VII, VII

La anestesia dolorosa suele ser por afectación de:

Tálamo.

Los reflejos parasimpáticos del nervio óptico tienen su origen en:

Núcleo de Edinger Wesphal.

El síndrome de Horner en un paciente joven adulto, su etiología se puede dar.

Disección carotídea. En ancianos, Tumor de Pancoast

La ataxia cerebelosa en adultos suele ser producida por:

Alcoholismo.

Oftalmología

El globo ocular está constituido por 3 capas:
Externa: Esclera y córnea.
Media: También se denomina úvea, constituida por el cuerpo ciliar y el iris en su parte anterior, coroides en su parte posterior.
Interna: retina.
Es la cámara más voluminosa del globo ocular:
Cámara Vítrea.
Las cámaras anterior y posterior están comunicadas a través de la siguiente estructura:
Pupila.
El contenido de las cámaras anterior y posterior:
Humor acuoso.
Delimitaciones de la cámara anterior del globo ocular:
Por delante la córnea, por detrás el iris.
Delimitaciones de la cámara posterior del globo ocular:
Por delante el iris, por detrás el cristalino.
La muscula extrínseca del ojo se inserta en la siguiente estructura del globo ocular:
Esclera.
Son los músculos a los que inerva el tercer par craneal:
Recto medio, superior, inferior, oblicuo inferior.
Es el músculo al que inerva el cuarto par craneal:
Oblicuo Superior.
Es el músculo al que inerva el VI par craneal:
Recto lateral.
Se considera el soporte estructural del globo ocular:
Esclera.
Es la superficie con mayor capacidad de refractividad del ojo:
Córnea.
Son las 5 capas correspondientes a la córnea:
Epitelio, **membrana de Bowman**, Estroma (90% espesor corneal), **membrana de Descemet** y Endotelio (Responsable de mantener deshidratada la córnea).
Se considera la zona de transición entre la córnea y la esclera:
Limbo.
Contiene las estructuras responsables del drenaje del humor acuoso en globo ocular:
Limbo.
La función del músculo ciliar es la siguiente:
Hace posible la acomodación del cristalino.
La función de los procesos ciliares es la siguiente:
Producción de humor acuoso.
Es la dilatación pupilar que se produce gracias al sistema simpático:
Midriasis. Actúa sobre M. dilatador del iris.
Es la contracción pupilar que se produce gracias al sistema parasimpático:
Miosis. Actúa sobre M. esfínter del iris.
Los únicos fotorreceptores existentes en la fóvea son los siguientes:
Conos.
Arteria que irriga las capas de la retina:
Arteria Central de la Retina.

La capa de fotorrecetores y epitelio pigmentario de la retina está irrigada por:
Arteria coriocapilar.

El cristalino está sujeto a los procesos ciliares a través de:
Zónula o anillo de Zinn.

Es la segunda lente en potencia del dioptrio ocular:
Cristalino.

Gel transparente avascular que representa el 80% del volumen del globo ocular.
Humor Vítreo.

Es el responsable del mantenimiento de la presión intraocular:
Humor acuoso.

Es el parámetro que mejor define la función del ojo:
Examen de agudeza visual.

Es un fenómeno fisiológico asociado al envejecimiento. Se caracteriza por una incapacidad para enfocar objetos cercanos?
Presbicia.

Es una ametropía que se caracteriza por alteración al ver de lejos:
Miopía.

Es una ametropía que se caracteriza por alteración al ver de cerca:
Hipermetropía

Término acuñado a la pérdida de pestañas:
Madarosis.

Crecimiento de las pestañas en dirección al globo ocular:
Triquiasis.

Parásito que suele encontrarse en los folículos en pacientes con blefaritis:
Demodex Follicolorum.

Es la incapacidad para el cierre palpebral por falta de función del músculo orbicular:
Lagoftalmos. Se puede ver en parálisis facial.

Es la formación de bolsas en los párpados superiores debidas a la pérdida de rigidez del septum palpebral por la edad:
Blefarocalasia.

Las patologías benignas más frecuentes del párpado son las siguientes:
Papilomas, Xantelasmas, Hemangiomas.

Representa el tumor maligno palpebral más frecuente:
Epitelioma basocelular.

Otorrinolaringología

A la pérdida auditiva total se le denomina:
Cofosis.

Una prueba de Rinne positiva nos indica:
Oido normal o hipoacusia neurosensorial.

Una prueba de Rinne negativa nos indica:
Hipoacusia de transmisión. Es patológica.

En una prueba de Weber positiva, que se lateraliza a oido enfermo estamos frente a un tipo de hipoacusia de:
Transmisión

En una prueba de Weber positiva, que se lateraliza a oido sano estamos frente a un tipo de hipoacusia de:
Percepción – neurosensorial.

La prueba de Gellé negativa, para evaluación en ORL indica que existe:
Otosclerosis.

Se considera la minima intensidad a la que es audible un estímulo auditivo:
Umbral auditivo.

Estudio que mide la complianza de la membrana timpánica:
Timpanometría.

Estudio de la resistencia que ofrece el sistema tímpano osicular al paso de sonidos:
Impedanciometría.

El síndrome de Ramsay Hunt afecta a los pares craneales:
VII y VIII.

Clínica del Síndrome de Ramsay Hunt:
Parálisis facial, hipoacusia, vesículas en CAE, pabellón auricular, otalgia, vértigo.

Tratamiento del Síndrome de Ramsay Hunt:
Antivirales y corticosteroides.

Agentes causales más frecuentes de Otitis Externa Difusa o del nadador:
Pseudomonas Aeruginosa y Stafilococo Aureus.

El tratamiento de Otitis Externa Difusa o del nadador es:
Antibiótico tópico, ciprofloxacino, gentamicina, polimixina.

Agentes etiológicos implicados en Otomicosis:
Candida Albicans y Aspergillus Fumigatus

La Otitis Externa Maligna Necrotizante es producida por:
Pseudomonas Aeruginosa.

La Miringitis Bullosa es producida frecuentemente por el agente etiológico:
Mycoplasma Pneumoniae y Haemophilus Influenzae.

Es conocida también como oreja de coliflor:
Pericondritis del pabellón auricular.

Tumor benigno más frecuente de oido externo:
Osteoma.

Tumor maligno más frecuente de oído externo:
Carcinoma Epidermoide o Basocelular.

Es aquella otitis que produce secreciones sin ningún tipo de sintomatología clínica:

Otitis Media Serosa o Mucosa.

Los agentes etiológicos que producen Otitis Media Aguda:
Estreptococo Pneumoniae y Haemophilus Influenzae.

Es la complicación más frecuente de Otitis Media Aguda:
Mastoiditis.

En qué consiste la paraacusia de Willis:
Paciente escucha mejor en sitios ruidosos.

En qué consiste la paraacusia de Weber:
Paciente escucha resonancia de su propia voz y se oye peor al masticar.

Tumor más frecuente de oido medio:
Tumor glómico o Paraganglioma.

Principal riesgo quirúrgico de tumor glómico:
Sangrado.

Masa roja pulsátil que se observa postransparencia, acompañado de otorragia:
Tumor glómico timpánico.

Es la enfermedad coclear más frecuente:
Presbiacusia. (Pérdida progresiva para escuchar altas frecuencias) por ej: la voz.

La presbiacusia suele lesionar con mayor frecuencia a la siguiente estructura:
Órgano de Corti. Posee mala inteligibilidad.

La causa de hipoacusia unilateral frecuentemente puede ser de origen:
Idiopático.

Causa más frecuente de hipoacusia infantil:
Genéticas.

TORCH antes de nacer
Meningitis Bacteriana, luego de nacer.

Principal causa de vértigo:
Vértigo postural paroxístico benigno

Segunda causa de vértigo:
Neuritis Vestibular.

Tumor más frecuente de ángulo pontocerebeloso:
Neurinoma Acústico.

El Neurinoma Acústico es un tumor de tipo:
Schwanoma.

Es la fractura más frecuente de la base del cráneo:
Fractura del peñasco del temporal.

El músculo del martillo también es denominado:
Tensor del tímpano.

Las estructuras que provienen del primer arco branquial son inervadas por:
Nervio trigémino y músculo martillo.

Las estructuras que provienen del segundo arco branquial son inervadas por:
Nervio facial. Inerva mímimas de la cara.

Principal malformación nasosinusal:
Atresia de Coanas.

Principal causa de epístaxis:

Idiopática.

Cuadro clínico caracterizado por rinorrea unilateral purulenta y fétida en un niño:

Cuerpo extraño intranasal.

Fractura facial más frecuente:

Fractura nasal (huesos propios de la nariz)

Se denomina a la salida de líquido por la cavidad nasal:

Rinolicuorrea.

El catarro común es producido por:

Rinovirus

La rinitis alérgica por fármacos se asocia a:

Uso prolongado de vasoconstrictores nasales.

La rinitis alérgica también se denomina:

Perenne o Estacional.

En la rinitis vasomotora existe un trastorno de tipo:

Hiperfunción parasimpática.

La poliangeitis granulomatosa o Granulomatosis de Wegener es una vasculitis que se asocia a anticuerpos de tipo:

Antimicoplasma.

Seno paranasal más afectado en Rinosinusitis del niño:

Etmoides.

Seno paranasal más afectado en Rinosinusitis del adulto:

Maxilar.

Método diagnóstico de elección en Rinosinusitis:

Tomografía Computarizada.

Tratamiento de rinosinusitis:

Antibióticos (Amoxicilina + Ácido Clavulánico), corticoides nasales tópicos. Si no se resuelve, cirugía.

Complicación más frecuente de Rinosinusitis:

Orbitaria.

Complicación intracraneal más frecuente de rinosinusitis:

Meningitis

Gérmenes implicados en rinosinusitis:

Streptococo Neumoniae, Haemophilus Influenza y Moraxella Catarralis.

Qué es la tríada de Widal o ASA:

Asma, poliposis e intolerancia a AAS.

Paciente masculino de 5 años de edad que es traido a consulta con pólipos nasales bilaterales, pensamos en:

Fibrosis quística (Mucoviscidosis).

Patología tumoral más frecuente en senos paranasales:

Osteoma.

Localización más frecuente del Osteoma:

Seno frontal.

El papiloma nasal invertido o unilateral frecuentemente lo hallamos en:

Meato medio.

Factor de riesgo para desarrollo de adenocarcinoma de etmoides:
Polvo de madera.
Factor de riesgo para desarrollo de carcinoma epidermoide a nivel nasal:
Níquel.
El tipo histológico más frecuente de cáncer a nivel nasal es:
Carcinoma Epidermoide.
Localizaciones más frecuentes de carcinoma epidermoide a nivel rinosinusal:
Seno maxilar, etmoides, fosas nasales.
Agente etiológico implicado en úlceras de la mucosa oral:
Herpes Simple tipo 1. Forma de primoinfección es la **gingivoestomatitis herpética.**
La Herpangina, enfermedad vesículo ulcerosa de la cavidad oral que respeta lengua y amígdala es producida por:
Coxsakie A4.
La enfermedad mano – boca – pie es producida por el agente etiológico:
Coxsakie A16. Vesículas en cavidad oral, mano, pies. Sin afectación general.
Síndrome más frecuente de patología de articulación temporomandibular que con mayor frecuencia se asocia en mujeres:
Dolor - disfunción.
Es un absceso cervical localizado en espacios submaxilar y submentoniano como una complicación de afección dentaria:
Angina de Ludwing.
Constituyen la segunda causa de fractura facial:
Fracturas mandibulares.
Patología tumoral oral más frecuente:
Carcinoma epidermoide.
Localización más frecuente de carcinoma epidermoide a nivel de la cavidad bucal:
Labio inferior, lengua móvil (bordes laterales) y suelo de la boca (sobretodo anterior)
Agente etiológico mayormente implicado en patología tumoral oral:
Tabaco.
Lesiones premalignas de la cavidad oral:
Leucoplasia (lesión blanquecina que no se desprende al raspado)
Liquen plano y eritoplasia (lesión de aspecto aterciopelado)
Lesión premaligna que tiene más probabilidad de transformación maligna en cavidad oral:
Eritroplasia.
El tipo de rinolalia que produce la hiperplasia adenoides es:
Cerrada, M N Ñ, se cambian por B, D
La amigdalitis vírica es producida con mayor frecuencia por el siguiente agente:
Virus del Epstein Barr.
La angina de Plaunt Vincent se asocia a agentes etiológicos de tipo:
Anaeroboios asociados a espiroquetas.
Paciente masculino de 6 años de edad con falsas membranas grisáceas adheridas que sangran al desprenderlas en la faringe, sospechamos de:
Difteria.
El agente etiológico de Escarlatina es:

Estreptococo Betahemolítico del Grupo A. (Pyogenes)

Patología de faringe que también es denominada lengua aframbuesada:
Escarlatina.

Tratamiento de Herpangina y Gingivoestomatitis Herpética:
Sintomático

Complicación más frecuente de infecciones faríngeas agudas:
Flemón – Absceso Periamigdalino

Que otro nombre recibe la sepsis post angina faríngea:
Enfermedad de Lemierre.

A cuál cáncer se asocia la otitis serosa persistente unilateral:
Cáncer de Cavum

A cuál cáncer se asocia la epistaxis unilateral en un varón joven?
Angiofibroma nasofaríngeo juvenil, pensar en hipertrofia adenoidea en niño de menor de 6 años. (Involuciona luego de esa edad)

Patología congénita más frecuente de la laringe:
Laringomalacia. (Flacidez en epiglotis, (supraglotis)

Tratamiento de Laringomalacia:
No precisa tratamiento. Desaparece antes del año de vida.

Patología congénita que con mayor frecuencia necesita traqueotomía:
Estenosis Subglótica.

Se considera la forma más grave de laringitis aguda:
Epiglotitis – Supraglotitis – Laringitis Supraglótica.

El agente etiológico de la LARINGITIS VERDADERA es el siguiente:
Corynebacterium Diphteriae

El nervio laríngeo inferior también es denominado:
Recurrente y procede del X par craneal.

Tumoración benigna de la cuerda vocal más frecuente:
Pólipo vocal

Es el cáncer más frecuente de cabeza y cuello:
Cáncer de Laringe.

La traqueotomía se realiza a cuál nivel:
Segundo y tercer anillo traqueal.

Tumor más frecuente de glándulas salivales:
Adenoma Pleomorfo o tumor mixto benigno (80%), más frecuente en G. Parótida y Mujeres.

Segundo tumor más frecuente de glándulas salivales:
Tumor de Warthin

Tumor maligno más frecuente de glándulas salivales:
Carcinoma Mucoepidermoide.

Enfermedad congénita cervical más frecuente:
Quiste del segundo arco branquial o seno cervical.

Medio diagnóstico electivo en búsqueda de Neurinoma Acústico:
Resonancia Magnética

Causa más frecuente de Parálisis Facial:
Idiopática o de Bell.

La Herpangina, ocasionada por Coxsakie A4 frecuentemente afecta a la siguiente estructura anatómica:
Paladar blando.
Es una causa frecuente de Otitis Serosa en niños:
Hipertrofia Adenoidea.
Es el único carcinoma de faringe no asociado a alcohol ni tabaco:
Carcinoma de Cavum
Causa más frecuente de disfonía en niños y mujeres:
Nódulos vocales.
Principal sintomatología de cáncer de glotis:
Disfonía.
Estructura anatómica que irriga pabellón auricular:
Pericondrio.
En la otitis media aguda, el signo del trago es positivo solo en el lactante.
Parte de la membrana timpánica a la que afecta con mayor frecuencia el colesteatoma:
Pars flácida. (Se encuentra posterior y apical), también produce osteólisis.
El síndrome de Gradenigo puede afectar a los siguientes pares craneales:
V y VI, puede haber afectación, diplopia, alteraciones sensitivas de la cara. Por petrositis.
El nervio de Jacobson otorga ramas para la siguiente estructura:
Membrana timpánica.
El síndrome de Vernet afecta a los siguientes pares craneales:
IX, X, XI.
El síndrome de Collet Sicard afecta a los siguientes pares cranales:
IX, X, XI, XII
Es la formación de calcio en el oido, como estribo:
Otosclerosis. Se asocia a factores hormonales, como embarazo.
Cuál reflejo se encuentra disminuido en la patología de Otosclerosis:
Reflejo estapedial.
Las glándulas submaxilares y submandibulares están inervadas por el siguiente nervio:
Facial. (Cuerda del tímpano) Rama parasimpática.
El nervio facial inerva en su porción motora los siguientes músculos:
Mímica, digástrico, platisma y tímpano.
Rama del nervio facial que inerva el conducto nasolacrimonasal:
Petroso Mayor.
Se encarga de porción parasimpática, secreción y sensitiva del nervio facial:
Nervio intermediario de Wrisberg.
El herpes Zóster afecta al ganglio del nervio facial que se denomina:
Ganglio geniculado. De ahí sale **Nervio Petroso Mayor.**
Qué otro nombre recibe la parálisis de Bell:
A Frigore. Porque se relacionaba con el frío.
En el oído interno el vestíbulo es el encargado de los movimientos de tipo:
Lineales.
En el oído interno los conductos semicirculares son los encargados de los movimientos de tipo:

Angulares.

La Regla de los 3 la podemos observar en el diagnóstico de la siguiente patología:

Hipoacusia súbita.

Son los aminoglucósidos cocleotóxicos:

Amikacina, Kanamicina.

Los diuréticos de Asa son cocleotóxicos.

Son los aminoglucósidos vestibulotóxicos:

Estreptomicina, Gentamicina.

Cuántos niveles de decíbeles son necesarios para producir un trauma acústico:

De manera brusca, 120 decibeles.

De manera constante 80 decibeles.

El síndrome de Menierre posee la siguiente sintomatología clínica:

Vértigo, acúfenos, hipoacusia.

El tipo de fractura del peñasco del temporal que con mayor frecuencia produce parálisis facial es:

Tipo de fractura Oblicua

El tipo de fractura del peñasco del temporal asociada a otorrea y licuorrea:

Longitudinal.

El tipo de fractura del peñasco del temporal asociada a hemotímpano:

Transversal.

La perilinfa se parece en su estructura a LCR.

La endolinfa a liquido intracelular.

Principal causa de traqueostomía en menores de un año:

Parálisis de cuerdas vocales. Bilateral.

La tos perruna en laringits normalmente es producida por:

Difteria. Laringitis Diftérica.

Pediatría

La degradación de 1 gramo de hemoglobina produce 35 mg de bilirrubina.

La producción diaria de bilirrubina es de 250 a 350 mg.

La mancha de vino de oporto en recién nacidos que cambia con el llanto se suele relacionar con:
Patología neurológica.

Un agrandamiento y retraso en el cierre de las fontanelas en un recién nacido pueden deberse a las siguientes patologías:
Hidrocefalia, Hipotiroidismo, Acondroplasia, Rubeola Congénita

Consiste en cuadro donde existe suturas cabalgadas a la semana de vida del recién nacido:
Craneosinostosis.

Suele indicar la presencia de coriorretinitis severa, retinoblastoma, catarata congénita o retinopatía del prematuro al examen físico:
Leucocoria

Un soplo cardíaco junto con pulsos débiles femorales, puede ser indicativo de:
Coartación de la aorta.

El craneotabes se considera fisiológico cuando se encuentra presente en el siguiente hueso:
Parietal.

Patología congénita caracterizada por hipoplasia de los conductos intahepáticos:
Síndrome de Alagille

Principal causa de muerte neonatal:
Parto prematuro. (Bajo peso al nacer)

Principal causa de asistencia en niños tanto en urgencias como hospitalizaciones:
Caídas.

Es la principal causa de lesiones graves y mortales entre niños y adolescentes:
Accidentes de tráfico.

Causa principal de lesiones no mortales en niños y adolescentes:
Caídas.

La implantación del blastocisto comienza a partir del día:
6 postconcepcional

En la segunda semana de gestación, el embrión cuenta con dos capas las cuales son:
Ectodermo y endodermo.

La capa del mesodermo se forma en la siguiente semana:
Tercera semana

Los tubos cardíacos empiezan a bombear sangre en la siguiente semana:
Tercera semana

Los precursores de los músculos y vértebras se denominan:
Somitas.

A las cuántas semanas el sexo del feto es reconocible:
12 semanas.

El tubo neural da origen a:
Sistema nervioso central.

La cresta neural da origen a:
Sistema nervioso periférico

Las células microgliales proceden de la siguiente capa embrionaria:
Mesodermo.

Los astrocitos, células ependimarias, neuronas y oligodendrocitos proceden de:
Células neuroectodérmicas.

El cerebro se divide en anterior, medio y posterior en la siguiente semana:
Quinta semana.

La mayor parte de los niños comienza a caminar de manera independiente a la edad de:
12-15 meses

A cuál edad el niño camina solo, gatea para subir escaleras:
15 meses.

A cuál edad el niño corre rígido, se sienta en sillas pequeñas, construye torres de 4 cubos:
18 meses.

A cuál edad el niño corre bien, baja y sube escaleras:
24 meses.

El reloj circadiano del sueño vigilia, productor de melatonina se encuentra en:
Núcleo supraquiasmático, hipótalamo ventral.

Es la principal actividad del desarrollo durante los dos primeros años:
El sueño.

Áreas del cerebro encargadas de la memoria:
Hipocampo, fórnix, lóbulo temporal y cerebelo.

Cuántas kilocalorías por gramo aporta la grasa:
9kl

Cuántas kilocalorías por gramo aportan las proteínas:
4kl

Principales órganos de depósito de calcio:
Huesos y dientes.

Es el principal catión intracelular:
Potasio.

Es el principal catión (energía positiva) extracelular:
Sodio

Es el principal hidrato de carbono en la leche materna:
Lactosa.

Su deficiencia se manifiesta por xeroftalmia, ceguera y manchas de Bitot:
Vitamina A.

Principal causa de ceguera prevenible en niños:
Déficit de vitamina A.

Principal causa de trastorno cognitivo prevenible en niños:
Déficit de yodo

Su deficiencia se da debido a la ingesta de arroz pulido o dieta rica en trigo y harina:
Déficit de Tiamina. B1.

La triada clásica de encefalopatía de Wernicke es la siguiente:
Cambios en estado mental, ataxia y signos oculares.

El collar de Casal y dermatitis es una característica que la podemos observar en la siguiente deficiencia:
Déficit de Niacina

El fosfato y calcio que se encuentra en el hueso se encuentra en forma de:
Hidroxiapatita.

Trastorno caracterizado por el déficit de vitamina D en niños:
Raquitismo.

Al ablandamiento de los huesos del cráneo se le conoce como:
Craneotabes

Anión extracelular más abundante:

Cloro

Anión intracelular más abundante:

Fósforo.

Cationes extracelulares:

Sodio, potasio, calcio, magnesio.

Cationes intracelulares:

Potasio, sodio, magnesio.

Aniones extracelulares:

Cloro, fósforo, bicarbonato.

Aniones intracelulares:

Fósforo, cloro, bicarbonato,

La mayor parte del sodio filtrado se reabsorbe en:

Túbulo proximal (65%) y asa de Henle. (Aunque se absorbe en toda la nefrona)

Son los principales solutos de la orina:

Sodio y urea

El 90% del potasio se reabsorbe en:

Túbulo distal y colector.

El sitio principal de acción de la aldosterona para la regulación del potasio es:

Túbulo colector cortical.

Es el principal lugar de absorción del magnesio:

Intestino delgado.

Los dos principales tampones de la orina son.

Fosfato y amoníaco

Trastorno caracterizado por el déficit de vitamina D en adultos:

Osteomalacia

Cuántas kilocalorías por gramo aportan los carbohidratos:

4kl

La principal complicación para el neonato intraparto es:

Asfixia perinatal.

Principal causa de muerte en niños:

Neumonía.

1. **Características que evalúa el test de Apgar?**

Respiración y hemodinamia

2. **Se considera pretérmino tardío un RN de las siguientes semanas:**

34-36 semanas.

3. **Apgar evalúa frecuencia o patrón respiratorio:**

Patrón respiratorio.

4. **Agentes etiológicos de conjuntivitis Neonatal?**

Clamidia y Gonorrea.

5. **Cuadro clínico a partir del segundo día de vida manifestado por hemorragia, pensar en:**

Enfermedad Hemorrágica del Recién nacido, debido a que los tiempos de coagulación están aumentados.

6. **Vacuna del hepatitis puede administrarse hasta?**

Los 2 meses de edad. En caso de alguna alteración materna.

7. **Sustancia que retrasa la caída del cordón umbilical?**

Alcohol.

8. **Por qué no se debe administrar yodo para la limpieza del cordón umbilical?**

Puede producir alteraciones en la tiroides del recién nacido.

9. Prueba del talón puede diagnosticar?

Fibrosis quística (se realiza mediante tripsina inmunoreactiva), hipotiroidismo, hiperplasia suprarrenal congénita, fenilcetonuria e hiperfenilalaninemia.

10. Los niños con alteraciones auditivas deben identificarse?

Antes de los 3 meses e iniciar tratamiento antes de los 6.

11. Fármacos ototóxicos en recién nacidos?

Furosemida, Vancomicina, Aminoglucósidos. **Y ventilación mecánica prolongada.**

12. Retinopatía del prematuro se da en RN de la siguiente edad gestacional:

Antes de las 32 semanas y en niños menores de 1,500 gramos. Se debe revisar antes del primer mes de vida.

13. Que otro nombre reciben los recién nacidos bajo peso:

Hipotrofos.

14. Perímetro cefálico normal?

32-37 cms

15. Longitud normal del recién nacido:

48-53 cms.

16. Peso normal:

2,500 a 3,500 gramos.

17. Factores que influyen en crecimiento del Recién nacido:

Genéticos, (alteraciones longitud y talla), nutricionales y maternos (**más importante**).

Importancia del lanugo (neonato pretérmino)

Piel fina, vellosa y delgada, protección térmica, desaparece en semanas.

18. Importancia vérnix caseosa:

Crema blanquecina, misión protectora.

19. Importancia de descamación de palmas y plantas:

Apergaminado, recién nacido postérmino.

20. Causas de cutis reticular:

Frio, hipovolemia o sepsis.

21. Mancha mongólica desaparece antes:

De 4 años.

22. Características clínicas de eritema tóxico:

Lesiones vesiculo pustulosas. No afecta palmas ni plantas, desaparece en la primera semana.

23. Características clínicas de Melanosis:

Lesiones vesiculo pustulosas . Afecta palmas y plantas y desaparece tras varias semanas.

24. Tipo de coloración cutánea que se exhacerba y persiste con el llanto:

Mancha de Vino de Oporto.

25. Fontanela anterior: (bregmática), cuándo se cierra:

Cierra desde 9 a 18 meses.

26. Fontanela posterior: (lambdoidea):

Cierra 6 a 8 semanas.

27. No apertura de un ojo en recién nacido, nos hace sospechar de:

Glaucoma congénito, urgencia oftalmológica.

28. Como se denominan los quistes de recién nacidos que aparecen en las encías?

Nódulos de Bohn, esos mismos a nivel del paladar se denominan Perlas de Ebstein.

29. La parálisis de Erb Duchene, miembro superior, es por afectación:

Plexo braquial superior, fractura clavícula.

30. Como se denomina a parálisis braquial inferior:

Klumpke

31. Maniobras para luxación congénita de cadera:

Barlow, ver que hueso es luxable.

Ortolani, para reducir el hueso luxable.

32. La parálisis de Erb Duchene se asocia a:

Parálisis frénica.

33. La parálisis de Klumpke se asocia a:

Sindrome de Horner, afectación T1.

34. Masa abdominal palpable más frecuente de recién nacidos:

Hidronefrosis, luego Trombosis de Vena Renal.

35. Trombosis en vena renal, puede cursar con:

Hematuria, hipertensión, trombopenia.

36. Víscera más frecuentemente lesionada en el parto traumático:

Hígado, es normal su megalia hasta 2cms, segundo lugar, bazo.

37. Contenido de cordón umbilical:

2 arterias, 1 vena umbilicales, gelatina de Warthon, vestigios alantoides y conducto onfalomesentérico.

38. A los cuantos días se desprende el cordón umbilical:

Se desprende a los 15 días.

39. A cuál tipo de Trisomía se relaciona la arteria umbilical única:

Trisomía 18.

40. Es la causa más frecuente de ictericia patológica en recién nacido:

Enfermedad Hemolítica por incompatibilidad ABO.

41. Persistencia conducto onfalomesentérico puede producir:

Diverticulitis de Meckel, produce fístula, con secreciones digestivas alcalinas.

42. Persistencia conducto uraco puede producir:

Fístula. Secreción urinaria ácida.

43. Se debe iniciar ventilación mecánica en recién nacidos cuando su frecuencia cardíaca:

Menos de 100 latidos por minuto al primer minuto, gasping o apnea.

44. El signo más importante que evalúa una buena ventilación en recién nacidos:

Mejoría de frecuencia cardíaca

45. Principal maniobra de RCP en Recién Nacido:

Ventilación.

46. Masaje cardíaco iniciar en Recién Nacidos cuando fc es:

Menor de 60 l/m.

47. Cuando usar adrenalina en rcp de recién nacidos:

Cuando situación persiste más de 2 minutos.

48. La lactancia materna se ha visto que posee protección frente a las siguientes enfermedades en el adulto:

Aterosclerosis, Hipertensión Arterial, Diabetes Mellitus.

49. Tiempo de amenorrea (contracepción) proporcionado bajo lactancia materna:

11 meses.

50. Cuáles componentes son más ricos en la leche de vaca a diferencia de leche materna:

"Mi Baca Paka"

Minerales, Vitamina B, Calcio, Proteínas y Vitamina K.

Además posee más grasa.

51. La caída de la siguiente hormona tras el parto, es la responsable de permitir la lactancia materna:

Estrógenos.

52. Hormona encargada de la producción láctea en lactancia en materna:
Prolactina

53. Hormona encargada de eyección láctea en lactancia materna:
Oxitocina

54. Momento en el que el recién nacido puede iniciar a comer cereales sin gluten:
4-6 meses.

55. Momento en el que el recién nacido puede iniciar a comer papillas, naranja, plátano, manzana, puré, zanahoria, pollo, cordero:
6-7 meses.

56. Momento en el que el recién nacido puede iniciar a comer cereales con gluten:
7-8 meses.

57. Momento en el que el recién nacido puede iniciar a comer yema de huevo y pescado:
9-10 meses.

58. Momento en el que el recién nacido puede iniciar a comer arroz, legumbres, yogur:
10-12 meses.

59. Momento en el que el recién nacido puede iniciar a comer clara de huevo, leche de vaca entera:
Más de 12 meses.

Pregunta intrusa:

Núcleos de la base:
Globo pálido, putamen, sustancia nigra, núcleo caudado y subtalámico

60. Características de ictericia fisiológica:
Que su aparición sea después de 24 horas.
Que haya un incremento diario no mayor de 5mgls en 100 ml.
Concentración entre tercer y 5to día no sobrepasar más de 15 mgs.
Desaparece en primera semana en RN término, y más de 2 semanas en pretérminos (aparece tardíamente).

61. Sustancias de la leche materna que pueden producir ictericia
Pregnanos. Se manifiesta de 5 a 7mo dia, menores a 15 mgs por dl. No está indicada suspender lactancia.

62. Cómo se denomina a la ictericia fisiológica por leche materna:
Síndrome de Arias.

63. Nos indican signos directos de anemia fetal:
Polihidramnios y flujo acelerado arteria cerebral media.

64. Constituye el cuadro típico de Incompatibilidad RH:
Hidrops fetal (hematopoyesis extramedular)

Analíticas prenatales en sospecha de incompatibilidad RH:
Coombs indirecto.

65. Analíticas postnatales en sospecha de incompatibilidad RH:
Tipicación, hemograma y hemoglobina.

66. Primera inmunoglobulina al aparecer en madres con niños de Incompatibilidad:
IGM. No atraviesa placenta.

67. Características incompatibilidad RH para que pueda producirse:
Madre RH –
Padre RH positivo
Niño riño RH positivo.

68. Prevención de incompatibilidad RH:

Inmunoglobulina anti D, 28 – 32 semanas, en caso coombs indirecto sea negativo, si niño al momento del parto es negativo, antes de las 72 horas, siguiente dosis.

69. Incompatibilidad RH solo da hasta cuál # de embarazo:

Segunda.

70. Causa más frecuente de ictericia neonatal patológica:

Incompatibilidad ABO.

71. Características incompatibilidad ABO:

Madre es O, bebé es A o B.

72. Patología respiratoria más frecuente en recién nacidos:

Apnea. Cese de respiración 10-20 segundos. Aparece 2do a 7mo dia, y desaparece 36 semanas postconcepcional. Se suele utilizar CPAP, cafeína, aspirar secreciones, no hay riesgo de muerte súbita.

73. Causa más frecuente de Distrés Respiratorio en Pretérmino:

Enfermedad de Membrana Hialina.

74. Radiografía diagnóstica en pacientes con enfermedad de membrana hialina?

Broncograma aéreo, atelectasia, **infiltrado reticulogranula**r. Clinica hasta tercer dia, luego disminuye.

PREGUNTA INTRUSA

Fármaco asociado a cierre prematuro de ductus arterioso.

Aspirina

75. Radiografía diagnóstica Aspiración meconial:

Infiltrados algonodosos, aplanamiento de diafragmas, hiperinsuflación con atrapamiento aéreo.

76. La localización más frecuente de enterocolitis necrotizante:

Ileon distal y colon proximal. Por ser áreas poco vascularizadas.

Es un factor protector de la enterocolitis necrotizante:

Lactancia materna es un factor protector de esta enfermedad.

Constituye un factor de riesgo para enterocolitis necrotizante:

Alimentación temprana con elevados volúmenes constituye un factor de riesgo, conjuntamente con prematuridad,

La enterocolitis necrotizante se suele sobreinfectar con el siguiente microorganismo:

Stafiloco Epidermidis.

77. Clínica de Enterocolitis Necrotizante:

A partir de segunda semanas, deposiciones sanguinolentas, distensión adbominal, sepsis, shock y muerte.

78. Radiografía característica de Enterocolitis Necrotizante:

Signo típico, **NEUMATOSIS INTESTINAL**. Edema de asas, **PATRÓN EN MIGA DE PAN**, asa fija. Se debe realizar sangre oculta en heces.

79. Complicación más frecuente de enterocolitis necrotizante:

Necrosis total del intestino,

80. Antibiótico de elección para tratar Enterocolitis Necrotizante:

Metronidazol.

Estenosis hipertrófica pilórica se da normalmente en los siguientes dias:

A los 21 días.

81. Signo radiológico patognomónico en tránsito con bario en estenosis hipertrófica del píloro?

Signo de la cuerda.

82. Imagen en doble burbuja: es caracterítico de:

Agenesia o atresia intestinal, radiografía doble burbuja, a nivel gástrico y otra a nivel duodenal.

Característica de los vómitos en atresia intestinal:

Vómitos biliosos, no proyectivos,

83. Onfalocele se puede detectar desde:

12 va semana de gestación.

84. Onfalocele es en relación al cordón umbilical.

Central.

85. Término utilizado referido a la cateterización de la arteria umbilical:

Onfaloclisis.

86. Órgano eviscerado que normalmente acompaña a un Onfalocele:

Hígado.

87. Gastroquisis es en relación al cordón umbilical.

Lateral.

88. Factores asociados a gastroquisis:

Consumo de drogas, metanfetaminas y cocaína.

89. Causa más frecuente de obstrucción intestinal baja en recién nacidos:

Megacolon Agangliónico (Hirsprung).

90. La etiología de Megacolon Agangliónico o Hirsprung se puede deber a la ausencia de:

Ausencia plexo de Meisner y Auerbach aunque en la mayoría de los casos es esporádico. Ausencia de células ganglionares.

91. Enfermedad cromosómica a la que se asocia el Megacolon Agangliónico:

Síndrome de Down

Segmento más afectado en Megacolon Agangliónico o Hirsprung:

Recto - sigmoideo. Distal a proximal.

92. Masa en fosa ilíaca izquierda en Hirsprung se puede asociar a:

Masa fecal, ampolla vacía, esfínter hipertónico. Principal complicación: sobrecimiento bacteriano.

Radiografía Característica de Megacolon Agangliónico o Hirsprung en enema opaco:

Diente de sierra

93. La enfermedad de Hirshprung se suele infectar con el siguiente microorganismo:

Clostridium Difficile

94. Diagnóstico definitivo de megacolon agangliónico:

Biopsia.

95. Niveles normales de hemoglobina en Recién nacido:

14 a 20 gramos por delicititro.

96. Causa principal de anemia en primer año de vida:

Ferropénica. Dar a partir de 4ta semana de vida para prevenir anemia ferropénica, darle hierro.

97. Policitemia neonatal hablamos cuando:

Hcto mayor de 65% y hemoglobina mayor de 20.

98. Tratamiento de policitemia neonatal:

Fluidoterapia y/o exanguino transfusión parcial.

99. Sepsis precoz es la que inicia:

3-5 dias de vida.

100.   Microorganismos que se asocian a sepsis precoz:

Streptococo Beta Agalactatiae, E. Coli, Enterococo, Listeria Monocytogenes.

101.   Sepsis tardía no nosocomial tiene un tiempo de aparición de:

Primera semana de vida hasta tres meses

102.   Microorganismos implicados en sepsis tardía:

Streptococo Beta Agalactiae, E. Coli, Estafilococo Aureus, Epidermidis, Enterococo y Cándida.

103.   Gérmenes implicados en sepsis nosocomial:

Stafilococo Aureus, Epidiermidis, Pseudomona, Candidas.

104. Factores de riesgo asociados a sepsis:

Prematuridad, bolsa rota prolongada, infección por estreptococo del grupo B, infección del tracto urinario.

105. Criterios para diagnóstico de sepsis de hemograma:

Leucopenia: Menor De 5,000.

Neutropenia: menor de 1,500

Desviación a izquierda: mayor de 0.16

Nota: Aminoglucósidos no atraviesan barrera hematoencefálica.

106. Agente microbiano implicado en sepsis que cursa con hemorragias petequiales en faringe:

Listeria, sepsis precoz.

107. Tipo de sepsis que implica mayor compromiso neurológico (meningitis)

Sepsis Tardía.

En mujeres con cultivo SGB positivo, se realiza profilaxis al momento del parto.

Ciclo de RCPRN evaluación – decisión – acción

108. Temperatura de sala de partos:

26-30 °

109. Temperatura mesa donde se reanima:

36°.

110. Se asocia a depresión respiratoria:

Hipertermia.

111. El tamaño de la bolsa autoinflable en recién nacidos pretérminos debe ser:

250 ml y a término 450 ml.

112. La Ventilación del RNP debe realizarse:

De 8 a 10 segundos.

113. Signo que indica buena ventilación mecánica?

Mejoramiento de frecuencia cardíaca.

114. Tiempo de amenorrea mientras lactancia materna:

11 meses aproximadamente.

115. Causas de errores en alimentación materna? Lactancia.

Fallas en técnica, problemas emocionales, trastornos físicos del niño

116. Diarrea del destete se puede dar por:

Contaminación de alimentación complementaria o agua usada para preparar leche artificial.

117. Contraindicaciones relativas de lactancia materna?

HIV, hepatitis B, infecciones.

118. Contraindicaciones absolutas de la lactancia materna:

Ca materno bajo tratamiento quimioterápico.

Tuberculosis activa.

Medicamentos que atraviesen la barrera

119. Mayor riesgo de desnutrición se da en:

Embarazo y dos primeros años de vida.

120. Malnutrición proteino calórica edematosa:

Kwashiorkor

121. Marasmo se da en cual edad?

Antes de los 18 meses.

122. Cuadro clínico Marasmo:

Fascie de Anciano, atrofia muscular, diarrea, hipovitaminosis. Ojos hundidos. Cabello seco y débil. Hipotermia. Bradicardia. Apatía.

123. **Deficit de Kwarshiorkor:**

Mas proteinas de alto valor biológico que calórico, es la forma más grave de malnutrición

124. **El Kwarshiorkor afecta a niños en edades comprendidas de:**

1 a 5 años.

125. **El Kwarshiorkor se asocia a:**

Suspensión de lactancia materna.

126. **Caracteristicas clínicas de Kwarshiorkor:**

Fascie de tristeza, pelo ralo despigmentado, edema (descendente a ascendente), zonas mas declives. Lesiones dérmicas hiperqueratósicas e hiperpigmentadas. Diarrea.

104. Tratamiento de malnutrición:

Rehidratar el paciente en los dos primeros días, luego lentamente alimentación y antibióticos que durará alrededor de 10 días, luego inicia dieta hipercalórica.

Pregunta intrusa:

Principal causa de retraso mental a nivel mundial:

Hipotiroidismo.

106. Forma más frecuente de deshidratación:

Isotónica.

127. **Cuadro clínico de deshidratación isotónica:**

Signo de pliegue positivo, fontanela deprimida, mucosa seca. Oligura e hipotensión.

128. **Forma más grave de deshidratación:**

Hipotónica.

129. **Cuadro clínico deshidratación hipotónica:**

Afectación espacio extracelular, **puede haber convulsiones por hiperhidratación neuronal.**

130. **Compartimiento intracelular es más frecuente en el tipo de deshidratación:**

Hipernatrémica.

131. **Cuadro clínico de deshidratación hipernatrémica:**

Sed intensa y fiebre, cuadro neurológico, hemorragia subdural, no suele desembocar en shock.

132. **Tipos de deshidratación que afectan espacio extracelular:**

Isotónica e hipotónica.

133. **Afecta espacio intracelular:**

Hipertónica.

134. **Afecta espacio intravascular:**

Isotónica.

Pregunta intrusa:

135. **Se considera lactante desde:**

29 días hasta 2 años.

136. **Mejor forma para evaluar hidratación:**

Diuresis.

Siempre utilizar vía oral para rehidratación, a excepción que haya alguna contraindicación.

137. **Tiempo adecuado para rehidratar pacientes con deshidratación hipernatrémica?**

Se da a las 72 horas para disminuir riesgo de **Mielinólisis Central Pontina,** no se puede reponer más de 10 mlequivalentes en 24 horas.

138. **Tipo de vitamina que se asocia a ceguera nocturna y celiaquía, función reproductora e inmunológica:**

Vitamina A.

139. **Se asocia a sensación de lengua quemada y pelagra:**

Niacina, Nicotinamida, B3.

Carnes, pescados. **Intervienen en metabolismo de proteínas, lípidos y carbohidratos.**

140.   Déficit de la siguiente vitamina produce Diarrea, Dermatitis Simétrica y Demencia:

Vitamina B3.

141.   Se relaciona a convulsiones e irritabilidad:

Vitamina B o piridoxina.

Carne, cereales y leche.

142.   El Escorbuto se manifiesta por:

Sangrado de encías, alteraciones dérmicas, óseas. Hinchazón de encías.

143.   Raquitismo:

Deficiencia vitamina D. Craneotabes. Caracterizado por reblandecimiento de huesos craneales. Retrasa cierre de fontanelas.

144.   Vitamina que se encarga de la absorción de calcio y fósforo en el intestino:

Vitamina D.

145.   Sustancia encargada de la mineralización del hueso:

Vitamina D.

146.   En el déficit de la siguiente vitamina se puede observar el rosario raquítico:

Afecta articulación condrocostal. Déficit de Vitamina D.

147.   La carencia de la siguiente vitamina puede cursar con aumento del tiempo de protrombina y sangrado:

Vitamina K.

148.   Principales indicadores del crecimiento son:

Peso, talla, y perímetro cefálico.

149.   Factor que más desvía el crecimiento en nuestro medio:

Factores nutricionales.

150.   Nivel del percentil en neonato de bajo peso:

Menor de 3.

151.   Época donde se desarrolla el mayor crecimiento del niño:

Primer año.

152.   Edad en la que neonatos duplican su peso desde el nacimiento:

5 meses.

153.   Edad en la que neonatos triplican su peso desde el nacimiento:

12 meses.

154.   Edad en la que neonatos cuadruplican su peso desde el nacimiento:

2 años.

155.   Edad a la que los niños duplican su talla:

4 años.

156.   Para valorar crecimiento en niños menores de un año, se utiliza la siguiente técnica:

Radiografía tibia izquierda.

157.   Para valor crecimiento en niños mayores de un año:

Radiografía de muñeca izquierda

158.   Se habla de sobrepeso más allá del periodo neonatal cuando niño tiene un percentil de:

97-99.

159.   Fórmula utilizada para calcular el peso de un niño de 1 a 6 años:

Edad (años) x 2 + 8.

160.   Fórmula utilizada para calcular talla del niño de 2 a 12 años:

Edad (años) x 6 + 77

161. **El incremento de la velocidad de crecimiento en pubertad de las niñas coincide con el siguiente grado de la escala de Tanner:**

Tanner II.

Revisar tabla.

162. **El incremento de la velocidad de crecimiento en pubertad de los niños coincide con el siguiente grado de la escala de Tanner:**

Tanner II - IV.

Revisar tabla.

163. **Periodo caracterizado por el mayor crecimiento craneal existente en el niño:**

Primer año.

164. **Erupción dentaria inicia.**

6 u 8 meses. (Incisivos centrales inferiores)

A los 2 años están todos.

165. **Se caen los dientes de leche a cuál edad:**

6 años.

166. **Corresponden los principales dientes definitivos en formarse:**

Los molares

167. **Principal causa de alteraciones en dentición:**

Idiopática, se considera patológica si no ha iniciado a los 15 meses.

168. **Aspectos que valora el test de Denver sobre crecimiento y desarrollo:**

Aspecto personal - social, lenguaje, motor fino y motor grueso. Desde nacimiento hasta 6 años.

169. **A la siguiente edad el niño adquiere la capacidad para tomar objetos grandes con las manos y rie a carcajadas:**

4 meses.

170. **A la siguiente edad el niño adquiere la capacidad para voltearse de decúbito supino a prono:**

5 meses.

171. **A qué edad el niño puede decir bisílabos como mamá y papá:**

8 a 9 meses

172. **A la siguiente el niño dice adiós con la mano:**

9-10 meses.

173. **Las primeras palabras con sentido el niño las dice a la siguiente edad:**

12-15 meses, también da sus primeros pasos.

174. **Edad del niño en la que combina dos palabras:**

18-22 meses.

175. **Edad en la que el niño sube y baja escaleras, corre, apila 4 o 6 cubos para formar una torre:**

2 años.

176. **Reflejo que consiste en estimular la boca y el niño va en ese dirección en búsqueda del pezón:**

Reflejo de Rooting.

177. **El reflejo de Moro desaparece:**

En el 4to mes.

178. **Desaparece presión palmar y plantar:**

Palmar 5 meses, plantar 1 año.

179. **Desaparece reflejo de Galant:**

4 – 5 meses.

180. **Número de muertes de niños menores de un año por cada mil nacidos vivos:**

Mortalidad Infantil.

181.   Principal causa de muerte en niños:

Infecciones, en el siguiente orden (Neumonía, Diarrea, Malaria)

De un mes a 5 años En Rep. Dominicana, (Neumonía, Diarrea, VIH, Meningitis)

Neonatos: Prematuridad, Asfixia perinatal, Enfermedad Congénita, Neumonía Sepsis.

182.   Es un producto biológico formado por microorganismos modificados o antígenos que producen una respuesta inmune del organismo sin producir la enfermedad:

Vacuna.

183.   Principios que deben cumplir las vacunas:

Que sean seguras o eficaces.

184.   Tipo de vacuna más duradera:

Vivas o atenuadas. De un año a 15 meses de vida. Sarampión, Rubeola o Parotiditis.

185.   Ejemplo de vacuna muerta o inactivada:

Virus de la gripe.

186.   Vacunas también denominadas antígeno purificado:

Toxoides

187.   Vacunas conjugadas más frecuentes:

Neumococo, Haemophilus y Meningococo

188.   Tipo de malformación más frecuente en hijo de Madre Diabética:

Cardíacas: Estenosis Subaórtica con Hipertrofia Septal Asimétrica.

189.   Malformación digestiva más frecuente en hijo de madre diabética:

Colon Izquierdo Hipoplásico.

Es la característica más característica de hijo de madre diabética:

Agenesia lumbosacra, o sindrome de Regresión Caudal.

Se le denomina hipoglicemia cuando:

Debajo de 45 mg/ dl. Que puede producir daños neurológicos.

190.   El pico de hipoglicemia se da:

De 3 a 6 horas de vida.

191.   Se está en estrés neonatal cuando:

Existe asfixia y sepsis.

192.   Glucosa vía oral está indicada cuando:

30 a 45 mg/dl.

193.   Causa más frecuente de hipotiroidismo congénito:

Disgenesia tiroidea. **Ectopia**: más frecuente sublingual.

194.   Cuando hacer prueba del talón en busca de Hipotiroidismo:

A los dos días de vida.

195.   Diagnóstico de hipotiroidismo:

Ecografía, gammagrafía de tiroides con Yodo 123, y TC 99.

196.   Tratamiento de hipotiroidismo:

Levotiroxina sódica sintética (T-4)

197.   Se habla de sobrepeso en niños:

Percentil 85. **Obesidad**: P 95.

198.   Sindromes asociados a Obesidad:

Prader Willi, Hipotiroidismo, Cushing, Turner.

199.   Principal motivo de consulta en niños:

Alteraciones respiratorias.

200.   Principal tipo de agente de alteraciones respiratorias:

Viral, en menores de 5 años, mas predominante, 2 años. **Asma**. Mas frecuente.

201. **Principal agente etiológico Infección de vías aéreas altas, catarro común?**
Rinovirus.

202. **La faringoamigdalitis de tipo Pultácea es producida por el siguiente agente:**
Estreptococo Pyogenes.

203. **Rango etario al que afecta mayormente faringoamigdalitis bacteriana:**
Mayor de 3 años, estreptococo betahemolitico grupo A o Pyogenes, menores de 3 años, Rinovirus, Coronavirus, Virus de la Gripe, adenovirus.

204. **Principal manifestación clínica de faringoamigdalitis:**
Hiperemia

205. **Tratamiento con penicilina en faringoamigdalitis; posee una duración de?**
10 días.

206. **Principal complicación de faringoamigdalitis postestreptocócica:**
Fiebre reumática.

207. **Principal complicación de fiebre reumática:**
Afectación valvular cardíaca y articular.

208. **Laringitis afecta a cual grupo de edad y agente etiológico?**
3 meses a 5 años. Agente etiológico más frecuente: Parainfluezae 1.

209. **Tratamiento de elección el Crup:**
Dexametasona. Budesonide.

210. **Cuadro clínico caracterizado por tos perruna, afonía, estridor y dificultad respiratoria:**
Laringitis.

211. **El crup espasmódico es también llamado:**
Estriduloso.

212. **Constituye el tratamiento de elección en laringitis vírica:**
Dexametasona, vía oral, IM o IV.

213. **El estridor en laringotraqueobronquitis es de características:**
Inspiratorio.

214. **Agentes etiológicos implicados en Epiglotitis:**
Pyogenes, S. Pneumoniae y Aureus.
Afecta a niños entre 2 y 6 años.

215. **Paciente masculino de 3 años de edad, que es llevado a consulta por presenta posición de trípode, y dificultad respiratoria que empeora con decúbito supino.:**
Epiglotitis.

216. **Cuadro clínico de epiglotitis:**
Fiebre alta, babeo, dificultad respiratoria, estridor inspiratorio. Posición de trípode.

217. **Signos radiográficos de epiglotitis:**
Signo del dedo del pugar, en radiografía lateral de faringe. Tumefacción espacio supraglótico.

218. **Tratamiento de epiglotitis:**
Antibióticos, ceftriaxona, o ampicilina. Corticoides, funcionan en primera etapa.

219. **Único reservorio en difteria:**
El hombre.

220. **Corynebacterium Difteriae (puede causar necrosis de vía aérea superior):**
Grampositivo Anaerobio Facultativo.

221. **Es un virus que infecta y se multiplica dentro de las bacterias:**
Bacteriófago. Un ejemplo de ello

222. **En qué consiste el Test de shick:**

0.1 ml intracutáneo de virus, si es positivo, es susceptible de infección, negativa: implica antitoxinas.

223. **Complicaciones de Difteria:**

Miocarditis Diftérica.

224. **Enfermedad infectocontagiosa de vía aérea superior que se puede caracterizar por lesiones ulcerosas no cicatrizables a nivel cutáneo:**

Difteria.

225. **Forma más frecuente de alteración de pares craneales en Difteria:**

Parálisis de Paladar Blando. Y en segundo lugar: oculociliar y oculomotor.

226. **Diagnóstico definitivo para Difteria:**

Cultivo Faríngeo. Medio selectivo de Tinsdale.

227. **Tratamiento de Difteria:**

Eritromicina.

228. **Es el primer episodio de dificultad respiratoria con sibilancias, de causa infecciosa en niños menores de un año:**

Bronquiolitis.

229. **Causa más frecuente de hospitalización en menores de un año?**

Bronquiolitis.

230. **Luego de primer episodio, como se le denomina a los pacientes que presentaron bronquiolitis?**

Lactante sibilante recurrente.

231. **Primer episodio de dificultad respiratoria con sibilancias:**

Bronquiolitis.

232. **Agente etiológico de Bronquiolitis, afecta hasta los 2 años de edad?**

Virus Sincitial Respiratorio, metapneumovirus, parainflueza, influenza, adenovirus.

233. **Medio de transmisión de Bronquiolitis:**

Vía respiratoria y a través de Fómites.

234. **Manifestaciones clínicas de bronquiolitis:**

Historia de catarro 24-72 horas antes, distrés, aleteo nasal, tiraje, cianosis, sibilancia espiratoria.

235. **Imágenes radiológicas en bronquiolitis:**

Hiperinsuflación, atelectasia.

236. **Rango etario al que afecta mayormente la neumonía?**

1 a 5 años.

237. **Agentes etiológicos que afectan a niños menores de 3 semanas en Neumonía?**

Streptococo Agalactiae y Listeria Monocytogenes.

238. **Agentes etiológicos principales en los grupos de edades de 3 semanas a 3 meses?**

Clamidia Trachomatis y Virus Respiratorios

239. **Agentes etiológicos principales en los grupos de edades de 3 meses a 4 años:**

Virus Respiratorios y Streptococo Neumoniae.

240. **Agentes etiológicos principales en los grupos de edades de 5 a 15 años.**

Mycoplasma y Streptococo Neumoniae.

241. **Agente etiológico que pueden ser causantes los cuadros de Neumonía Atípica:**

Mycoplasma.

242. **Agente etiológico que pueden ser causantes los cuadros de Neumonía típica:**

Streptococo Neumoniae

243. **Cuadro clínico en neumonía atípica se diferencia de la típica por:**

Tos seca e irritativa, mialgias, cefalea, signos de broncoespasmo.

244. **Diferencia radiográfica entre neumonía típica y atípica:**

Típica: Condensación lobar. Acompañada o no de derrame pleural.

Atípica: Infiltrados parahiliares o patrón intersticial difuso.

245.   **En caso del px poseer derrame pleural, tratamiento antibiótico de elección:**
Cefotaxima.

246.   **En caso de neumonía atípica, cuál es el tratamiento:**
Niño mayor de 3 años: Macrólidos.
Menor de 3 años: Asintomático, se sospecharía de enf. Viral.

247.   **Complicaciones de neumonía:**
Derrame pleural (PRINCIPAL COMPLICACIÓN): indica falla en tratamiento.
Absesos, en ese caso, tratar con una Cefalosporina de 3ra generación o Clindamicina.

248.   **Corresponden a las fases de la patogenia de la neumonía:**
Congestión: Bacterias y PMN primeras 24 horas.
Hepatización rojas: Eritrocitos y Neutrófilos. 48-72 horas.
Hepatización gris: Macrófagos y fibrina 3er – 5to día
Resolución: 7 mo – 10mo día

249.   **Factores implicados en DIÁTESIS INFLAMATORIA:**
Células inflamatorias, estructura y células de la vía aérea y moléculas.

250.   **Evento final común en patogenia del Asma:**
Disminución del calibre de la vía aérea:
Contracción del músculo liso.
Edema de la vía aérea.
Engrosamiento.
Hipersecreción de moco.

251.   **Triada clásica de Asma:**
Disnea, sibilancia (espiratoria) y tos. A veces, opresión torácica.

252.   **Se conoce como "equivalente asmático"**
Tos escasamente productiva.

253.   **Signos de gravedad en Asma:**
Sibilancia espiratoria puede desaparecer, uso de músculos accesorios y pulso paradójico.

254.   **En espirometría, para diagnóstico de Asma, los valores del FV1 debe ser mayor a :**
O igual 12% , indica reversibilidad

255.   **La broncoprovocación se puede realizar con las siguientes sustancias:**
Histamina, metacolina y ejercicio intenso.

256.   **La clasificación clínica del Asma es la siguiente:**
Asma intermitente:
Crisis de disnea, menos de una vez a la semana.
Menos de dos crisis nocturnas al mes.
Asma persistente leve:
Crisis de disnea varias en la semana, pero no diaria.
Más de 2 crisis nocturnas al mes
Asma persistente moderada:
Crisis de disnea continua
Más de una crisis nocturna a la semana.
Asma persistente grave:
Síntomas continuos.
 Ingresos hospitalarios frecuentes.

257.   **Son animales que transmiten patógenos, entre ellos parásitos, de una persona (o animal) infectada a otra, y ocasionan enfermedades graves en el ser humano:**
Vectores.

258. **Enfermedad tropical más mortífera a nivel mundial:**

Paludismo.

259. **La toxoplasmosis (quistes) es una:**

Antropozoonosis. 5 a 20 años, edad de mayor aparición.

260. **Cuál se considera el huésped definitivo en la Toxoplasmosis:**

Gato

261. **En qué consiste la tétrada de Sabin (frecuentemente si madre es infectada en primer trimestre)?**

Coriorretinitis (prednisona), calcicicaciones cerebrales, hidrocefalia y convulsiones.

262. **En cuáles trimestres del embarazo es más frecuente que se produzca la infección de Toxoplasma:**

segundo y tercer trimestre, puede caracterizarse por ser una enfermedad subclínica.

263. **Tratamiento en RN infectados con Toxoplasmosis:**

Pirimetamina, ácido folínico, Sulfadiacina. Por 12 meses.

Preguntas intrusas

Período que consiste en el que el organismo ha entrado en el huésped hasta que aparecen los primeros signos y síntomas:

Período de latencia. (Puede ser hasta que se vuelva contagiosa). Siendo así periodo de incubación hasta que aparezcan signos y síntomas.

Corto periodo de tiempo en el que el organismo empieza a reaccionar contra el agente causal y en el que se ha producido la activación del sistema inmunitario:

Período prodrómico.

Período de enfermedad que se considera altamente contagiosa:

Período clínico.

264. **Fase infectante de Plasmodium Falciparum?**

Merozoitos, forma sexuada.

265. **Reservorio de Malaria:**

Humano.

266. **Hipnozoito significa "durmiente", se ven en:**

Vivax y Ovale.

267. **Momento adecuado para realizar Gota Gruesa en pacientes con Paludismo:**

Pico Febril.

268. **La fiebre cuaternaria en pacientes con Malaria la podemos observar con el siguiente plasmodium:**

Malariae.

269. **Tratamiento para P. Vivax y Ovale:**

Primaquina. Resistentes a Cloroquina. Se pueden asociar a resistencia la Doxiciclina y Clindamicina.

270. **Período incubación de Leptospirosis:**

2-30 días, **5-14 dias.**

271. **Medio diagnóstico específico de Leptospirosis:**

Aglutinación Microscópica. Se toma muestra de 10 a 12 días después de la aparición de los síntomas.

272. **Tratamiento de Leptospirosis grave:**

Penicilina Cristalina 1,5 millones IV cada 6 horas.

Ampicilina 1 gramo IV cada 6 horas

Ceftriaxona 1 gramo IV por día.

273. **Con cuál medicamento se puede realizar profilaxis en pacientes con contacto de Leptospiras:**

Doxiciclina 200 mg semanal.

274. Forma extrema de Filariasis:

Elenfatiasis. Se trata con **Dietilcarbamazina.**

275. Agente etiológico implicado en la Oncocercosis o ceguera de los ríos:

Wecheria Bancrofti.

276. Agente etiológico responsable de neumonía atípica?

Mycoplasma y Virus.

Asma: Hiperreactividad de la vía aérea y obstrucción

277. Tipo de virus del dengue?

ARN.

Arbovirus, Familia: Flaviviridae,

278. Capacidad de vuelo del mosquito Aedes Aegypty var:

40 a 60 metros, 300metros.

279. Son las articulaciones más afectadas en virus del Chinkungunya:

Tobillo, muñeca y articulaciones pequeñas de la mano.

280. La meningitis parasitaria frecuentemente se debe a los siguientes agentes etiológicos:

Amebas de Vida Libre (Naegleria, Acantamoeba, Balamuthia)

281. La meningitis de origen viral más frecuente es producida por el siguiente agente etiológico:

Enterovirus.

282. Una meningitis de etiología bacteriana puede afectar a los siguientes pares craneales:

IV, VI y VII.

283. Una insuficiencia suprarrenal aguda por necrosis de la glándula, que suele ser complicación de meningitis en niños, se conoce como:

Síndrome de WaterHouse Frederischen.

284. Se considera la secuela más frecuente de meningitis en niños:

Sordera neurosensorial.

285. La forma más frecuente de encefalitis esporádica en niños es la producida por el siguiente agente:

Enterovirus

286. La focalidad de fiebre y del lóbulo temporal en cuadros de encefalitis sugiere el siguiente agente causal:

Herpes Simple.

287. Es aquel tipo de caso que satisface los criterios clínicos y epidemiológicos de una enfermedad:

Caso sospechoso.

288. Aquel tipo de caso que satisface los criterios de laboratorio de una enfermedad:

Caso confirmado.

289. Se considera una diarrea aguda cuando el periodo es el siguiente:

Menor de 14 dias.

290. Agente etiológico más frecuente en diarrea en niños:

Rotavirus.

291. Agente bacteriano más frecuente de diarrea en niños:

E. Coli

292. Agente parasitario más frecuente de diarrea en niños:

Giardia Lamblia

293. La Diarrea Osmótica es característica que lo produzca el siguiente tipo de microorganismo:

Virus.

294. **La fisiopatología de la Diarrea Osmótica suele ser:**
Afecta las microvellosidades de la pared intestinal.

295. **La fisiopatología de la diarrea enteróxica es la siguiente:**
Se produce una toxina que afecta al enterocito.

296. **La fisiopatología de la diarrea enteroinvasiva es la siguiente:**
Se produce una destrucción del borde libre del enterocito.

297. **Se considera la protozoosis entérica más frecuente del mundo:**
Giardia Lamblia.

298. **El parásito de la Giardia Lamblia (tiene 4 núcleos) suele afectar con más frecuencia la siguiente porción del tubo digestivo:**
Intestino delgado proximal (duodeno).

299. **Parásito productor de diarrea que se ha asociado a Síndrome de Intestino Irritable:**
Giardia Lamblia.

300. **La afectación de Sífilis en el embarazo suele ocurrir con mayor frecuencia en el siguiente trimestre:**
Tercer trimestre.

301. **Se considera la manifestación clínica más frecuente de sífilis congénita precoz:**
Hepatomegalia.

302. **La pseudoparálisis de Parrot en Sífilis Congénita suele presentarse en el siguiente periodo:**
Sífilis Congénita Precoz (Primeros dos años de vida)

303. **Las manifestaciones clínicas de frente olímpica, engrosamiento clavicular, tabes dorsal juvenil, tibia en sable, son manifestaciones clínicas de la siguiente patología:**
Sífilis congénita tardía.

304. **El tratamiento antibiótico en Sífilis Congénita tardía es el siguiente:**
Penicilina Intravenoso.

305. **El sarampión es un virus de tipo:**
ARN, paramixovirus.

306. **El periodo de contagio de Sarampión va desde:**
Fase prodrómica (máxima) hasta 4-5 días de aparición del exantema.

307. **La fase prodrómica o catarral del Sarampión posee una duración de:**
3-4 días.

308. **Cuadro clínico caracterizado por fiebre moderada, tos seca llamativa, rinitis, conjuntivitis con fotofobia, dolor abdominal, MANCHAS BLANQUECINAS con halo eritematoso en mucosa subyugal de MOLARES INFERIORES, seguido de exantema maculopapuloso confluente que inicia en región retroauricular y desciende afectando palmas y plantas, rojo intenso QUE NO BLANQUEA A LA PRESIÓN:**
Sarampión.
Las manchas de koplik duran de 12 a 24 horas y desaparecen con el inicio del exantema.

309. **El período exantemático del sarampión posee una duración de:**
4-6 días.

310. **Complicación del Sarampión que ocasiona mayor mortalidad en lactantes:**
BroncoNeumonía

311. **Complicación más frecuente del sarampión:**
Otitis Media Aguda.

312. **La neumonía producida por el virus del sarampión se denomina:**
Neumonía de Células Gigantes de Hecht.

313. **La manifestación neurológica más frecuente de sarampión es:**
Meningoencefalitis.

314. **Un ejemplo de prevención activa es:**
Vacunas.

315. **Un ejemplo de prevención pasiva es:**
Inmunoglobulinas.

316. **El aislamiento en pacientes con Sarampión debe sugerirse:**
Hasta 5 días después de desaparecer la erupción.

317. **El virus responsable de la Rubélola es de tipo:**
ARN; togaviridae.

318. **El período de contagio de la Rubéola va desde:**
SIETE – SIETE
7 días antes de la aparición del exantema hasta 7 días después de que haya desaparecido.

319. **Cuadro clínico caracterizado por fiebre, exantema (petequias en velo del paladar), adenopatías dolorosas retroauriculares, cervicales posteriores y postoccipitales indica la siguiente patología:**
Rubéola.

320. **Las manchas de Forscheimer es característo de la siguiente patología:**
Rubéola.

321. **La fase más contagiosa del virus de la varicela es:**
24-48 horas antes de la aparición del exantema hasta que todas las lesiones se encuentran en costra.

322. **La varicela se puede adquirir por las siguientes vías:**
Vía respiratoria y a través de material vesicular.

323. **Patología exantemática cuyas características tiene patrón de "cielo estrellado"**
Varicela.

324. **La complicación más frecuente de Varicela es:**
Sobreinfección bacteriana por Streptococo Pyogenes y S. Aureus.

325. **El tratamiento con aciclovir en pacientes con Varicela se otorga en la siguiente edad:**
Mayores de 12 años.

326. **El virus que provoca la parotidis es de tipo:**
ARN, paramixovirus.

327. **El período de contagio de Parotiditis va desde:**
24 horas desde la aparición de la hinchazón hasta 3 días después de que haya desaparecido.

328. **La Transmisión del virus que provoca parotidis se realiza a través de:**
Gotitas de Plügge:

329. **Son las glándulas salivales que con menor frecuencia se ven afectadas en Parotiditis:**
Glándulas sublinguales.

330. **La parotiditis es una enfermedad viral que puede exhacerbar su cuadro con alimentos de tipo:**
Ácidos.

331. **Se considera la complicación más frecuente de Parotiditis:**
Meningitis Aséptica (Urliana)

332. **Representa la primera causa de sordera neurosensorial unilateral:**
Complicación de Parotitidis. También puede causar orquitits y epididimitis.

333. **Es el agente causal de Exantema Súbito:**

Herpes Virus tipo 6.

334. Cuadro clínico caracterizado por periodo de fiebre de 3 días de evolución que desaparece para luego aparecer de manera brusca un exantema maculopapuloso generalizado:

Exantema Súbito.

335. Representa la complicación más frecuente de exantema súbito:

Crisis febril.

336. Cuál otro nombre recibe la enfermedad exantemática súbita:

Roseola Infantum

337. El exantema súbito afecta al siguiente grupo etario:

6 meses a dos años.

338. Enfermedad exantemática considerada más contagiosa:

Varicela.

339. Virus asociado a Síndrome de Reyes luego de tratamiento con ASPIRINA:

Varicela.

340. Síndrome linfoproliferativo ligado al X, es una inmunodeficiencia hereditaria caracterizada, en la mayoría de casos, por una respuesta inmune inadecuada a una infección por el virus Epstein-Barr:

Enfermedad de Duncan.

341. Brote intenso en zonas de pliegue típico de Escarlatina:

Signo de pastia.

342. Cuál otro nombre recibe el eritema infeccioso (quinta enfermedad):

Megaloeritema.

343. Agente causal de megaloeritema o eritema infeccioso:

Parvovirus B19

344. Tipo de eritema que cursa sin fiebre y que suele afectar predominantemente la cara con la característica de un bofetón:

Eritema Infeccioso

345. Representan las vías de transmisión vertical del VIH:

Prenatal - trasplacentaria, intraparto, postparto.

346. La transmisión del Virus del VIH se da con mayor frecuencia:

Durante el parto, representando un 55-65%.

347. Factor de riesgo más importante para transmisión vertical de VIH:

Carga viral materna.

348. Periodo de incubación Virus VIH en niños:

8 meses a 3 años

349. Tipo más frecuente de Sida en niños de acuerdo a momento de aparición:

Tardío, 80%. Si transmisión ocurre a final del embarazo o intraparto, manifestaciones clínicas suelen ocurrir a los 12 meses.

350. Media de supervivencia en niños con Sida Tardío:

6 a nueve años.

351. Prueba puede resultar positiva en niños en sida precoz:

A los dos días.

352. Hallazgo neurológico más frecuente en niños con Sida:

Atrofia cerebral.

353. Hallazo renal más frecuente en niños con SIDA:

Síndrome Nefrótico

354. **Hallazgo respiratorio en niños con SIDA :**
Neumonía Intersticial Linfoide.

355. **Afección oportunista más habitual y mortal en niños con VIH:**
Neumonía por P. Carinii. (tx: Trimetroprín Sulfametoxazol)

356. **Afección fúngica más frecuente:**
Candidiasis Oral

357. **Causa más frecuente de aumento en necesidad de hierro en anemia feropénica durante la infancia:**
Prematuridad seguida de lactantes.

358. **La lactancia materna exclusiva tiene riesgo de desarrollar anemia en el lactante de tipo:**
Ferropénica, por la cantidad insuficiente de hierro que posee la leche materna.

359. *Que otros tipos de anemias pueden cursar de tipo microcítico hipocrómico:*
Talasemias, anemia de procesos crónicos, sideroblástica.

360. **En la anemia sideroblástica el hierro sérico se encontrará:**
Elevado.

361. **Tipo de enfermedad hematológica que puede conferir protección para infección por Malaria:**
Anemia Falciforme y Talasemia (hemoglobina alterada).

362. **El dato de laboratorio que diferencia a la anemia ferropénica de la causada por enfermedad de trastornos crónicos es:**
Ferropénica: ferritina disminuida.
Enf. Crónicas: ferritina aumentada.

363. **En sospecha de talasemia, el medio diagnóstico de elección es:**
Electroforesis de Hemoglobina.

Hierro se toma en ayunas con algún cítrico.

364. **El defecto ocurrido en la anemia falciforme es el siguiente:**
Cambio de Glutamina por Valina en posición 6 de cadena beta de hemoglobina.

365. **La presencia de la siguiente hemoglobina en el recién nacido hace que la anemia falciforme sea menos sintomática en primeros meses:**
Hemoglobina Fetal.

366. **Principal causa de muerte en niños con anemia de células falciformes:**
Neumonía por Neumococo. Causada por hipoesplenismo funcional.

367. **Son fármacos utilizados en pacientes con anemia falciforme para aumentar la hemoglobina fetal:**
Hidroxiurea o quimioterápicos

368. **Corresponden a enfermedades clonales malignas de células hematopoyéticas de la médula ósea caracterizadas por la presencia de blastos que sustituyen progresivamente el tejido hematopoyético normal, disminuyendo las 3 series, rojas, leucocitaria y plaquetaria:**
Leucemias.

369. **Se considera diagnóstico de Leucemia cuando en médula ósea o sangre periférica se encuentra la siguiente cantidad de blastos:**
20%.

370. **La presencia de mieloperoxidasa positiva o Bastones de Auer en las células es característica de la siguiente enfermedad:**
Leucemia Mieloblástica o No Linfoide.

371. **Los cuerpos o bastones de Auer son frecuentes en las siguientes variantes de Leucemia:**

M2 Y M3, M1.

372. **Tipo de Leucemia caracterizada por imagen histológica de cielo estrellado:**

Leucemia tipo Burkit o L3. Afecta serie linfocítica B o T.

373. **Tipo de variante en Leucemia en la que es más característica la aparición de Coagulación Intravascular Diseminada:**

M3, promielocítica. Y M5.

374. **El tratamiento de Coagulación Intravascular Diseminada en pacientes con Leucemia suele responder con:**

Ácido transretinoico

375. **La infiltración del sistema nervioso central, piel y encías por blastos frecuentemente suele darse en las sig uientes etapas:**

M4-M5.

376. **El tratamiento de Síndrome Nefrótico en niños es:**

Restricción hídrica

Furosemida en ocasiones

Prednisona a dosis altas, 4 a 6 semanas.

377. **La principal causa de Síndrome Nefrótico en niños es:**

Idiopático (Glomerulonefritis de cambios mínimos).

378. **Es la glomerulopatía primaria más frecuente en pediatría:**

Síndrome Nefrótico.

379. **La insuficiencia renal aguda normalmente dura:**

Menos de un mes

380. **La causa más frecuente de Insuficiencia Renal de origen renal es:**

Insuficiencia Prerenal evolucionada.

381. **Parámetro de laboratorio utilizado para diferenciar insuficiencia aguda prerrenal de renal o necrosis tubular aguda:**

Sodio en Orina menor 1% y mayor de 1%, respectivamente

382. **Causa más frecuente de convulsiones en neonatos:**

Encefalopatía hipóxico isquémica.

383. **Causa más frecuente de convulsiones en lactantes y niños:**

Crisis febriles.

384. **Causas más frecuentes de convulsiones en niño mayor:**

Epilepsia mal tratada, traumatismo, tumor, debut de epilepsia.

Las crisis parciales o focales solo afectan a uno de los hemisferios. Se dividen en simples y complejas.

385. **El rango etario al que afecta con mayor frecuencia las crisis febriles es:**

6 meses a 5 años. Con un pico de 18 a 24 meses.

Un 50% se manifiesta antes del primer año de edad.

386. **El riesgo de padecer Epilepsia luego de crisis febriles es:**

2-7%.

387. **Cuadro clínico caracterizado por un episodio paroxístico no epiléptico, se produce por el llanto de un niño, por un susto, produciéndose apnea, se queda rígido, mirada fija y azulado:**

Espasmo del Sollozo

388. **Fármaco de lección para crisis convulsiva en neonatos:**

Fenobarbital seguido de Ácido Valproico

389. **Causa principal de Síndrome Nefrítico en niños:**

Glomerulonefritis Aguda Postestreptocócica.

390. Los factores de coagulación disminuidos en Síndrome Nefrótico con los siguientes:
Antitrombina III y factores IX, XI, XII.

391. Que otro nombre recibe el patrón de broncograma reticular observado en Enfermedad de Membrana Hialina:
Vidrio Esmerilado.

392. El término anisocitosis se refiere:
Hematíes de diferentes tamaños.

393. Tratamiento antibiótico en Enfermedad de Membrana Hialina:
Ampicilina y Gentamicina.

394. Situaciones de estrés que aumentan síntesis de surfactante pulmonar
Desprendimiento de placenta, rotura de membranas, Hta, opiáceos, vasculopatía renal

395. Situaciones que disminuyen su síntesis:
Hidrops fetal, gestación múltiple y Diabetes

396. Enfermedad de membrana hialina afecta con mayor frecuencia a:
Prematuridad, embarazos múltiples, hijo de madre diabética.

397. Vía correcta para administrar surfactante a pretérminos con Enfermedad de Membrana Hialina:
Vía endotraqueal.

398. Complicaciones de enterocolitis necrotizante:
Estenosis intestinal. La más frecuente y grave es el *"intestino corto"*

399. La oliva pilórica en estenosis hipertrófica del píloro se palpa con más frecuencia:
Luego del px haber vomitado.

400. Tratamiento de estenosis hipertrófica del píloro:
Fluidoterapia y piloromiotomía de Ramsted.

401. Contenido de calostro:
PMI: Proteínas, minerales e Inmunoglobulinas.

402. Tiempos de lactancia:
Inicia con lactosa y termina con grasa.

403. Minerales más frecuentes en lactancia materna:
Flúor y Cobre.

404. Lactancia artificial tiene más:
Caseína.

405. Vitaminas más frecuentes en lactancia artificial:
Vitaminas B y K.

406. Principal causa de cuerpo extraño:
Ingerir frutos secos hasta los 5 años.

Pregunta intrusa
Qué es la fenilcetonuria?
Enfermedad autosómica recesiva caracterizada por la falta de degradación de fenilalanina (fenilalanina hidroxilasa). Degradación de proteínas.

407. Forma más común de Reflujo Gastro Esofágico en Lactantes?
Regurgitación y vómitos.

408. La conjuntivitis en el Virus del Sarampión es:
Con fotofobia.

409. La displasia broncopulmonar es debida al trípode:
Prematuridad, toxicidad por oxigenoterapia, barotrauma

410. **Crisis convulsiva más típica de la infancia:**
Crisis de ausencia.

Salud Pública

Cobertura:
Número de pacientes que constituyen una población diana.
Eficacia:
Beneficios potenciales máximos de la intervención.
Efectividad:
Número de objetivos alcanzados, con respecto a la planificación inicial.
Eficiencia:
Relacionada efectividad con el coste.
Es un instrumento o estrategias utilizados por administraciones sanitarias con el proceso continuo de provisión de servicios y recursos para lograr determinados objetivos de salud:
Plan de salud.
Organización y coordinación de un conjunto de actividades necesarias para conseguir unos objetivos precisos en una determinada población:
Programa de salud.
Es un proceso regular y continuo de observación y seguimiento de la situación de salud – enfermedad en un área:
Vigilancia Epidemiológica.
Es un agente activo capaz de acción, capaz de producir un cambio:
Riesgo. (Causa de enfermedad – riesgo)
Modelos de causalidad:
Modelo Determinista de Henle Koch y Modelo de la asociación causal de Hill
Modelo que se relaciona a múltiples causas: Rothman. Causa componente, necesaria y suficiente.
Incrementan la probabilidad de que una enfermedad ocurra:
Factor de Riesgo.
Marcadores de riesgo: No modificables.
Edad y Diabetes. **Sexo**: Hombre y enfermedad cardiovascular.
Indicador de riesgo:
Signo precursor de una enfermedad. **Manchas de Koplick** (Sarampión)
Endemias:
Holendemia 75%
Hiperendemia 50-75%
Mesoendemia 10 – 50%
Hipoendemia – 10%
Caso índice:
O primario. Primer caso de enfermedad en una comunidad.
El tipo de epidemia en el que influye mucho el hacinamiento y condiciones higiénicas:
Prosodémica.
La holomiántica de contagio en enfermedades transmisibles se puede dar por:
Gran número de enfermedades por una fuente común, agua contaminada.
Número de casos originados por una sola causa en un tiempo dado:
Contagio.
Difusibilidad: Número de localidades afectadas a partir de otra previamente afectada.
Fases de una epidemia:
Aparición y difusión.
Meseta o acme.
Extinción y desaparición.

Estudia la probabilidad de que un individuo esté enfermo en un momento determinado actual, sin hacer distinción de casos antiguos o nuevos:
Prevalencia

Estudia los casos nuevos de una enfermedad en una población de riesgo o susceptible en un período y tiempos determinados:
Incidencia.

Indica cuántas veces es más probable que el grupo expuesto al factor de riesgo presente la enfermedad que el grupo no expuesto:
Riesgo relativo.

Diferencia de incidencia de individuos expuestos a un factor de riesgo frente la de los no expuestos:
Riesgo atribuible.

Es aquel tipo de estudio en el que existe un seguimiento a lo largo del tiempo del fenómeno estudiado:
Longitudinal

Aquel que se estudia en algún punto del proceso, como en casos de estudios de prevalencia:
Transversal.

Fases de ensayos clínicos aleatorizados:

Fase I: Estudia su farmacología y toxicidad, sobre todo en animales.

Fase II: Estudios de efectos terapéuticos en pequeña muestra. **Sirve para conocer la eficacia del fármaco.**

Fase III: Evaluación terapéutica completa, es el ensayo clínico aleatorizado.

Fase IV: Vigilancia posterior a la comercialización del fármaco.

Simple Ciego: Paciente desconoce.

Doble Ciego: Médico y paciente desconocen.

Triple ciego: Médico, evaluador, y paciente desconocen tratamiento asignado.

Fiabilidad: Estabilidad de la mediciones.

Validez: Precisión en la medida.

Sesgo: Estimación errónea

Efecto Hawthorne: Cambio de hábitos en pacientes observados bajo estudio.

Período de enfermedad que no hay manifestación clínica. Período durante el que actúan los factores de riesgo (en esta fase se utilizan las estrategias de prevención primaria):
Prepatogénico.

El diagnóstico precoz es un ejemplo del siguiente tipo de prevención:
Prevención secundaria.

Es aquél momento del curso de una enfermedad a partir del cual las posibilidades terapéuticas ya no modifican el pronóstico:
Resultado.

Son ejemplos de prevención primaria:
Higiene ambiental y alimentaria.
Vacunas.
Quimioprofilaxis.
Quimioprevención.
Educación sanitaria.

Tipo de prevención que desarrolla potencialidades físicas, psíquicas y sociales en individuos y comunidades:
Primaria.

Forma parte de prevención secundaria:
Cribados.

Actúa en prevalencia de enfermedades y en la fase pre sintomática del período patogénico de la historia natural de la enfermedad:
Prevención secundaria.
Capacidad de proceso diagnóstico de clasificarlos correctamente como individuos sanos o enfermos:
Capacidad discriminante.
Probabilidad de que un individuo sano tenga un test negativo:
Especificidad.
Probabilidad que un individuo enfermo tenga un test positivo:
Sensibilidad
Los valores predictivos se realizan con las siguientes características:
Sensibilidad, especificidad, prevalencia. *Teorema de BAYES.*
Valor predictivo positivo (más importante para búsqueda prevalencia):
Posibilidad que ante una prueba positiva el individuo esté realmente enfermo.
Valor predictivo negativo:
Probabilidad de que ante una prueba negativa el individuo esté realmente sano.
Prevención que busca tratar al ex enfermo:
Prevención terciaria.
Se considera una variable que puede ser medida fácilmente.
Indicador de salud.
Es el mejor indicador del nivel sanitario de un país:
Tasa de mortalidad infantil.
Muerte neonatal precoz:
Antes del 7mo dia.
Muerte neonatal tardía:
7mo a 28vo día.
Es la tasa que estudia fallecimiento de fetos viables mayores de 1000 gramos antes del nacimiento:
Tasa de mortalidad prenatal.
Tasa de mortalidad perinatal:
Suma de TM prenatal, intranatal y neonatal precoz.
Número de mujeres fallecidas durante el embarazo, parto o durante 42 días posteriores al parto, por causas obstétricas y complicaciones de la gestación:
Mortalidad materna. / RN vivos por año por 10.000
Supone la primera aproximación a un indicador de salud positivo:
Esperanza de vida sin discapacidad.
Número de procesos mórbidos en un colectivo en un año, respecto a la población total y multiplicado por 10.000
Morbilidad
Portadores de agentes patógenos responsables de enfermedades infecciosas
Vectores
Suceso extraordinario repentino y grave que afecta o amenaza la salud, y que produce alteraciones en el medio ambiente:
Catástrofe.
Es un ejemplo de ciclo infradiano:
Menstruación, elementos fisiológicos que ocurren a más de 28 horas.
Es un ejemplo de ciclo ultradiano:
Sueño. Liberación de hormonas. Hambre. Elementos fisiológicos que ocurren a menos de 24 horas.
Es la capacidad que posee un microorganismo de instalarse y multiplicarse produciendo o no enfermedad:

Infectividad.

Capacidad del microorganismo de producir enfermedad en individuos ya afectados:
Patogenicidad.

Es el grado de patogenicidad o gravedad de enfermedad que puede causar un microorganismo:
Virulencia.

Único microorganismo bacteriano que no posee pared:
Mycoplasma.

Las bacterias gram positivas se tiñen de color:
Azul.

Las bacterias gram negativas se tiñen de color:
Rojo.

Las espiroquetas son bacterias que poseen forma:
Helicoidal.

Estructura facultativa de microorganismos que sirve para adherirse y transmitir informaciones genéticas:
Fimbrias.

Estructura facultativa de microorganismos que sirve para darle protección contra fagocitosis:
Cápsula.

Estructura facultativa de microorganismos que es donde se codifica la resistencia a algunos antibióticos:
Plásmidos.

Las estructuras básicas de los virus son:
Cápsides y Capsómeros.

Los hongos son organismos:
Eucariotas. Levaduras: se producen por gemación. Hongos Filamentosos: por esporas.

Las bacterias son organismos:
Procariotas. Solo tienen un cromosoma.

Los parásitos unicelulares son:
Protozoos.

Los parásitos pluricelulares son:
Helmintos y artrópodos.

Gusanos redondos: Nematodos.

En forma de hoja: Trematodos.

Planos: Céstodos

Es el ser animado o inanimado en el que el agente etiológico se reproduce y perpetúa durante un período relativamente largo:
Reservorio.

Es el ser animado o inanimado desde donde pasa el microorganismo al huesped:
Fuente de infección.
El hombre es una fuente de infección (homóloga) a diferencia de suelo, agua, fómites, animales (heteróloga).

Conjunto de medios y sistemas que facilitan el contacto del agente infectivo con el huésped susceptible. La transmisión puede ser directa o indirecta.
Mecanismo de transmisión

La transmisión directa como mecanismo de transmisión más frecuente es la siguiente:
Por contacto físico (mordedura, arañazo, sexual, mucosas, intraparto, placentaria, vía cutánea, vía aérea).

El agua, fómites, objetos inanimados y alimentos contaminados se consideran **mecanismos de transmisión indirecta.**

Es la condición necesaria para que el hombre se convierta en huésped y se afecte por el agente causal:
Susceptibilidad.

Cuando un microorganismo externo (ectoparásito) o interno (endoparásito) se asienta y se multiplica en un tejido se denomina:
Infestación.

Intervalo de tiempo comprendido entre la entrada del microorganismo y la aparición de los síntomas. El microorganismo se multiplica y se adapta al huesped.
Período de Incubación.

La aparición de signos generales inespecíficos en períodos de una enfermedad se denomina:
Período Prodómico.

Es el período en el que aparecen los signos y síntomas específicos de una enfermedad.
Clínico.

Son las enfermedades que se relacionan con tratamiento agresivo, mal uso de antibioticoterapia, facilidad para viajar, y crecimiento incontrolado de población:
Enfermedades emergentes y re emergentes.

Conjunto de estructuras organizativas, centros y actividades del sector público y privado de un país, dirigidas a dar respuestas a las necesidades de la población en materia de salud:
Sistema Sanitario.

Son una de las causas de morbimortalidad en los hospitales:
Enfermedades Nosocomiales.

Es cualquier enfermedad microbiana, reconocible clínicamente, que afecta a los pacientes como consecuencia de ser admitidos en el hospital o atendidos para tratamiento:
Enfermedad nosocomial.

Constituyen la causa principal de catarro común en adultos:
Rinovirus, seguido del virus de la gripe.

Es la causa de resfriado común causante de las epidemias invernales:
Coronavirus.

Es el subtipo del virus de la gripe causante de pandemias:
Subtipo A.

Segunda causa bacteriana de meningitis en adultos:
Streptococo Pneumoniae (neumococo)

Método diagnóstico de elección en Difteria:
Medio selectivo de Tinsdale. (Colonias negras)

Antibiótico de elección en Difteria:
Eritromicina. 14 días.

Agente etiológico de Tos Ferina:
Bordetella Pertussis. **Período incubación:** 20 días.

Manifestaciones clínicas caracteristicas de Tos Ferina:
Fase catarral, tos paroxística, **estridor inspiratorio (gallo),** vómitos postusígeno.

Las neumonías atípicas en la mayoría de los casos está dada por:
Mycoplasma Pneumoniae, Coxiella Burnetti, Clamidia y Virus.

Síntomatología clínica de neumonía mixta (agente causal):
Legionella.

Representa la tercera causa de infección nosocomial:
Neumonía.

El patrón radiográfico de neumonía típica es:
Alveolar.
El patrón radiográfico de neumonía atípica es:
Infiltrados focales.
Agente causal de Psitacosis:
Clamidia psittacci. Enfermedad de distintas a veces produce neumonía en el hombre.
Responsable de fiebre de Pontiac:
Legionela.
Única clase de hepatitis que corresponde a un tipo de Virus ADN:
Hepatitis B.
Es la causa más importante de cirrosis y hepatitis crónica en nuestro medio:
Hepatitis C.

Períodos de incubación enfermedades transmisibles:

Patología	P.I	Agente
Fiebre Tifoidea	10-15 días	Salmonella Tiphy y Paratiphy
Tos Ferina	20 días	Bordetella Pertussis
Hepatitis A	28 días	Virus tipo A.
Hepatitis B	1 -6 meses	Virus tipo B.
Hepatitis C	5-6 semanas	Virus tipo C.
Hepatitis E	5-6 semanas	
Sífilis	21 días	Treponema Pallidum.
Dengue	1-14 días (10-15 días)	Aedes Aegypti
Zika	1-14 días	Aedes Aegypti
Chinkungunya	3-7 días	Aedes Aegypti
Leptospirosis	10 días (5-14 dias) (2 a 30 días)	Leptospira Interrogans.
Toxina en Cólera	8-16 horas	Vibrio Cholerae (+ Frec. En D. Enterotoxigénica)
Rabia	(10 a 60 días) Rango entre 5 días y 6 meses. 1 a 3 meses	Familia Rabdhovirus – Género Lyssavirus
Tétanos	2 semanas	Clostridium Tetani
Trichuriasis	2 meses	Trichuriasis Trichiura
Escabiosis	1 mes	Sarcoptes Scabiei
Mononucleosis infecciosa	30-45 días	**Epstein Barr** - Citomegalovirus
Sarampión	10 días (1 a 2 s)	Paramixovirus
Varicela	10-21 días (2-3 s)	Varicela Zóster.
Parotiditis	14 – 28 días	Paramixovirus
Rubéola	2-3 s	Togavirus (ARN)
Exantema Súbito	1-2 s	Herpes Virus 6 (ADN)
Eritema infeccioso (quinta enfermedad) CURSA AFEBRIL	1-2 s	Parvovirus B19 (ADN)
Mononucleosis infecciosa	1-7 s	Virus Epstein Barr (ADN)
Escarlatina	3-5 días	St. Pyogenes

Cánceres más frecuentes:

Tumor de apéndice más frecuente:
Adenocarcinoma Mucinoso.

Vesícula:
Carcinoma Vesicular (Adenocarcinoma 80%).

Páncreas exócrino:
Adenocarcinoma Ductal (Cabeza del páncreas).

Tumor más frecuente en aparato genital femenino:
Miomas.

Cérvix:
Carcinoma Epidermoide.

Endometrio:
Adenocarcinoma.

Cánceres de Endometrio de peor pronóstico:
Células Claras y Serosopapilar.

Vulva:
Epiderumoide (Escamoso)

Ovario:
Seroso en formal global (Epitelial)

Tumor benigno más frecuente en nariz y senos paranasales:
Osteoma.

Tipo de cáncer más frecuente en cavidad oral:
Carcinoma Epidermoide.

Tipo de cáncer más frecuente en cavidad nasal:
Carcinoma Epidermoide.

Tumor benigno más frecuente en glándula parótida:
Adenoma Pleomorfo o Mixto Benigno.

Tumor maligno más frecuente en glándula parótida:
Mucoepidermoide.

Tumor benigno más habitual de la rinofaringe:
Angiofibroma Juvenil.

Tumor cardíaco primario más frecuente:
Mixoma.

Tumor que con mayor frecuencia metastiza al corazón:
Melanoma.

Neoplasia benigna más frecuente del esófago?
Leiomioma.

Tumor maligno más frecuente del esófago:
Carcinoma Epidermoide. Localización más frecuente es **TERCIO INFERIOR**.

Es el tumor benigno gástrico más frecuente:
Leiomioma. (Aparece en submucosa)

Tumor maligno más frecuente de estómago:
Adenocarcinoma gástrico.

Tipo de tumor benigno más frecuente en intestino delgado:
Adenomas o Pólipos.

Tumor maligno más frecuente de intestino delgado:
Adenocarcinoma.

Tipo histológico más frecuente de cáncer de páncreas:

Adenocarcinoma Ductal.

El tumor primario maligno más frecuente en pared torácica es :

Condrosarcoma.

Referencias bibliográficas:

1. Hoffman, Schorge, et al. Williams. Ginecología de Williams. 3ra Edición – 2017. McGraw-Hill. Nueva York. Estados Unidos.
2. Cunningham Gary, et al. Williams. Obstetricia. 25ª Edición – 2019. McGraw-Hill. Nueva York. Estados Unidos.
3. Rouviere, Henri, et al. Anatomía Humana, Descriptiva, Topográfica y Funcional. Tomo I – Cabeza y Cuello. Masson.
4. Rouviere, Henri, et al. Anatomía Humana, Descriptiva, Topográfica y Funcional. Tomo II – Tronco. Masson.
5. Rouviere, Henri, et al. Anatomía Humana, Descriptiva, Topográfica y Funcional. Tomo III – Miembros. Masson.
6. Rouviere, Henri, et al. Anatomía Humana, Descriptiva, Topográfica y Funcional. Tomo IV – Sistema Nervioso Central, Vías y Centros Nerviosos. Masson.
7. Beauchamp. Evers et al. Sabiston. Tratado de Cirugía. 20 edición. Elsevier.
8. F. Charles Brunicardi, Dana K. Andersen. Schwartz. Principios de Cirugía, 11e. McGrawHill. 11va edición.
9. Allan H. Ropper, Martin A. Samuels, et al. Adams y Victor. Principios de neurología, 11e. MCGrawHill.
10. Kumar, Vinay. Et al. Robbins y Cotran. Patología Estructural y Funcional Ed.9. McGrawHill.
11. Mandell, Douglas y Bennett. Enfermedades infecciosas. 8th Edition. Elsevier. 2015.
12. J. Larry Jameson, Anthony S. Fauci. Harrison. Principios de Medicina Interna, 20e. McGrawHill.
13. Robert M. Kliegman et al. Nelson. Tratado de PEdiatría. 21 edición. Elsevler. 2020.

Made in United States
Orlando, FL
21 May 2023

33257804R00148